कम्प्यूटर
क्या, क्यों और कैसे

कम्प्यूटर
क्या, क्यों और कैसे

रामबंसल 'विज्ञाचार्य'

वाणी प्रकाशन

वाणी प्रकाशन
4695, 21-ए, दरियागंज, नयी दिल्ली 110 002
शाखा
अशोक राजपथ, पटना 800 004
फ़ोन: +91 11 23273167 फ़ैक्स: +91 11 23275710
www.vaniprakashan.in
vaniprakashan@gmail.com
sales@vaniprakashan.in

COMPUTER KYA, KYON AUR KAISE
by Ram Bansal Vigyacharya

ISBN : 978-81-7055-759-3
Computer Science

संस्करण 2001, 2005, 2012
आवृत्ति 2017
मूल्य : ₹350

रजोरिया प्रिंटर्स, दिल्ली-110 093 में मुद्रित

वाणी प्रकाशन का लोगो मक़बूल फ़िदा हुसेन की कूची से

कम्प्यूटर
क्या, क्यों और कैसे

प्राक्कथन

भाषा, लेखन एवं शब्दावली

प्रत्येक पुस्तक एक मन्दिर के समकक्ष है जो पाठक को उसकी निष्ठा के अनुरूप फल देती है। किन्तु ऐसा तभी होता है जब लेखक ने उसके शब्दों में संविध प्राण प्रतिष्ठा की हो। हिन्दी में कम्प्यूटर विषयक यह मेरी नवीं पुस्तक है जिनके माध्यम से मैंने कम्प्यूटर सम्बद्धी हिन्दी शब्दावली का क्रमित विकास किया है। इस कारण से आरंभिक पुस्तकों में उपयुक्त की गयी शब्दावली तथा इस पुस्तक की शब्दावली में प्रचुर अन्तर हो गया है। आशा है पाठक इसे एक दोष के रूप में न मानकर सतत लेखन द्वारा शब्दावली व्युत्पत्ति की प्रक्रिया मानेंगे। इस पुस्तक तक आते आते सम्पूर्ण कम्प्यूटर शब्दावली का अभीष्ट विकास हो गया है जिनकी संकलित प्रस्तुति आगे एक शब्दकोष के रूप में करने की प्रबल अभिलाषा है। आशा है पूज्य गुरूदेव वेदव्यास द्वैपायन कृष्ण की दिव्य प्रभा सदैव की भाँति मुझे आश्रय प्रदान करती रहेगी।

मेरे अनेक हितैषी मुझसे हिन्दी पुस्तकों में आँग्लभाषी शब्दावली के उपयोग का परामर्श देते रहे हैं क्योंकि वे आधुनिक सुविधावादी वर्ग का प्रतिनिधित्त्व करते हैं जिनकी कृपा से हिन्दी भाषा सतत विकृत होती हुई संस्कृत की उत्तराधिकारिणी के रूप में अपना सार्थक अस्तित्त्व खोती जा रही है। किन्तु मैं इस सम्बन्ध में गुरूदेव रवीन्द्रनाथ ठाकुर को अपना आदर्श मानते हुए हिन्दी शब्दावली विकास पर बल देता रहा हूँ। श्री ठाकुर ने बाँगला भाषा में सतत लेखन करते हुए उस भाषा को 40,000 नूतन शब्दों का योगदान प्रदान किया था जिनके बल पर आज बाँगला भाषा एवं साहित्य भारत में सर्वश्रेष्ठ स्तर पर हैं। बाँगला भाषा में अभिव्यंजना हेतु किसी विदेशी भाषा के आश्रय की आवश्यकता नहीं होती, जबकि हिन्दी के अधुना प्रकाण्ड पण्डित भी विदेशी बर्बर लुटेरों एवं आधिपत्यकों की भाषाओं के आश्रय में अपना पाण्डित्य सिद्ध करने में व्यस्त हैं। वेद भगवान इन्हें सद्‌बुद्धि दे ताकि ये भी गुरूदेव ठाकुर की भँति हिन्दी की सेवा न भी करें तो इसे विकृत करते रहने के प्रयास न करें।

विज्ञाचार्य राम बन्सल

शब्द सम्पदा : हिन्दी-आँग्ली

अंकाष्टी	Byte
अंश	Share
अंशु	Segment
अकर्मण्य	Redundant
अथ	On
अथवा	OR
अधिदेश	Command
अधोबट	Underscore
अन्त	End
अन्तर्पात	Input
अन्तरण	Change
अन्वीक्षक	Scanner
अन्वीक्षा	Scan
अन्वेषण	Analysis
अनुकलित्र	Calculator
अनुकूलक	Adapter
अनुचित्र	Graphic
अनुपालन	Execution
अनुबोध	Intelligence
अनुवेदित्र	Instrument
अनुज्ञाप	Acknowledge
अप्रभाविता	Failure
अपनेयी	Floppy
अभिकेतन	Design
अभिदर्श	Display
अभिभारक	Loader
अभियोजक	Assembler
अभिज्ञान	Detection
अभीष्ट	Standard
अव्यव	Device
अवनतन	Reduction
अस्ति	Item
असंकालिक	Asynchronous
अक्षर	Character
आगणन	Accounting
आचारसंहिता	Protocol
आभासी	Virtual
आयुक्ति	Appointment
आरंभ	Begin
आवृत्त	Version
आश्रम	Office
आस्थन	Allocation
आसत्र	Adjascent
आहति	Injury
आक्ष	Open
आक्षेत्र	Area
आज्ञा	Order
इंगित्र	Indicator
ईक्षण	Checking
उत्सप्रापक	Antenna

–

उद्धार	Recover	घुंघर कोष्ठक	Curly brackets
उद्योत	Prompt	चकती	Disk, diskette
उपग्रह	Satelite	चट्टा	Stack
उपचयी	Subscriber	चर्य	Variable
उपदेश	Instruction	चाक्र	Turbo
उपनिदेशिका	Subdirectory	चित्र	Diagram
उपयोक्ता	User	चित्रांश	Pixel : Picture-element
उपलभ्य	Aid	चिन्ह	Sign
उपादयी, उपादयन	Application	चौरपाट	Broadband
एकक, इकाई	Unit	जुटिल	Complex
ऐक्ष	Option	टंकण	Typing
क्रम्यता पाट	Frequency band	टिप्पणी	Remark
क्रम	Sequence	तन्त्र	Network
क्रमापत्त	Consequent	तन्त्रण	Networking
कृत्रिम अनुबोध	Artificial intelligence	तन्तुवाही	Cable
		तथा	AND
कथन	Statement	तर्कशास्त्र	Technology
कपाट	Gate	तर्कीय	Technical
कपाटमार्ग	Gateway	तरीका	Technique
कर्त्यन	Function	तालिका	Table
करामाती	Wizard	तूलचित्र	Chart
कष्क	Test	तोरण	Port
कालांशन	Time-sharing	दृष्ट्य	Video
कुंजीदोल	Keystroke	दृष्टागम	Browse
कोटि	Quality	दृष्टिविज्ञान	Optics
गवाक्ष	Window	दृश्यध	Screen
गुट	Block	द्वार्य	Buffer
गुण्ठ	Node	द्विअंकी	Binary

द्विंक	Bit	प्रविष्टि	Entry
दिन्या	Diary	प्रारंभिक	Initial
दुष्कूट	Virus	प्रारूप	Proforma
दूरभाष	Telephone	प्रेक्षक	Monitor
धृति	Datum, Data	पृथ	Off
धृतिसंकुल	Database	पत्रक	Card
धरणपाट	Baseband	पथ	Path
धावन	Running	पद्यति	Procedure
नथ	Tag	परावस्तु	Software
नातथा	NAND	परालम्बित	Series
नाथवा	NOR	परिचार्य	Operand
निदेशिका	Directory	परिचारक	Operator
निर्णय	Decision	परिचारण	Operation
निर्गम	Exit	निर्विकारण	Debugging
निवेदन	Request	परिष्कृति	Process
प्रक्रम	Program	परिष्कारक	Processor
प्रकाश संचारी	Fiber-optic	परिष्कारण	Processing
प्रत्यावर्तन	Transfer	पारशब्द	Password
प्रतिदान	Supply	पाश	Loop
प्रतिबद्धन	Relation	पीढ़ी	Generation
प्रतिबन्ध	Restriction	पुनर्प्राप्ति	Retrieval
प्रतिस्मृत्यक	Reminder	पुनरापृतन	Reiteration
प्रतिसार	Record	पुनस्थायन	Reset
प्रतिज्ञाप	Report	बद्धनाल	Channel
प्रणाली	System	बहिर्पात	Output
प्रतिचिन्हन	Recognition	भाष्यकार	Interpretter
प्रपादन	Booting	भाष्य	Interpretation
प्रवाह	Flow	मध्यमा स्मृति	Cache memory

मापच	Parameter	विकार	Bug
मातृपटल	Motherboard	विगणक	Counter
मुद्रित संचार	FAX	विद्रूप	Strain
मूलांक	Radix	विपणि	Market
यथावस्तु	Hardware	विपर्ण	Paper
यथास्थ	Local	विपश्च	Delay
यन्त्र	Machine	विधिमित्यक	Delimiter
रेखवाही	Line	विचरित्र	Inverter
रूप	Form	विश्लेषण	Anthesis
लग्नक	Linker	विश्व	Universe
व्यक्तव	Expression	विशोधन	Modification
व्यवस्था	Arrangement	विस्तारित	Expanded
व्यवसाय	Business	विस्थ	Shift
निरान्तरण	Exchange	वैद्युत्यिक	Electronic
व्याख्या	Definition	वैद्युत्यिकी	Electronics
व्यापार	Trade	वैश्य	Universal
व्यालम्बित	Extended	श्रमावधान	Management
व्याहति	Term	श्रमोत्पादन	Manufacturing
व्याहती	Terminal	शास्त	Logic
व्याक्ष	Close	षष्ठदशांकी संख्या	Hexadecimal number
व्यूह	Array	स्तर	Level
वृत्त	Journal	स्थापन	Setup
वृत	Circle	स्थायन	Setting
वृहत्	Wide	स्थूण	Set
वृक्ष	Tree	स्मृतिकोष	ROM: Read-Only Memory
वाक्यन्त्र	Speaker	स्मृतिपटल	RAM: Random Access Memory
वास्तु	Building		
विकल्प पट्टिका	Menu Bar	स्रोत	Source

x संहिताएँ

स्वकक्ष्कन	Self-testing	सम्पादन	Compilation
संकलक	Editor	सम्पादयित्र	Computer
संकलन	Edition	सम्पुट	Compact
संकालिक	Synchronous	सम्पूरक	Complementary
संगृहण	Storage	सम्बद्ध	Connection
संगतेय	Compatible	सम्बद्धक	Connector
संचाली	Drive	सम्बन्ध	Condition
संचिका उपनाम	File extension	सम्बस्तन	Embedding
संजात	Batch	सम्मत्यक	Conventional
संपत्र	Letter	समदृश्यन	Matching
संयम	Control	समालम्बित	Parallel
संयुज्जी	Bus	समागृही	Comprehensive
संरचना	Structure	समाक्षी	Coaxial
संरक्षण	Protection	सार्वजन	General
संरूपण	Configuration	लोक	Public
संवर्क्रियावृत्ति	Interactive	सारिणी	Catalogue
संवर्त	Switch	सुखण्ड	Module
संवर्तित रेखवाही	Switched line	सुखण्डन	Modularization
संवर्धित	Enhanced	सुरक्षण	Saving
संवर्प्राक्ष	Interface	सुरूप	Figure
संवर्राष्ट्रीय	International	सूक्ष्म	Micro
संवान्तरण	Interchange	सूक्ष्मतरंगें	Microwaves
संवाही	Carrier	सेतु	Bridge
संविष्ट	Packet	क्षेत्र	Field
संस्थापन	Installation		
सम्प्रेषण	Transmission		
सम्पत्राचार	Correspondence		
सम्पादक	Compiler		

शब्द सम्पदा : आँग्ली-हिन्दी

Accounting	आगणन
Adapter	अनुकूलक
Adjascent	आसन्न
Aid	उपलभ्य
Acknowledge	अनुज्ञाप
Allocation	आस्थन
Analysis	अन्वेषण
AND	तथा
Antenna	उत्सप्रापक
Anthesis	विश्लेषण
Application	उपादयी, उपादयन
Appointment	आयुक्ति
Area	आक्षेत्र
Arrangement	व्यवस्था
Array	व्यूह
Artificial intelligence	कृत्रिम अनुबोध
Assembler	अभियोजक
Asynchronous	असंकालिक
Baseband	धरणपाट
Batch	संजाति
Begin	आरंभ
Binary	द्विअंकी
Bit	द्विंक
Block	गुट
Booting	प्रपादन
Bridge	सेतु
Broadband	चौरपाट
Browse	दृष्टागम
Buffer	द्वार्य
Bug	विकार
Building	वास्तु
Bus	संयुज्जी
Business	व्यवसाय
Byte	अंकाष्टी
Cable	तन्तुवाही
Cache memory	मध्यमा स्मृति
Calculator	अनुकलित्र
Card	पत्रक
Carrier	संवाही
Catalogue	सारिणी
Channel	बद्धनाल
Character	अक्षर
Chart	तूलचित्र
Check	ईक्षण
Circle	वृत
Close	व्याक्ष
Coaxial	समाक्षी
Command	अधिदेश
Compact	सम्पुट

Compatible	संगतेय	Diary	दिन्या
Compilation	सम्पादन	Directory	निदेशिका
Compiler	सम्पादक	Disk, diskette	चकती
Complementary	सम्पूरक	Display	अभिदर्श
Complex	जुटिल	Drive	संचाली
Comprehensive	समागृही	Edition	संकलन
Computer	सम्पादयित्र	Editor	संकलक
Condition	सम्बन्ध	Electronic	वैद्युत्यिक
Configuration	संरूपण	Electronics	वैद्युत्यिकी
Connection	सम्बद्ध	Embedding	सम्बस्तन
Connector	सम्बद्धक	End	अन्त
Consequent	क्रमापत्त	Enhanced	संवर्धित
Control	संयम	Entry	प्रविष्टि
Convention	सम्मत्य	Exchange	निरान्तरण
Conventional	सम्मत्यक	Execution	अनुपालन
Correspondence	संपत्राचार	Exit	निर्गम
Counter	विगणक	Expanded	विस्तारित
Curly brackets	घुंघर कोष्ठक	Expression	व्यक्तव
Data, Datum	धृति	Extended	व्यालम्बित
Database	धृतिसंकुल	Failure	अप्रभाविता
Debug	निर्विकारण	FAX	मुद्रित संचार
Decision	निर्णय	Fiber-optic	प्रकाश संचारी
Definition	व्याख्या	Field	क्षेत्र
Delay	विपश्च	Figure	सुरूप
Delimiter	विधिमित्यक	File extension	संचिका उपनाम
Design	अभिकेतन	Floppy	अपनेयी
Detection	अभिज्ञान	Flow	प्रवाह
Diagram	चित्र	Form	रूप

Frequency band	क्रम्यता पाट	Linker	लग्रक
Function	कर्त्यन	Loader	अभिभारक
Gate	कपाट	Local	यथास्थ
Gateway	कपाटमार्ग	Logic	शास्त
Generation	पीढ़ी	Loop	पाश
Graphic	अनुचित्र	Machine	यन्त्र
Hardware	यथावस्तु	Management	श्रमावधान
Hexadecimal number	षष्ठदशांकी संख्या	Manufacturing	श्रमोत्पादन
Indicator	इंगित्र	Market	विपणि
Initial	प्रारंभिक	Matching	समदृश्यन
Injury	आहति	Menu Bar	विकल्प पट्टिका
Input	अन्तर्पात	Micro	सूक्ष्म
Installation	संस्थापन	Microwaves	सूक्ष्मतरंगें
Instruction	उपदेश	Modification	विशोधन
Instument	अनुवेदित्र	Modularization	सुखण्डन
Intelligence	अनुबोध	Module	सुखण्ड
Interactive	संवर्क्रियावृत्ति	Monitor	प्रेक्षक
Interchange	संवान्तरण	Motherboard	मातृपटल
International	संवर्राष्ट्रीय	NAND	नातथा
Interpretation	भाष्य	Network	तन्त्र
Interpretter	भाष्यकार	Networking	तन्त्रण
Inverter	विचरित्र	Node	गुण्ठ
Item	अस्ति	NOR	नाथवा
Journal	वृत्त	Off	पृथ
Keystroke	कुंजीदोल	Office	आश्रम
Letter	संपत्र	On	अथ
Level	स्तर	Open	आक्ष
Line	रेखवाही	Operand	परिचार्य

Operation	परिचारण
Operator	परिचारक
Optics	दृष्टिविज्ञान
Option	ऐक्ष
OR	अथवा
Order	आज्ञा
Output	बहिर्पात
Packet	संविष्ट
Paper	विपर्ण
Parallel	समालम्बित
Parameter	मापच
Password	पारशब्द
Pixel : Picture-element	चित्रांश
Port	तोरण
Procedure	पद्यति
Process	परिष्कृति
Processing	परिष्कारण
Processor	परिष्कारक
Proforma	प्रारूप
Program	प्रक्रम
Prompt	उद्योत
Protection	संरक्षण
Protocol	आचारसंहिता
Public	सर्वजन
Quality	कोटि
Radix	मूलांक
RAM: Random Access Memory	स्मृतिपटल
Recognition	प्रतिचिन्हन
Record	प्रतिसार
Recover	उद्धार
Reduction	अवनतन
Redundant	अकर्मण्य
Reiteration	पुनरावृतन
Relation	प्रतिबद्धन
Remark	टिप्पणी
Reminder	प्रतिस्मृत्यक
Report	प्रतिज्ञाप
Request	निवेदन
Reset	पुनस्थायन
Restriction	प्रतिबन्ध
Retrieval	पुनर्प्राप्ति
ROM: Read-Only Memory	स्मृतिकोष
Running	धावन
Satelite	उपग्रह
Saving	सुरक्षण
Scan	अन्वीक्षा
Scanner	अन्वीक्षक
Screen	दृश्यध
Segment	अंशु
Self-testing	स्वेक्षण
Sequence	क्रम
Series	परालम्बित
Set	स्थूण
Setting	स्थायन
Setup	स्थापन

Share	अंश
Shift	विस्थ
Sign	चिन्ह
Software	परावस्तु
Source	स्रोत
Speaker	वाक्यन्त्र
Stack	चट्टा
Standard	अभीष्ट
Statement	कथन
Storage	संगृहण
Strain	विद्रूप
Structure	संरचना
Subdirectory	उपनिदेशिका
Subscriber	उपचयी
Supply	प्रतिदान
Synchronous	संकालिक
System	प्रणाली
Switch	संवर्त
Switched line	संवर्तित रेखवाही
Table	तालिका
Tag	नथ
Technical	तर्कीय
Technique	तरीका
Technology	तर्कशास्त्र
Telephone	दूरभाष
Term	व्याहिता
Terminal	व्याहितक
Test	कष्क
Time-sharing	कालांशन
Trade	व्यापार
Transfer	अन्तरण
Transmission	सम्प्रेषण
Tree	वृक्ष
Turbo	चाक्र
Typing	टंकण
Underscore	अधोबट
Unit	एकक
Universe	विश्व
Universal	वैश्य
User	उपयोक्ता
Variable	चर्य
Version	आवृत्त
Video	दृष्ट्य
Virtual	आभासी
Virus	दुष्कूट
Wide	वृहत्
Window	गवाक्ष
Wizard	करामाती

विषयवस्तु

1

कम्प्यूटर प्रणाली

(Computer System)

शब्द सम्पदा :

सम्पादयित्र (Computer)	प्रणाली (System)
तन्त्र (Network)	पद्यति (Procedure)
उपदेश (Instruction)	परिष्कारण (Processing)
संगतेय (Compatible)	सूक्ष्म (Micro)
वैद्युत्यिकी (Electronics)	संवर्राष्ट्रीय (ınternational)
प्रेक्षक (Monitor)	परिचारण (Operation)
अन्तर्पात (Input)	बहिर्पात (Output)
दुष्कूट (Virus)	टंकण (Typing)
यथावस्तु (Hardware)	परावस्तु (Software)

कम्प्यूटर एक मशीन है जो मनुष्यों की बुद्धि द्वारा किये जा सकने वाले अनेक कार्यों को कर सकता है। यह मशीन मनुष्यों की तरह सूचनाएँ प्राप्त कर सकती है, उन्हें भविष्य में उपयोग के लिये याद रख सकती है, उनके आधार पर कोई निष्कर्ष निकाल सकती है, तथा सूचनाओं को अच्छे ढंग से प्रस्तुत कर सकती है। किन्तु इसके लिये इसे इसके नियमों के अनुसार कार्यविधि समझाने की आवश्यकता होती है। इस कार्यविधि को कम्प्यूटरों के उपदेश अथवा इन्स्ट्रक्शन कहा जाता है। सूचनाओं को चाहे गये रूप में लाने को सूचना परिष्कारण कहते हैं। कम्प्यूटर दिये गये उपदेशों के अनुसार सूचनाओं को परिष्कारित करता है तथा परिणामों को वाँछित स्वरूप में व्यवस्थित करता है। अत: कम्प्यूटर को सूचना परिष्कारण की एक आज्ञापालक मशीन कहा जा सकता है। आँखों से दिखाई देने वाली

मशीन के भाग तथा इनके संचालन के लिये आवश्यक कार्य विधियाँ आदि को संयुक्त रूप से कम्प्यूटर प्रणाली कहा जाता है।

विकास कथा

इस पुस्तक में हम एक प्रकार के कम्प्यूटरों का अध्ययन करेंगे जिनका उपयोग सबसे अधिक होता है तथा जो सामान्य रूप से लघु व्यवसायियों, कार्यालयों, विशेषज्ञों आदि द्वारा उपयोग किये जा रहे हैं। इनका प्रारंभिक विकास मनुष्यों की व्यक्तिगत आवश्यकताओं की पूर्ति के लिये किया गया था, इसलिये इन्हें **वैयक्तिक कम्प्यूटर** अथवा **पर्सनल कम्प्यूटर** अथवा **पी.सी.** कहा जाता है। किन्तु आधुनिक वैयक्तिक कम्प्यूटर बड़े-बड़े काम भी कर सकते हैं।

सर्वप्रथम, पी.सी का निर्माण अमेरिका की इन्टरनेशनल बिजनेस मशीन्स कार्पोरेशन ने किया था। इस कार्पोरेशन द्वारा निर्मित इन कम्प्यूटरों को आई. बी. एम.- पी.सी. कहा जाता है। बाद में अनेक कम्पनियों ने इस प्रकार के कम्प्यूटर तथा उनके भाग बनाने आरंभ कर दिये। ये अन्य कम्प्यूटर तथा इनके भाग आई.बी.एम- पी.सी. तथा उसके भागों के साथ मिलकर कार्य कर सकते हैं। इस कारण इन्हें आई.बी.एम. संगतेय पी.सी. अथवा आई. बी.एम. कम्पैटिबिल पी.सी. कहा जाता है।

वैयक्तिक कम्प्यूटर की सबसे बड़ी विशेषता यह है कि इसके मुख्य कार्य करने वाले भाग को जिसे परिष्कारक अथवा प्रोसेसर कहा जाता है, एक ही चिप्पी में इकट्ठा कर दिया गया है। इस चिप्पी के **सूक्ष्मवैद्युत्यिकी** अथवा **माइक्रोइलेक्ट्रानिक्स** तकनीक से बनाये जाने के कारण इसे **माइक्रोप्रोसैसर** अथवा **सूक्ष्मपरिष्कारक** कहते हैं। इसीलिये इस चिप्पी के आधार पर बने कम्प्यूटर को **सूक्ष्मकम्प्यूटर** अथवा **माइक्रोकम्प्यूटर** भी कहा जाता है। इस प्रकार पी.सी. एक प्रकार का माइक्रोप्रोसेसर आधारित कम्प्यूटर अर्थात माइक्रोकम्प्यूटर है।

वैयक्तिक कम्प्यूटर का विकास तीन चरणों में हुआ है। पहले पी.सी., फिर पी.सी.- एक्स.टी., तथा अन्त में पी.सी.-ए.टी.। अब केवल पी.सी.-ए.टी. का प्रचलन रह गया है।

मानव एवं कम्प्यूटर

बहुत से व्यक्ति कम्प्यूटरों को **बुद्धिमान मशीन** भी कहते हैं क्यों कि ये मनुष्यों की बुद्धि की तरह कार्य करते हैं। तथापि मनुष्य की बुद्धि तथा कम्प्यूटर में निम्नांकित अन्तर होते हैं -

क. मनुष्य की बुद्धि अनेक प्रकार के अधिदेशों को समझ सकती है जबकि कम्प्यूटर केवल निश्चित नियमानुसार दिये गये अधिदेशों को ही समझता है।

ख. मनुष्य की बुद्धि उसकी कल्पना शक्ति का भी उपयोग करती है जबकि कम्प्यूटर में कल्पना शक्ति नहीं होती।

ग. मनुष्य की स्मृति क्षमता अभी तक अकूत है जबकि कम्प्यूटर में सीमित स्मृति ही होती है।

घ. अनेक प्रकार के कार्यो को साथ-साथ करने मे मनुष्य की बुद्धि कम्प्यूटरों से बहुत आगे है जबकि एक ही प्रकार के कार्य को बार-बार एक समान रूप से करने में कम्प्यूटर मनुष्य की बुद्धि से अधिक सक्षम हैं।

च. कम्प्यूटर कार्य करने की समुचित विधि पाये बिना कार्य नहीं कर सकते जबकि मनुष्य कर सकते हैं।

कम्प्यूटर व्यवस्था

कम्प्यूटर को परिचारण की सुविधा के लिये एक मेज पर रखा जाता है जिसके सामने की कुर्सी पर कम्प्यूटर परिचारक बैठता है। कम्प्यूटर का कक्ष शीतल तथा धूल-धुँआ-रहित होना चाहिये। कम्प्यूटर के अनेकानेक उपयोग होने के कारण प्रत्येक मनुष्य को इसके उपयोग का ज्ञान ही नहीं अभ्यस्त भी होना चाहिये।

कम्प्यूटर के लिये विशेष मेज भी बाजार में उपलब्ध हैं जिनमें मुख्यपटल के नीचे एक अन्दर खिसकाये जा सकने वाला पटल भी होता है। इस पर कुंजीपटल रखा जाता है। उपयोग के समय पटल को बाहर खींच लिया जाता है अन्यथा इसे अन्दर खिसका दिया जाता है। इस व्यवस्था से मेज के मुख्य पटल पर कम स्थान की आवश्यकता होती है। ऐसी विशेष मेज उपलब्ध न होने पर भी कम्प्यूटर का सुचारू उपयोग किया जा सकता है। इसके लिये एक मेज, जिसका आकार न्यूनतम 60 सेमी. चौड़ाई तथा एक मीटर लम्बाई हो, की आवश्यकता होती है। मेज की ऊँचाई 75 सेमी. होनी चाहिये। इसके अतिरिक्त 45 सेमी. से 60 सेमी. के मध्य की ऊँचाई की, तथा लगभग 60 सेमी. चौड़ी तथा 75 सेमी. लम्बी एक मेज मुद्रक के लिये भी होनी चाहिये। इसकी ऊँचाई के मध्य में एक अतिरिक्त पटल लगा होने से कागज आदि सामान को सँभाल कर रखने में सुविधा होती है।

मुख्य मेज के सामने परिचारक के लिये सामान्य ऊँचाई की एक कुर्सी की आवश्यकता होती है, जिसकी पीठ सीधी खड़ी हो। पीछे की ओर झुकी पीठ वाली कुर्सी से कार्य करने में असुविधा होती है। कुर्सी मेज की लम्बाई की मध्य रेखा पर स्थित होनी चाहिये।

मेज पर कुर्सी की ओर मुंह करके कुंजीपटल रखना चाहिये जिसके दाँये सिरे से मिलाकर मूषक पटल रखा जाता है। कुंजीपटल की मध्य रेखा पर कुर्सी की ओर मुँह करके मॉनीटर रखना चाहिये। इसकी ऊँचाई इस प्रकार व्यवस्थित की जानी चाहिये कि इसके परदे के मध्य मे खींची गई क्षैतिज रंखा परिचारक की आँखों से लगभग 10 सेमी. नीचे हो।

मॉनीटर के बराबर में बाँयी ओर सी.पी.यू. पेटिका रखी जाती है। इसे सुविधानुसार कुछ टेढ़ा करके भी रखा जा सकता है। इस में विशेष यह है कि चकती संचालियों में चकती

लगाना व निकालना सुगम होना चाहिये।

मेज के कुर्सी की ओर के किनारे तथा कुंजीपटल के किनारे में लगभग 10 से.मी. का अन्तर टंकण में सुविधा प्रदान करता है।

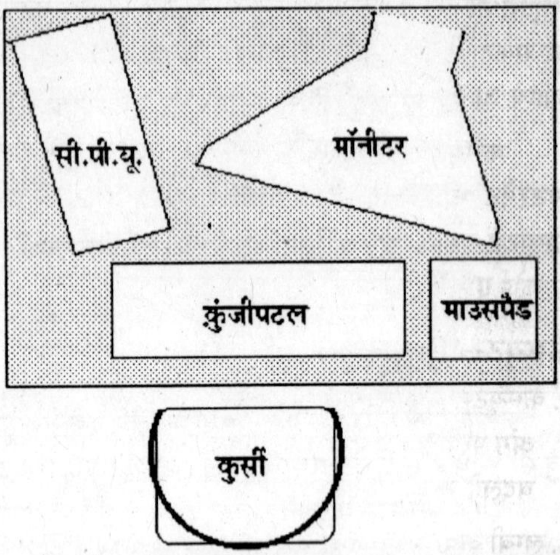

विद्युत धारा उपयोग

कम्प्यूटर विद्युत धारा के प्रवाह से संचालित होते हैं। इनमें विद्युत धारा के दो उपयोग होते हैं –

1. विद्युत धारा कम्प्यूटर के विभिन्न अवयवों को अपने अपने कार्य करने के लिये आवश्यक ऊर्जा प्रदान करती है, तथा
2. विद्युत धारा के प्रवाहित होने अथवा बन्द होने के क्षणों के आधार पर भिन्न भिन्न सूचनाओं तथा अधिदेशों के समतुल्य संकेत बनाये जाते हैं। कम्प्यूटर की सभी सूचनाएँ तथा उपदेश इन्ही संकेतों के माध्यम से प्रवाहित होती हैं।

इस प्रकार कम्प्यूटर एक वैद्युत मशीन है जिसको सूचनाएँ तथा उपदेश अथवा इन्स्ट्रक्शन्स प्रदान किये जाते हैं तथा परिष्कारित सूचनाएँ प्राप्त की जाती हैं। कम्प्यूटर को सूचनाएँ एवं उपदेश देने वाले व्यक्ति को कम्प्यूटर परिचारक अथवा ऑपरेटर कहा जाता है। कम्प्यूटर को दी जानेवाली सूचनाओं तथा उपदेशों को कम्प्यूटर के **अन्तर्पात** अथवा **इनपुट** कहा जाता है तथा इससे प्राप्त सूचनाओं को कम्प्यूटर के **बहिर्पात** अथवा **आउटपुट** कहा जाता है।

सुरक्षा

कम्प्यूटर परिचारण में कोई गलती होने से कम्प्यूटर प्रणाली को कोई हानि नहीं होती है। दोपपूर्ण अधिदेश को कम्प्यूटर अस्वीकार कर देता है। कम्प्यूटर को हानि पहुँचाने वाले चार प्रमुख शत्रु हैं –

1. धूल,
2. नमी,
3. ताप, तथा
4. वाइरस अथवा दुष्कूट ।

धूल कम्प्यूटर हार्डवेयर अंगों पर जमकर उन्हें नष्ट कर सकती है, नमी उनकी

विद्युतरोधन क्षमता को नष्ट करती है तथा ताप इसके सूक्ष्म इलेक्ट्रानिकी अवयवों को नष्ट कर सकता है। कम्प्यूटर प्रणाली को इन तीनों से बचाकर स्वच्छ, शीतल कक्ष में रखना चाहिये जो अधिक खुला न हो तथा जिसमें बहुत अधिक व्यक्तियों का आना जाना न हो।

कम्प्यूटर में वायरसों के प्रवेश का मुख्य द्वार है- फ्लॉपी चकतियाँ। साथ ही अब **इण्टरनेट** भी वायरसों के प्रसार का माध्यम बन गया है। इन से बचाव के लिये अन्य कम्प्यूटरों पर प्रयुक्त चकतियों का उपयोग नहीं करना चाहिये तथा अपने कम्प्यूटर प्रणाली पर कोई **एण्टीवायरस प्रोग्राम** चालू रखना चाहिये।

कम्प्यूटर परिचारण

1. कम्प्यूटर पर कार्य करते समय सदैव सीधे बैठें, झुक कर नहीं। साथ ही शरीर के किसी अंग पर तनाव नहीं होना चाहिये। लम्बा कार्य करते समय बीच बीच में आसन मुद्रा को बदलते रहना लाभकर रहता है।

2. लम्बी अवधि तक कार्य करते समय प्रत्येक आधे घण्टे बाद नेत्रों को लगभग 30 सैकण्ड के लिये बन्द करके विश्राम देना चाहिये। सामान्यत: भी दृष्टि को निरन्तर मॉनीटर परदे पर न रखकर कुछ इधर उधर घुमाते रहना चाहिये।

3. सबसे पहले कम्प्यूटर का मुख्य स्विच ऑन करके इसकी विद्युत चालू करें। इससे कम्प्यूटर स्वयं ही प्रवर्तित होकर आदेश प्राप्त करने हेतु तैयार हो जायेगा। यदि धारापथ में अनेक स्विच हों तो कम्प्यूटर के मुख्य स्विच को सबसे अन्त में ऑन करना चाहिये।
4. कम्प्यूटर बन्द करने के लिये सर्वप्रथम इसके सी.पी.यू. पर लगे मुख्य स्विच को बन्द करके ही परिपथ के अन्य स्विचों को बन्द करना चाहिये।

टंकण

टंकण का अभ्यास न होने पर भी टंकण कार्य दोनों हाथों की दसों उंगलियों के उपयोग से ही करने का प्रयास करना चाहिये। इससे धीरे धीरे टंकण का अभ्यास स्वयमेव हो जाता है। टंकण करते समय टंकण मैटर कागज मॉनीटर परदे के बराबर में खड़ा रखने की व्यवस्था होने से टंकण कार्य शीघ्रता से होता है।

जब केवल संख्याओं का ही टंकण करना हो तो सांख्यिक कुंजीपट का उपयोग टंकण गति बढ़ाने में सहायक सिद्ध होता है। टंकण क्रिया में स्पेस बार को दबाने के लिये अँगूठे के उपयोग का अभ्यास लाभकर रहता है।

एक जैसे कार्य को बार बार करना सरल होता है। अत: टंकण क्रिया में कार्य को वर्गों में इस प्रकार विभाजित कर लेना चाहिये जिससे प्रत्येक वर्ग में एक ही प्रकार का कार्य हो। एक वर्ग का कार्य पूर्ण करके ही अगले वर्ग का कार्य प्रारंभ करना चाहिये। इससे कुंजीपटल उपयोग में न्यूनतम परिवर्तनों की आवश्यकता होती है।

हार्डवेयर तथा सॉफ्टवेयर

आप लोगों ने कम्प्यूटर अवश्य देखा होगा। किन्तु जो आँखों से दिखाई पड़ता है, केवल वही कम्प्यूटर प्रणाली नहीं है। यह तो कम्प्यूटर प्रणाली का एक अंग है। यह प्रत्यक्ष अंग तो निर्जीव देह की भाँति है, यह स्वयं कोई कार्य नहीं कर सकता। तुमने कोई मृत मनुष्य अथवा पशु अवश्य देखा होगा और यह भी जानना चाहा होगा की मृत तथा जीवित मनुष्य अथवा पशु में क्या अन्तर होता है। दिखने में तो दोनों एक जैसे ही होते हैं। जीवों के जीवित से मृत होने में जो तत्त्व नहीं रहता है उसे प्राण कहते हैं। प्राण ही निर्जीव देह को जीवन अर्थात् सक्रियता प्रदान करता है। अत: मनुष्य, पशु आदि जीवों में दो अंग अनिवार्य रूप से होते हैं - एक देह तथा दूसरा प्राण।

कम्प्यूटरों की स्थिति भी ठीक इसी प्रकार है। कम्प्यूटर के भाग जिन्हें प्रत्यक्ष देख सकते हो, देह के समान हैं। इन्हें **हार्डवेयर** अथवा **यथावस्तु** कहते हैं। यथावस्तु को सक्रिय बनाने हेतु कम्प्यूटर को कुछ उपदेशों की आवश्यकता होती है जो कम्प्यूटर में प्राण की तरह होते हैं। इन विशिष्ट उपदेशों को कम्प्यूटर प्रणाली के **सॉफ्टवेयर** अर्थात् **परावस्तु** कहते हैं, ये दिखाई पड़ सकने वाली वस्तुएँ नहीं हैं। ये कम्प्यूटर की सार्थक सूचनाएँ हैं। इस प्रकार

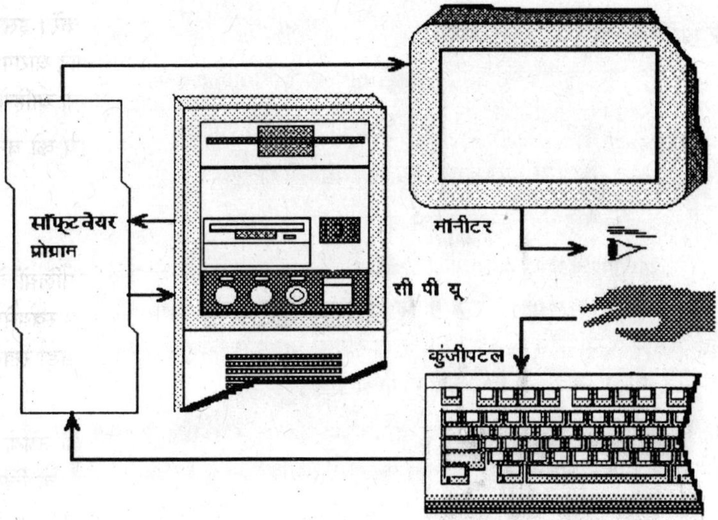

कम्प्यूटर प्रणाली के भी दो अनिवार्य अंग होते हैं -

यथावस्तु अर्थात हार्डवेयर, तथा

परावस्तु अर्थात सॉफ्टवेयर

परावस्तु का निर्माण यथावस्तु पर आधारित होता है। अतः कम्प्यूटर प्रणाली का मूल निर्णायक तत्त्व यथावस्तु है। प्रत्येक माइक्रोकम्प्यूटर यथावस्तु का सर्वाधिक महत्त्वपूर्ण भाग इसका सूक्ष्मपरिष्कारक अथवा माइक्रोप्रोसेसर होता है जिसकी कार्य प्रणाली कुछ सुनिश्चित संकेत प्रवाहों से नियमित होती है। ये संकेत ही परावस्तु निर्माण के लिये अँकुर की तरह कार्य करते हैं। ये संकेत विद्युत धारा प्रवाह के चालू तथा बन्द अवस्थाओं से बनते हैं। उदाहरणार्थ - कम्प्यूटरों के प्रथम सूक्ष्म परिष्कारक 8086 के कुछ संकेत इस प्रकार हैं-

स्थिर पोर्ट से एक बाइट अन्तर्पातन	11100100 पोर्ट
बाहरी पोर्ट से अन्तर्पातन	11101100 पोर्ट
स्थिर पोर्ट को एक बाइट बहिर्पातन	11100110 पोर्ट
बाहरी पोर्ट को एक बाइट बहिर्पातन	11101110 पोर्ट

जहाँ सामान्यतः 1 का अर्थ धारा प्रवाह चालू तथा 0 का अर्थ धारा प्रवाह बन्द है। इस प्रकार की संकेत सूची को सूक्ष्म परिष्कारक का उपदेश स्थूण अथवा इन्स्ट्रक्शन सैट कहा जाता है। अतः 8086 सूक्ष्म परिष्कारक वाले कम्प्यूटर प्रणाली हेतु बने परावस्तुओं के निर्माण में ऊपर दिये गये संकेत कूटों का उपयोग होगा।

यथावस्तु अंग

कम्प्यूटर हार्डवेयर के तीन प्रमुख अंग समूह निम्नांकित हैं -

1. अन्तर्पातन अव्यव जैसे कुंजीपटल, माउस आदि,
2. केन्द्रीय परिष्कारण इकाई अथवा सी.पी.यू.
3. बहिर्पातन अव्यव जैसे मॉनीटर, मुद्रक आदि।

कुंजीपटल से कम्प्यूटर को अन्तर्पातन सूचनाएँ दी जाती हैं, मॉनीटर टेलीविजन जैसा यन्त्र है जिसपर कम्प्यूटर परिचारक को कम्प्यूटर के अन्तर्पात, कार्यकलाप, तथा बहिर्पात साथ-साथ दिखाई देते रहते हैं। सी.पी.यू. पेटी में कम्प्यूटर के मुख्य भाग लगे रहते हैं। यह - पड़ी अथवा खड़ी - दो आकृतियों में होती है।

सी.पी.यू. पेटिका के अन्दर अनेक भाग व्यवस्थित रहते हैं तथा एक दूसरे से सम्बद्धित होते हैं। कम्प्यूटर द्वारा किये गये सभी प्रमुख कार्य इन्ही भागों द्वारा किये जाते हैं। कुंजीपटल के माध्यम से कम्प्यूटर परिचारक अपने अधिदेश एवं सूचनाएँ कम्प्यूटर को प्रदान करता है। इसलिये इसे कम्प्यूटर की अन्तर्पातन अव्यव अथवा इनपुट डिवाइस कहा जाता है। इस कुंजीपटल में साधारण टाइपराइटर की कुंजियों के अतिरिक्त भी अनेक कुंजियाँ होती हैं। कम्प्यूटर का मॉनीटर दूरदर्शन की तरह का एक उपस्कर है जो कम्प्यूटर को दिये जाने वाले अन्तर्पातनों, कम्प्यूटर के अन्दर होने वाली क्रियाओं तथा इसके बहिर्पातनों को कम्प्यूटर परिचारक को दर्शाता है। इस कारण इसे कम्प्यूटर की बहिर्पातन अव्यव कहा जाता है।

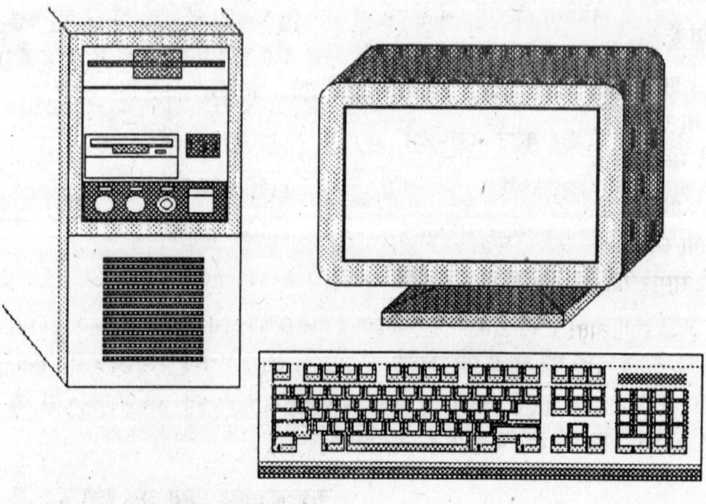

कम्प्यूटर कार्य पद्यति में तीनों यथावस्तु भागों का समन्वित उपयोग परावस्तुओं के माध्यम से होता है जैसाकि पिछले पृष्ठ पर दिये गये चित्र में स्पष्ट किया गया है। कुंजीपटल के संकेत सॉफ्टवेयर द्वारा चैक किये जाते हैं, मॉनीटर पर दर्शाये जाते हैं, तथा उनकी उपयोगिता के अनुसार सी.पी.यू. उनपर कार्य करता है। इसके लिये भी यह सॉफ्टवेयर से दिशा निर्देश प्राप्त करता है। इस प्रकार प्रत्येक क्रिया में हार्डवेयर तथा सॉफ्टवेयर दोनों का समन्वित योगदान होता है।

सम्पादयित्र विशिष्टियाँ

मूल सम्पादयित्र विशिष्टियों में निम्नांकित प्रकार के विवरण होते हैं -

1. कम्प्यूटर तन्त्र का प्रकार - माइक्रोप्रोसेसर,
2. स्मृति - मैगा बाइट में,
3. चकती संगृहण क्षमता - गीगाबाइट में
4. मुद्रक आकार, प्रकार एवं पृष्ठ पंक्ति प्रति मिनट में गति,
5. टर्मिनलों के प्रकार, सक्षमताएँ तथा संख्या,
6. प्रक्रमण भाषा - कोबोल, सी, पास्कल, फोर्ट्रान आदि
7. परिचारण प्रणाली - डॉस, विण्डोज, ओ.एस.-2 आदि।

बहुमाध्यमी सम्पादयित्र

पाठ्य, अनुचित्र, ध्वनि आदि अनेक माध्यमों की धृतियों का संगृहण तथा पुनर्कृतन कर सकने वाली प्रणाली को बहुमाध्यमी सम्पादयित्र प्रणाली कहा जाता है। इसके दो स्तर निर्धारित हैं -

स्तर 1 : 80386 एस एक्स सूक्ष्म परिष्कारक युक्त सम्पादयित्र, 16 मै.चक्र प्रति सै. वेग, 2 मै.बा. स्मृतिपटल, स्थायी चकती पर 30 गै.बा. रिक्त स्थल, 150 कि.बा. प्रति सै. वेग की सम्पुटचकती संचाली, तथा 8 द्विंकी ध्वनि पत्रक।

स्तर 2 : 80486 एस एक्स सूक्ष्म परिष्कारक युक्त सम्पादयित्र, 25 मै.चक्र प्रति सै. वेग, 8 मै.बा. स्मृतिपटल, स्थायी चकती पर 160 मै.बा. रिक्त स्थल, 300 कि.बा. प्रति सै. वेग की सम्पुटचकती संचाली, तथा 16 द्विंकी ध्वनि पत्रक।

2

द्विंक तथा अंकाष्टी

(Bit and Byte)

शब्द सम्पदा :

द्विंक (Bit)	अंकाष्टी (Byte)
द्विअंकी (Binary)	संवर्धित (Enhanced)
मूलांक (Radix)	अभिदर्श (Display)
अंशु (Segment)	षष्ठदशांकी संख्या (Hexadecimal number)
अथ (On)	पृथ (Off)
कपाट (Gate)	द्वार्य (Buffer)
शास्त (Logic)	तालिका (Table)
संवर्त (Switch)	विचरित्र (Inverter)
अथवा (OR)	तथा (AND)
नाथवा (NOR)	नातथा (NAND)
संपूरक (Complementary)	विपश्च (Delay)
समालम्बित (Parallel)	परालम्बित (Series)
व्याहति (Term)	व्याहती (Terminal)
अव्यव (Device)	संवान्तरण (Interchange)
इंगित्र (Indicator)	प्रयोजन (Purpose)

कूट

मान लीजिये कि एक मकान में चार परिवार रहते हैं तथा चारों की एक ही द्वार की घण्टी है। किसी आगन्तुक द्वारा घण्टी बजाये जाने पर हो सकता है कि चारों परिवार ही द्वार की ओर दौड़ पड़ें अथवा एक दूसरे पर टाल कर चारों में से एक भी द्वार न खोले। इससे सब काम उल्टा-पुल्टा हो सकता है। आगन्तुक द्वारा केवल एक ही परिवार को अपने आगमन की सूचना देने के लिये निम्नांकित विधि अपनाई जा सकती है -

1. परिवार 1 के लिये - एक बार देर तक घण्टी का बजाना।
2. परिवार 2 के लिये - दो बार थोड़ी-थोड़ी देर तक घण्टी का बजाना।
3. परिवार 3 के लिये - पहली बार लम्बे तथा दूसरी बार थोड़े समय तक घण्टी बजाना।
4. परिवार 4 के लिये - पहली बार थोड़े तथा दूसरी बार लम्बे समय तक घण्टी बजाना।

इस प्रकार घण्टी के बटन को दबाने या छोड़ने से चारों में से किसी भी एक परिवार को सूचित किया जा सकता है। कुछ वर्ष पूर्व तक तार द्वारा संदेश भेजने के लिये इसी प्रकार की संकेत प्रणाली अपनाई जाती थी जिसे मोर्स कोड कहते हैं। आजकल यह कार्य टैलीप्रिण्टर मशीन द्वारा किया जाता है।

इस प्रकार के संकेतों को कूट संकेत कहा जाता है जिसका अर्थ किसी संदेश को ऐसे संकेतों के माध्यम से भेजना जिनके अर्थ संदेश पाने वाले व्यक्ति को पहले से ज्ञात हों। गुप्त संदेश भेजने के लिये ऐसे कूट संकेतों का उपयोग किया जाता है जिनके अर्थ केवल संदेश भेजने एवं पाने वाले को ज्ञात होते हैं। वास्तव में देखा जाय तो सभी प्रचलित भाषाएँ, हाथ, आँख आदि के इशारे, सिर हिलाकर हाँ या ना में उत्तर देना, आदि सब जाने माने कूट संकेत ही हैं।

द्विअंकी पद्यति

आधुनिक कम्प्यूटरों में भी इसी प्रकार धारा प्रवाह के बन्द अथवा चालू होने की अवधियों के आधार पर विभिन्न सूचना संकेत दिये जाते हैं। इस प्रकार के संकेतों को **अंकीय** अथवा **डिजिटल संकेत** कहते हैं। इस प्रकार के संकेतों पर आधारित कम्प्यूटरों को **डिजिटल कम्प्यूटर** कहा जाता है। इस व्यवस्था में संख्या के केवल दो ही अंक, 1 तथा 0, ही होते है। इसलिये इसे **बाइनरी** अर्थात् **द्विअंकी पद्यति** कहा जाता है। इन दो अंको के उपयोग से कितनी भी बडी संख्या दर्शाई जा सकती है। अग्रांकित तालिका में शून्य से 19 तक की दशमलवी संख्याओं के समतुल्य बाइनरी संख्याएँ दी गई हैं।

दशमलवीय संख्या	*बाइनरी संख्या*	*दशमलवीय संख्या*	*बाइनरी संख्या*
0	0	10	1010
1	01	11	1011
2	10	12	1100
3	11	13	1101
4	100	14	1110
5	101	15	1111
6	110	16	10000
7	111	17	10001
8	1000	18	100.10
9	1001	19	10011

बाइनरी संख्या के प्रत्येक अंक को एक बिट अथवा द्विंक कहते हैं। सामान्यतः, द्विंक 1 विद्युत धारा प्रवाह के चालू रहने तथा द्विंक 0 धारा प्रवाह के बन्द होने से दर्शाया जाता है। इस पद्यति का सबसे बडा लाभ यह है कि विद्युत धारा प्रवाह के दो स्तरों से ही सभी तरह के संकेत प्रवाहित किये जा सकते हैं। उपरोक्त तालिका में जिस प्रकार दशमलवी संख्याओं के लिये बाइनरी पद्यति की संख्याएँ दर्शाई गई हैं उसी प्रकार अक्षरमाला के प्रत्येक अक्षर अथवा अन्य आवश्यक अक्षरों के लिये भी बाइनरी अंको की श्रृंखलाएँ पहले से निर्धारित हैं जिससे कम्प्यूटर में संकेत प्रवाह से केवल संख्याएँ ही नहीं, पाठ्य को भी संगृहित एवं संप्रेषित किया जा सकता है।

कम्प्यूटर में एक बिट का शून्य तथा एक में से केवल एक ही मान संभव है। अतः एक बिट एक समय में केवल दो संभव क्रियाओं में से एक को चुन सकता है। जैसे हाँ अथवा ना, आज स्कूल जाना है अथवा नही, कल क्रिकेट खेलना है अथवा पिकनिक पर जाना है, आदि। इन उदाहरणों के किसी एक ऐक्ष्य को शून्य से तथा अन्य को एक से दर्शाया जाता है।

यदि हमें एक रोबोट को आगे, पीछे, बाँये अथवा दाँये चलने का निर्देश देना हो, या अपने लिये घड़ी, अथवा पिताजी के लिये कोट, अथवा माताजी के लिये साड़ी, अथवा बहन के लिये झुमके खरीदने में से किसी एक को चुनना हो, तो हम एक बिट के उपयोग से यह निर्णय नहीं कर सकते, हमें कम से कम दो बिटों का उपयोग करना होगा। क्योंकि दो बिटों के समूह के चार मान संभव हैं – 00, 01, 10, एवं 11 । इनमें से प्रत्येक से एक ऐक्ष्य दर्शाया जा सकता है जिससे कम्प्यूटर के उपयोग से निर्णय किया जा सकता है, जैसे

बाइनरी कूट	*रोबोट के लिये दिशा*	*खरीद का निर्णय*
00	आगे	अपने लिये घड़ी
01	बाँये	पिताजी के लिये कोट
10	पीछे	माताजी के लिये साड़ी
11	दाँये	बहन के लिये झुमके

इसी प्रकार तीन, चार, ... बिट समूहों के उपयोग से अनेकानेक ऐक्ष्यों को दर्शाया जा सकता है। नीचे दी गई तालिका में बिटों की संख्या तथा संभव ऐक्ष्यों को दर्शाकर दोनों के मध्य सम्बन्ध स्थापित किया गया है:-

बिट संख्या	*संभव कूट संकेत*				*ऐक्ष्य संख्या*
1	0,	1			$2 = 2^1$
2	00,	01,	10,	11	$4 = 2^2$
3	000,	001,	010,	011	
	100,	101,	110,	111	$8 = 2^3$
4	0000,	0001,	0010,	0011	
	0100,	0101,	0110,	0111	
	1000,	1001,	1010,	1011	
	1100,	1101,	1110,	1111	$16 = 2^4$
न			...		$2^{न}$

इस प्रकार हम आठ बिटों के संकेतों से कुल $2^8 = 256$ भिन्न सूचनाओं को दर्शा सकते हैं। इस प्रकार की संकेत पद्यति को **साधारण द्विअंकी पद्यति** अथवा **प्लेन बाइनरी सिस्टम** कहा जाता है। कम्प्यूटरों में उपयोग की जाने वाली अन्य प्रकार की मान्य बाइनरी पद्यतियाँ भी हैं।

उपरोक्त तालिकाओं से यह स्पष्ट होता है कि बाइनरी पद्यति में अंकों की संख्या बहुत अधिक होती है जैसे दशमलवी संख्या 19 के लिये बाइनरी पद्यति में पाँच अंकों की संख्या बनती है। इसलिये गिनने की सुविधा के लिये इस पद्यति में प्रत्येक आठ बिटों के समूह को एक बाइट अथवा अंकाष्टी कहा जाता है। इसी प्रकार दो बाइटों को एक शब्द कहा जाता है। डिजिटल कम्प्यूटरों में नीचे लिखी बिटों पर आधारित इकाइयों का उपयोग किया जाता है

1 निबिल		= 4 बिट
1 बाइट	= 2 निबिल	= 8 बिट
1 शब्द	= 2 बाइट	= 16 बिट
1 किलोबाइट	= 1024 बाइट	= 2^{10} बाइट
1 मेगाबाइट	= 1,048,576 बाइट	= 2^{20} बाइट
1 गीगाबाइट	= 1,073,741,824 बाइट	= 2^{30} बाइट

1 टैराबाइट= 1, 066,511,627,776 बाइट = 2^{40} बाइट

आस्की और इस्की

कम्प्यूटर केवल दो प्रकार की बिटों - शून्य तथा एक - के माध्यम से अपनी सभी सूचनाओं एवं अधिदेशों को पहचानता है तथा उनका उपयोग करता है। इस प्रकार के संकेतों को **बाइनरी संकेत** कहते हैं। एक कम्प्यूटर से सूचनाऐं दूसरे कम्प्यूटर में भेजी जा सकें, इसके लिये यह आवश्यक है कि दोनों कम्प्यूटर एक समान कूट संकेतों का उपयोग करें। इसमें सुविधा के लिये अनेक प्रकार के मानक कूटों का विकास हुआ है जिनमें सबसे अधिक प्रचलित सूचना प्रवाह का अमेरिकी मानक कूट है जिसे संक्षेप में **आस्की** कहा जाता है।

आस्की तथा संवर्धित आस्की

आस्की के दो स्वरूप हैं जिन्हें क्रमश: आस्की तथा संवर्धित आस्की कहा जाता है। आस्की 7 बिटों का कूट है तथा संवर्धित आस्की 8 बिटों का। इस कारण से आस्की में 2^7=128 कूट संकेत हैं जबकि संवर्धित आस्की में 2^8 = 256 कूट संकेत हैं।

आस्की कूटों की सूची को एक से प्रारंभ कर क्रम देने से प्रत्येक कूट की क्रम संख्या को उस कूट का आस्की मान कहते हैं। इसका उपयोग कुंजीपटल के उपयोग से कम्प्यूटर परदे पर आस्की अक्षरों को दर्शाने हेतु किया जाता है। आस्की मान बाइनरी कूट के दशमलवीय मान से एक अधिक होता है क्योंकि बाइनरी कूट शून्य से प्रारंभ होता है तथा आस्की मान एक से।

आस्की में प्रथम 32 कूट संयमन संकेतों के लिये उपयुक्त किये गये हैं जबकि संवर्धित आस्की में इनमें से कुछ का उपयोग संयमन संकेतों हेतु तथा कुछ अन्य का उपयोग विशेष अक्षरों के लिये किया जाता है। आस्की मान 33 से 128 तक के कूटसंकेत दोनों कूटों में एक समान हैं। आस्की यहीं समाप्त हो जाता है। संवर्धित आस्की के अन्य 128 कूटों का उपयोग चित्रण के अक्षरों तथा विदेशी भाषा अक्षरों के लिये किया जाता है। सरलता के लिये केवल 33 से 128 तक के कूटों की सूची आगे दी जा रही है।

आस्कीमान	बाइनरी कूट	अक्षर
32	0001 1111	Space
33	0010 0000	!
34	0010 0001	"
35	0010 0010	#
36	0010 0011	$
37	0010 0100	%
38	0010 0101	&
39	0010 0110	'
40	0010 0111	(
41	0010 1000	)
42	0010 1001	*
43	0010 1010	+
44	0010 1011	,
45	0010 1100	–
46	0010 1101	
47	0010 1110	/
48	0010 1111	0
49	0011 0000	1
50	0011 0001	2
51	0011 0010	3
52	0011 0011	4
53	0011 0100	5
54	0011 0101	6
55	0011 0110	7
56	0011 0111	8
57	0011 1000	9
58	0011 1001	:
59	0011 1010	;
60	0011 1011	<
61	0011 1100	=
62	0011 1101	>

आस्कीमान	बाइनरी कूट	अक्षर
63	0011 1110	?
64	0011 1111	@
65	0100 0000	A
66	0100 0001	B
67	0100 0010	C
68	0100 0011	D
69	0100 0100	E
70	0100 0101	F
71	0100 0110	G
72	0100 0111	H
73	0100 1000	I
74	0100 1001	J
75	0100 1010	K
76	0100 1011	L
77	0100 1100	M
78	0100 1101	N
79	0100 1110	O
80	0100 1111	P
81	0101 0000	Q
82	0101 0001	R
83	0101 0010	S
84	0101 0011	T
85	0101 0100	U
86	0101 0101	V
87	0101 0110	W
88	0101 0111	X
89	0101 1000	Y
90	0101 1001	Z
91	0101 1010	[
92	0101 1011	\
93	0101 1100	]
94	0101 1101	^

आस्कीमान	बाइनरी कूट	अक्षर	आस्कीमान	बाइनरी कूट	अक्षर
95	0101 1110	-	112	0110 1111	p
96	0101 1111	`	113	0111 0000	q
97	0110 0000	a	114	0111 0001	r
98	0110 0001	b	115	0111 0010	s
99	0110 0010	c	116	0111 0011	t
100	0110 0011	d	117	0111 0100	u
101	0110 0100	e	118	0111 0101	v
102	0110 0101	f	119	0111 0110	w
103	0110 0110	g	120	0111 0111	x
104	0110 0111	h	121	0111 1000	y
105	0110 1000	i	122	0111 1001	z
106	0110 1001	j	123	0111 1010	{
107	0110 1010	k	124	0111 1011	|
108	0110 1011	l	125	0111 1100	}
109	0110 1100	m	126	0111 1101	~
110	0110 1101	n	127	0111 1110	Delete
111	0110 1110	o			

इस्की

भारत में आँग्ली को साथ रखते हुए कम्प्यूटरों के हिन्दीकरण के प्रयास किये गये है। इसके लिये एक मानक कूट तैयार किया गया है जिसे इस्की - इण्डियन स्टैण्डर्ड कोड फॉर इनफॉरमेशन इण्टरचेंज - नाम दिया गया है। यह 8 बिटों का कूट होने के कारण 256 अक्षरों के कूट निर्धारित करता है। एक से 128 तक के कूट संकेत संवधित आस्की के ही रखे गये हैं। शेष 128 कूट संकेतों को देवनागरी लिपि के वर्णों एवं अंकों के लिये उपयोग किया गया है।

संकेत कूट - ई.बी.सी.डी.आई.सी.

बाइनरी कूट आस्की में विभिन्न अक्षरों के कूट दर्शाने के लिये शून्य तथा एक के अंकों की लम्बी श्रृंखला को ही लिखना आवश्यक होता है। जैसे यदि हमें अँग्रेज़ी अक्षर ए का आस्की कूट किसी को बताना हो अथवा लिखना हो तो हमें 0100 0000 ही कहना अथवा लिखना होगा। यह एक असुविधाजनक कार्य है। इस असुविधा से बचने के लिये

एक अन्य कूट का उपयोग किया जाता है जिसे ई.बी.सी.ड़ी.आई.सी. अर्थात **एक्सटेण्डिड बाइनरी कोडिड डेसिमल इण्टरचेंज कोड** कहते हैं। इस पाठ में इस कूट का इसकी आधार संख्या पद्यति के साथ अध्ययन किया जायेगा।

हैक्साडैसिमल नम्बर सिस्टम अथवा षष्ठदशांकी संख्या पद्यति

जिस प्रकार दशमलवीय संख्या दस अंकों पर तथा बाइनरी संख्या दो अंकों पर आधारित होती है उसी प्रकार हैक्साडैसिमल अथवा षष्ठदशांकी संख्या 16 अंकों पर आधारित होती है। इन संख्या पद्यतियों में इनकी आधार संख्याओं - 10, 2 तथा 16 - को इन पद्यतियों के **मूलांक** अथवा **रैडिक्स** कहा जाता है। हैक्साडैसिमल संख्या के 16 अंक ये है

0, 1, 2, 3, 4, 5, 6, 7, 8, 9, A, B, C, D, E, F

इस प्रकार इस पद्यति की प्रथम 48 संख्याएँ दशमलवी संख्याओं के सामने उनके बाइनरी कूटों के साथ अगले पृष्ठ पर तालिका में दर्शाई गइँ हैं। सुविधा के लिये प्रत्येक दशमलवी तथा षष्ठदशांकी संख्या को दो अंकों में लिखा गया है। प्रत्येक बाइनरी कूट को 8 अंकों में लिखा गया है।

षष्ठदशांकी संख्या का दशमलवीय मान ज्ञात करने के लिये इसके बाँये से प्रारंभ करके अंकों के दशमलवीय मानों में क्रमशः

$16^0, 16^1, 16^2, 16^3, ...$

आदि का गुणन करना होता है। उदाहरण के लिये नीचे एक षष्ठदशांकी संख्या के दशमलवीय मान की संगणना दर्शाई गई है -

$$\begin{aligned}[23C5]_{16} &= [2x16^3 + 3x16^2 + 12x16^1 + 5x16^0]_{10} \\ &= [2x16x16x16 + 3x16x16 + 12x16 + 5x1]_{10} \\ &= [8192 + 768 + 192 + 5]_{10} \\ &= [9157]_{10}\end{aligned}$$

यहाँ यह ध्यान देने की आवश्यकता है कि विभिन्न पद्यतियों की संख्याओं के साथ उनकी पद्यति को भी इंगित करना सुविधाजनक एवं अति उपयोगी होता है। इस के लिये संख्या को एक कोष्ठक में लिखकर उसके आगे संख्या का मूलांक उपलिपित कर दिया जाता है, जैसा कि ऊपर दोनों प्रकार की संख्याओं के साथ किया गया है।

अगले पृष्ठ पर दी गयी तालिका में प्रत्येक संख्या के आठ अंकीय बाइनरी कूट को चार-चार अंकों के दो भागों में बाँट कर अर्थात दो प्रथक निबलों में लिखा गया है। अब प्रत्येक षष्ठदशांकी संख्या के दो अंकों तथा बाइनरी कूट के दो निबलों की तुलना कीजिये।

षष्ठदशांकी संख्या सूची :

द० संख्या	षष्ठदशांकी	बाइनरी कूट
00	00	0000 0000
01	01	0000 0001
02	02	0000 0010
03	03	0000 0011
04	04	0000 0100
05	05	0000 0101
06	06	0000 0110
07	07	0000 0111
08	08	0000 1000
09	09	0000 1001
10	0A	0000 1010
11	0B	0000 1011
12	0C	0000 1100
13	0D	0000 1101
14	0E	0000 1110
15	0F	0000 1111
16	10	0001 0000
17	11	0001 0001
18	12	0001 0010
19	13	0001 0011
20	14	0001 0100
21	15	0001 0101
22	16	0001 0110
23	17	0001 0111
24	18	0001 1000

द० संख्या	षष्ठदशांकी	बाइनरी कूट
25	19	0001 1001
26	1A	0001 1010
27	1A	0001 1011
28	1C	0001 1100
29	1D	0001 1101
30	1E	0001 1110
31	1F	0001 1111
32	20	0010 0000
33	21	0010 0001
34	22	0010 0010
35	23	0010 0011
36	24	0010 0100
37	25	0010 0101
38	26	0010 0110
39	27	0010 0111
40	28	0010 1000
41	29	0010 1001
42	2A	0010 1010
43	2B	0010 1011
44	2C	0010 1100
45	2D	0010 1101
46	2E	0010 1110
47	2F	0010 1111
48	30	0011 0000
49	31	0011 0001

इनके अध्ययन से हम पाते हैं कि प्रत्येक संख्या का बाइनरी कूट षष्ठदशांकी संख्या के प्रत्येक अंक का चार अंकीय बाइनरी कूट से मिलकर बना है। जिसका अर्थ यह हुआ कि हम किसी भी दशमलवीय संख्या का बाइनरी कूट उस संख्या को षष्ठदशांकी पद्यति में लिखकर बड़ी सरलता से ज्ञात कर सकते हैं। यह इस पद्यति का अति महत्त्वपूर्ण लाभ है।

इसका दूसरा अर्थ यह भी हुआ कि षष्ठदशांकी संख्या के समतुल्य बाइनरी कूट सीधे-सीधे संख्या के अंकों को देखकर लिखे जा सकने के कारण किसी भी वर्णन में बाइनरी कूट के स्थान पर केवल षष्ठदशांकी संख्या के दो अंक लिख कर अर्थ स्पष्ट किया जा सकता है। वर्णन में बाइनरी अंकों के लिखने की आवश्यकता नहीं रहती। यह इस पद्यति का दूसरा बड़ा लाभ है। उदाहरण के लिये -

हैक्साडैसिमल संख्या 3A5 लीजिये

इसका दशमलवीय मान $3x16^2 + 10x16^1 + 5x16^0$

$$= 3x256 + 10x16 + 5x1$$

$$= 768 + 160 + 5 = 933$$

संख्या 3A5 के अंकों को बाइनरी संख्याओं में लिखने पर -

$$3A5 = 0011\ 1010\ 0101$$

इस बाइनरी संख्या का दशमलवीय मान $= 0x2^{11} + 0x2^{10} + 1x2^9 + 1x2^8$

$$+ 1x2^7 + 0x2^6 + 1x2^5 + 0x2^4$$

$$+ 0x2^3 + 1x2^2 + 0x2^1 + 1x2^0$$

$$= 933$$

जो हैक्साडैसिमल संख्या 3A5 का दशमलवीय मान है। अतः हैक्साडैसिमल पद्यति दशमलवीय तथा बाइनरी संख्या पद्यतियों के मध्य बड़ी महत्त्वपूर्ण सुविधा प्रदान करती है। इसी संख्या पद्यति को आधार बनाकर ई० बी० सी० डी० आई० सी० बनाया गया है।

ई०बी०सी०डी०आई०सी०

यह आस्की के प्रकार का ही एक कूट है जिसका उपयोग आधुनिक कम्प्यूटरों में किया जा रहा है। इसमें बाइनरी कूटों का निर्धारण हैक्साडैसिमल संख्याओं के अंकों को चार बाइनरी अंकों का मान देकर किया जाता है। इस प्रणाली में कुछ महत्त्वपूर्ण अक्षर कूटों का क्रम अगले पृष्ठ पर दिया गया है।

आस्की कूट की तुलना में इस कूट की प्रमुख विशेषताएँ इस प्रकार हैं -

प्रमुख अक्षरों के द्विअंकी एवं षष्ठदशांकी कूट

अक्षर	बाइनरी रूप	हैक्स.रूप	अक्षर	बाइनरी रूप	हैक्स.रूप
a	1000 0001	8 1	F	1100 0110	C 6
b	1000 0010	8 2	G	1100 0111	C 7
c	1000 0011	8 3	H	1100 1000	C 8
d	1000 0100	8 4	I	1100 1001	C 9
e	1000 0101	8 5	J	1101 0001	D 1
f	1000 0110	8 6	K	1101 0010	D 2
g	1000 0111	8 7	L	1101 0011	D 3
h	1000 1000	8 8	M	1101 0100	D 4
i	1000 1001	8 9	N	1101 0101	D 5
j	1001 0001	9 1	O	1101 0110	D 6
k	1001 0010	9 2	P	1101 0111	D 7
l	1001 0011	9 3	Q	1101 1000	D 8
m	1001 0100	9 4	R	1101 1001	D 9
n	1001 0101	9 5	S	1110 0010	E 2
o	1001 0110	9 6	T	1110 0011	E 3
p	1001 0111	9 7	U	1110 0100	E 4
q	1001 1000	9 8	V	1110 0101	E 5
r	1001 1001	9 9	W	1110 0110	E 6
s	1010 0010	A 2	X	1110 0111	E 7
t	1010 0011	A 3	Y	1110 1000	E 8
u	1010 0100	A 4	Z	1110 1001	E 9
v	1010 0101	A 5	0	1111 0000	F 0
w	1010 0110	A 6	1	1111 0001	F 1
x	1010 0111	A 7	2	1111 0010	F 2
y	1010 1000	A 8	3	1111 0011	F 3
z	1010 1001	A 9	4	1111 0100	F 4
A	1100 0001	C 1	5	1111 0101	F 5
B	1100 0010	C 2	6	1111 0110	F 6
C	1100 0011	C 3	7	1111 0111	F 7
D	1100 0100	C 4	8	1111 1000	F 8
E	1100 0101	C 5	9	1111 1001	F 9

1. इसे दो अंको के षष्ठदशांकी स्वरूप में लिखा जा सकता है।

2. कूट के षष्ठदशांकी स्वरूप से बाइनरी स्वरूप बड़ी सरलता से प्राप्त हो जाता है। बस षष्ठदशांकी स्वरूप के प्रत्येक अंक के स्थान पर उसके समकक्ष चार अंकों का बाइनरी कूट रखना होता है।

3. आस्की में पहले सांख्यिक अंक, उसके बाद आँग्ली के बड़े अक्षर, तथा उसके बाद छोटे अक्षर नियोजित हैं जब कि ई०बी०सी०डी०आई०सी० में इन तीन वर्गों के क्रम प्रतिलोमित हैं। डेटा परिष्कारण में इसका प्रभाव पड़ता है।

4. आस्की में दोनों प्रकार के अक्षरों के क्रम लगातार हैं जबकि इसमें बीच में अन्य अक्षरों के कूट हैं। इसका प्रभाव भी डेटा परिष्कारण में दिखाई पड़ता है।

स्विचिंग लॉजिक - संवर्तन शास्त

हम जानते हैं कि कम्प्यूटर केवल दो अंको के माध्यम से अपने सभी कार्य सम्पन्न करते हैं तथा इन दो अंकों को विद्युत धारा के दो स्तरों से अभिहित किया जाता है। सरलता के लिये मान लिया जाता है कि इनमें से शून्य अंक विद्युत धारा के शून्य परिमाण से तथा एक अंक विद्युत धारा के किसी अन्य स्थिर मान से प्रकट किया जाता है। कम्प्यूटर अपने संदेश एक स्थान से दूसरे स्थान पर कैसे भेजता है तथा किस प्रकार गणितीय परिष्कृतिओं से अपने परिणाम निकालता है? इन प्रश्नों की चर्चा इस उपखण्ड में की जा रही है।

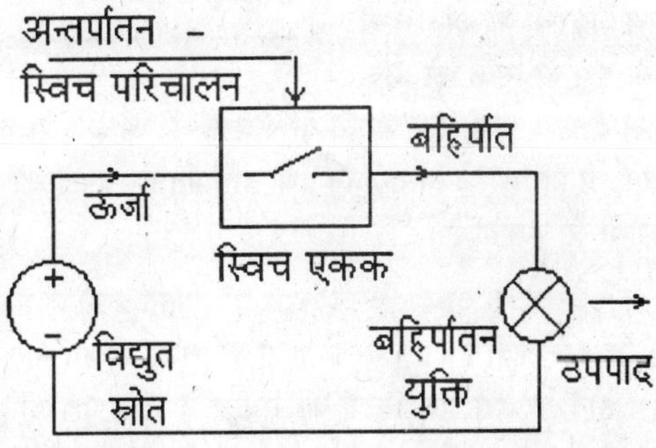

इन्हें स्पष्ट करने के लिये हम कम्प्यूटर को अनेक अन्वयों से निर्मित मान सकते हैं। प्रत्येक ऐसे अन्वय को एक कम्प्यूटर माना जा सकता है। इसी प्रकार प्रत्येक अन्वय पुनः व्यान्वगित किया जा सकता है। इस प्रकार हम कम्प्यूटर प्रणाली के लघुतम अन्वय पर पँहुचते हैं। इस एकक को एक स्विच-समष्टि से दर्शाया जा सकता है। अध्ययन की सुविधा के लिये इस एकक अन्वय के अन्तर्गतनों को स्विचों के परिचारणों से तथा बहिर्पातनों को एक ज्योति पर प्रभावों से दर्शाया जाता है, जैसा कि दाँये चित्र में दर्शाया गया है।

कम्प्यूटर जगत में इस प्रकार की प्रतिनिधि स्विच व्यवस्थाओं को **शास्त कपाट - लॉजिक गेट** - कहा जाता है, जिसमें से अन्तर्गतन प्रवाहित होकर बहिर्गतन बनता है।

कम्प्यूटर शास्त्र कपाटों का ही एक समन्वित रूप है। शास्त्र कपाटों के अन्तर्गतनों की सभी संभव्य स्थितियों के लिये विभिन्न बहिर्गतनों को एक तालिका में दर्शाया जाता है, जिसे **सत्य-तालिका** अथवा **ट्रुथ टेबिल** कहा जाता है। यह तालिका स्विच एकक की निष्पादिता को पूरी तरह परिभाषित करती है।

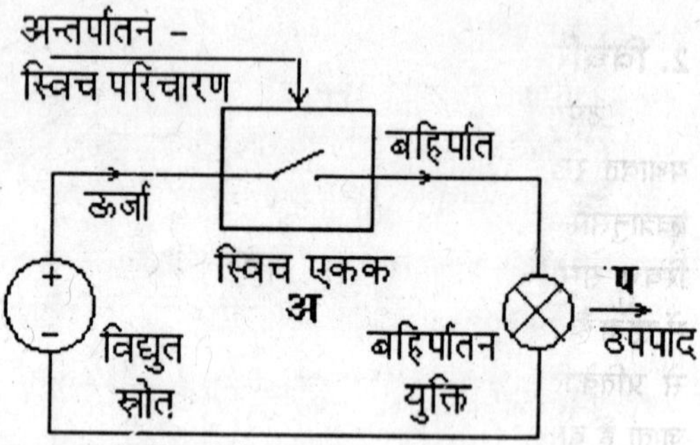

परिपथ

कम्प्यूटर संरचना में चार अंकुर रूपी शास्त्र कपाटों की आवश्यकता होती है, जो निम्नांकित हैं –

सत्य-तालिका :

स्विच अ	बहिर्पात प
0	0
1	1

1. द्वार्य / बफर

आगे के चित्र में स्विच एकक मात्र एक अथ-पृथ अर्थात ऑन-ऑफ स्विच है जो अपनी स्थिति के अनुसार अन्तर्पातन तथा बहिर्पातन में संबन्ध स्थापित करता है। यदि स्विच की अथ अवस्था को अंक 1 से तथा पृथ अवस्था को अंक 0 से दर्शाया जाये, एवं ज्योति के ज्वलन को अंक 1 से तथा बुझन को अंक 0 से दर्शाया जाये, तो परिपथ के अन्तर्पातन तथा बहिर्पातन संबन्धों को साथ में दी गई सत्य-तालिका से दर्शाया जा सकता है।

स्विच के अथ – ऑन करने पर ज्योति ज्वलित होती है तथा पृथ – ऑफ होने पर ज्योति बुझ जाती है। इस व्यवस्था से कम्प्यूटर अन्वय के दो अन्तर्पात संभव हैं – स्विच के अथ होने पर इसे पृथ किया जा सकता है तथा पृथ होने पर अथ किया जा सकता है। कम्प्यूटर अन्वय इसकी पहचान कर इसकी सूचना ज्योति को बहिर्पात करता है।

इसमें हम पाते हैं कि अन्तर्पातन तथा बहिर्पातन सदैव समान होते हैं अर्थात कम्प्यूटर अवयव मात्र एक माध्यम का कार्य करता है, संकेत के स्वरूप में कोई परिवर्तन नहीं करता। इस प्रकार की व्यवस्था को **बफर** अथवा **द्वार्य** कहा जाता है। इसका गणितीय समीकरण **प = अ** होता है तथा इसे संकेत 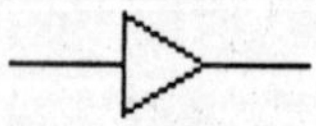 से दर्शाया जाता है।

इसका अर्थ यह नहीं है कि द्वार्य का कोई महत्त्व नहीं है और इसे एक चालक लग्न से विस्थापित किया जा सकता है। प्रत्येक **शास्त कपाट** अपने शास्तीय कर्म के अतिरिक्त संकेतों को विपश्च भी करता है। अत: समालम्बित संकेतों के लिये यह आवश्यक हो जाता है कि सभी समान रूप से विपश्चित हों। अत: जिन पथों में शास्त दृष्टि से किसी कपाट की आवश्यकता न भी होती हो, विपश्चन दृष्टि से द्वार्य की आवश्यकता होती है।

2. विचरित्र / इन्वर्टर

उपरोक्त द्वार परिपथ में केवल स्विच की दिशा उलट दी जाये तथा शेष सर्वस्व यथावत रखा जाये तो हमारा परिपथ तथा इसकी सत्य-तालिका के स्वरूप आगे के चित्रानुसार हो जाते हैं। अर्थात स्विच सम्मानत: अथ अवस्था में रहता है, जब इसे एक के अंक से प्रतिकेतित अन्तर्पातन दिया जाता है तो यह पृथ अवस्था में आ जाता है। सत्य तालिका से हम पाते हैं कि अन्तर्पातन तथा बहिर्पातन अब एक दूसरे के उलट हैं। इस कपाट को विचरित्र या इन्वर्टर कहा जाता है। इसे समीकरण **प** = $\overline{\text{अ}}$ से लिखा जाता है तथा संकेत 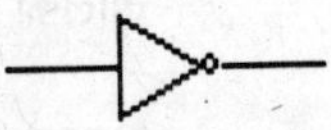 से दर्शाया जाता है।

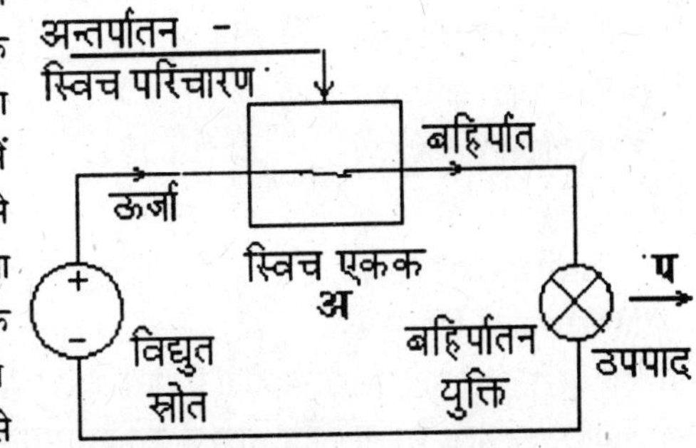

सत्य-तालिका :

स्विच अ	बहिर्गत प
0	1
1	0

उपरोक्त दोनों स्थितियों में कपाट का केवल एक अन्तर्पात है जबकि अधिकतर अवस्थाओं में एक से अधिक अन्तर्पात होते हैं। आगे वर्णित कुछ कपाट इस प्रकार के हैं।

3. अथवा / और शास्त

पार्श्व के चित्र में एक ज्योति के संयमन हेतु परिपथ में दो स्विच दर्शाये गये हैं जो परस्पर समालम्बित अवस्था में सम्बद्धित हैं। सुविधा के लिये इन दो स्विचों को **अ** तथा **ब** से तथा ज्योति पर उत्पन्न प्रभाव को **प** से अभिहित मानिये। इन स्विचों की चार संभव्य स्थितियाँ बनती हैं जो इस प्रकार हैं-

1. दोनों स्विच पृथ,	2. स्विच अ पृथ, स्विच ब अथ,

3. स्विच अ अथ, स्विच ब पृथ,	4. दोनों स्विच अथ

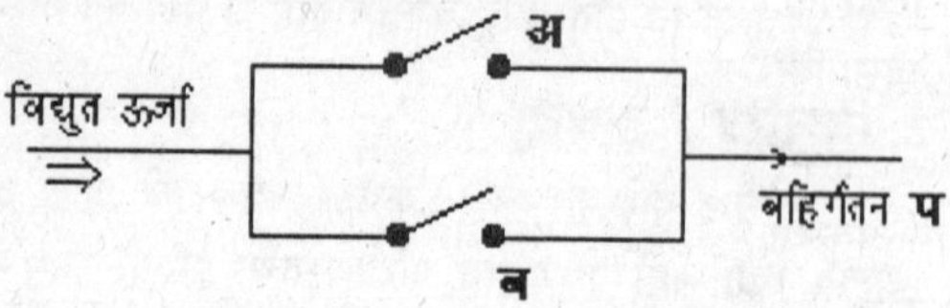

सामान्य शास्त्र से हम पाते हैं कि स्विचों की चार स्थितियों से ज्योति की मात्र दो ही अवस्थाएँ संभव्य होती हैं- यह ज्वलित होती है, अथवा बुझी होती है। इस व्यवस्था के परिपथ तथा स्विचों एवं ज्योति की अवस्थाओं को ऊपर की सत्य तालिका में दर्शाया गया है।

अ	ब	प
0	0	0
0	1	1
1	0	1
1	1	1

इससे हम पाते हैं कि ज्योति का ज्वलन स्विच **अ** **अथवा** **ब** के अथ होने पर संभव होता है। इस कारण से इस प्रकार की शस्ति को **अथवा** परिचारण कहा जाता है। गणितीय भाषा में इसे इस समीकरण से दर्शाया जाता है -

अ + ब = प

इस समीकरण में + चिन्ह को **अथवा** चिन्ह कहा जाता है।

4. तथा / एण्ड शास्त्र

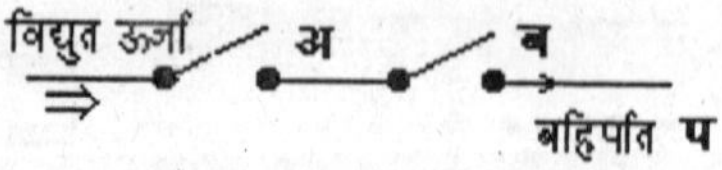

पार्श्व के परिपथ को ध्यान से देखिये इसमें स्विचों अ तथा **ब** को एक के बाद दूसरा सम्बन्धित किया गया है। इस प्रकार के सम्बन्धन को अवालम्बित अवस्था कहा जाता है। इस परिपथ के उपयोग को साथ में दी गई सत्य तालिका से दर्शाया जा सकता है।

अ	ब	प
0	0	0
0	1	0
1	0	0
1	1	1

इसमें हम पाते हैं कि ज्योति का ज्वलन तभी होता है जब स्विच अ तथा स्विच ब दोनों अथ अवस्था में हो। इसलिये इस प्रकार के तर्क को तथा शास्त्र कहा जाता है। गणितीय भाषा में इसे इस प्रकार दर्शाया जाता है -

प = अ . ब	जहाँ बिन्दु चिन्ह **तथा** का चिन्ह कहा जाता है।

5. सम्पूरक / कम्प्लीमेण्टरी शास्त

संपूरक कपाट में दो समालम्बित स्विच होते हैं जिनमें से एक बफर तथा दूसरा इन्वर्टर होता है। दोनों स्विचों के परिचारण एक साथ होने के लिये परस्पर युग्मित किये जाते हैं, जैसा कि आगे चित्र में दिखाया गया है।

इसमें दोनों स्विचों को इस प्रकार युग्मित किया गया है कि एक न एक स्विच सर्वदा अथ अवस्था में रहता है। जब प्रथम स्विच पृथ अवस्था में होता है तो दूसरा अथ अवस्था में होता है। दोनों स्विचों का परिचारण एक साथ होता है अत: जब प्रथम स्विच अथ अवस्था में लाया जाता है तो द्वितीय स्वत: ही पृथ अवस्था में आ जाता है। इससे ज्योति सदैव ज्वलित रहती है। इस व्यवस्था की सत्य तालिका भी ऊपर दी गई है। इस शास्त का आधार यह है कि ज्योति को सदा ज्वलित अवस्था में रखने हेतु दोनों स्विचों का व्यवस्थित किया जाना है, जो गणितीय भाषा में प = अ + ब होगा। किन्तु इसमें स्विचों के युग्मन के कारण अ तथा ब का एक सुनिश्चित पारस्परिक सम्बन्ध है जिसे –

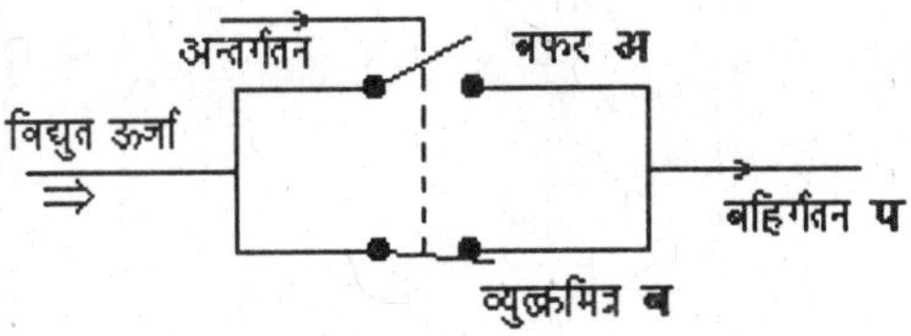

अन्तर्गतन	बहिर्गतन		
	अ	ब	प
0	0	1	1
1	1	0	1

$$\text{अ} = \overline{\text{ब}} \quad \text{अथवा ब} = \overline{\text{अ}}$$

से दर्शाया जाता है। अ अथवा ब की अवस्थाएँ एक दूसरे की सम्पूरक कही जाती हैं। इसमें हम पाते हैं कि अ तथा ब सदैव एक दूसरे के विचर/ इनवर्स रहते हैं अत: इन स्विचों को एक दूसरे का विचर /इनवर्स भी कहा जाता है।

तथा कपाट

समन्वित शास्त

अथवा एवं **तथा** कपाट कम्प्यूटर शास्त के महत्त्वपूर्ण अंग हैं, इसके अभीष्ट संकेत पार्श्व चित्र में दर्शाये गये हैं। इन चार स्तुत व्यवस्थाओं के विभिन्न

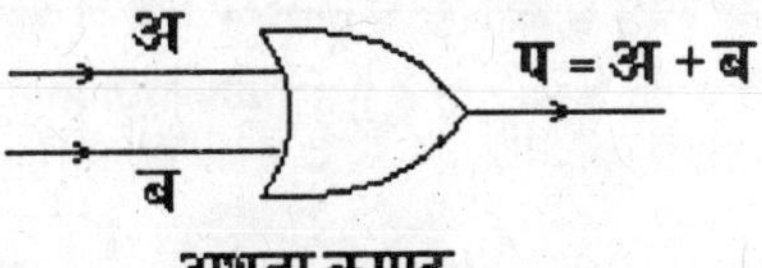

अथवा कपाट

समन्वयों से कुछ अन्य संयुक्त व्यवस्थाओं को भी अभीष्ट नाम तथा स्वरूप प्रदान किये गये है। इनमें से कुछ इस प्रकार है –

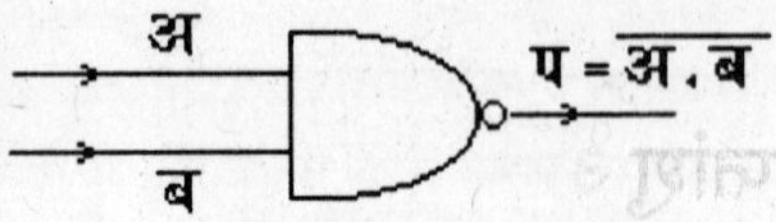

नातथा कपाट

1. नौर / नाथवा कपाट

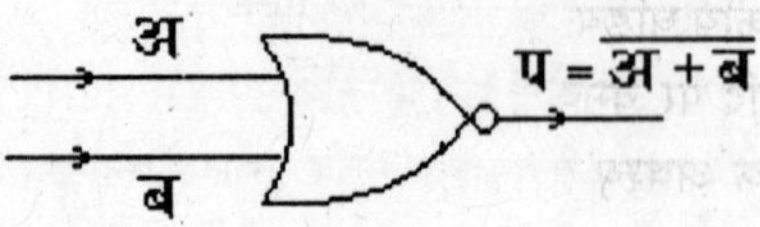

नाथवा कपाट

अथवा तथा विचर कपाटों के परालम्बी सम्बन्धन से इसमें प्रवाहित संकेतों पर दोनों क्रियाएँ होती हैं जिसकी सत्य तालिका निम्नांकित है –

अ	ब	अ + ब	प
0	0	0	1
0	1	1	0
1	0	1	0
1	1	1	0

उपरोक्त तालिका स्पष्ट है कि इस कपाट की बहिर्पातन बिट 1 तभी होती है जब **ना तो** अन्तर्पातन **अ** हो, **ना ही** अन्तर्पातन **ब** उपस्थित हो।

2. नैण्ड / नातथा कपाट

तथा तथा **विचर** द्वारों के परालम्बी सम्बन्धन से जो द्वार्य प्राप्त होता है उसकी सत्य तालिका निम्नांकित है–

अ	ब	अ . ब	प
0	0	0	1
0	1	0	1
1	0	0	1
1	1	1	0

इससे स्पष्ट है कि द्वार्य का बहिर्पातन तभी होता है जब **अ** तथा **ब** में से कोई अनुपस्थित हो। **नाथवा** एवं **नातथा** द्वारों के संकेतक चित्र पिछले पृष्ठ पर दिखाये गये हैं। इन शास्त्र कपाटों के आधार पर बाइनरी संख्याओं के लिये उपादेय विशेष बीजगणित विकसित किया गया है जिसे **बूलीय बीजगणित** कहते हैं।

सप्तांशु अभ्याकृतन कूट – 7 सैग्मेण्ट डिस्प्ले कोड

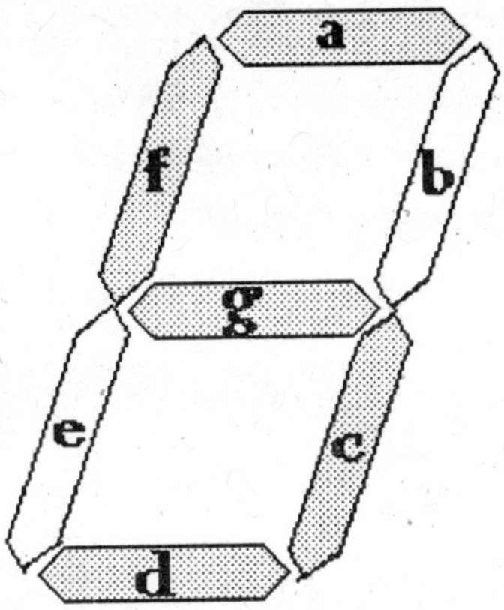

आपने वैद्युत्यिक मशीनों के पटल, अंकीय घड़ियों के डायल, कैलकुलेटर पटल, आदि पर चमकते हुए एवं क्षण-क्षण बदलते अंक अवश्य देखे होंगे। ये भी कम्प्यूटरों मे उपयुक्त बाइनरी अंकीय विद्या का ही कमाल हैं। इसमें एक पारदर्शी पटल के अन्दर सात नलिकाएँ 8 के अंक की सात भुजाओं के रूप में विन्यासित रहती हैं, जैसा कि चित्र में दिखाया गया है। प्रत्येक नलिका में एक विशेष द्रव भरा होता है, तथा इसके सिरों पर विद्युताग्र लगे होते हैं। सामान्य अवस्था में इस द्रव के कणक अव्यवस्थित रहते हैं तथा द्रव में कोई चमक नहीं होती। विद्युताग्रों को विभव प्रदान करने से द्रव कणक लम्बवत् व्यवस्थित हो जाते हैं जिससे द्रव में चमक उत्पन्न हो जाती है। अत: विन्यास की जिन जिन नलिकाओं को वैद्युत विभव प्रदान किया जाता है, वे ही चमक उठती हैं। इनके संयुक्त प्रभाव से हमें विभिन्न अंक बनते बिगड़ते दिखाई पड़ते हैं।

	अंशु विभव						
अंक	a	b	c	d	e	f	g
0	1	1	1	1	1	1	0
1	0	1	1	0	0	0	0
2	1	1	0	1	1	0	1
3	1	1	1	1	0	0	1
4	0	1	1	0	0	1	1
5	1	0	1	1	0	1	1
6	1	0	1	1	1	1	1
7	1	1	1	0	0	0	0
8	1	1	1	1	1	1	1
9	1	1	1	1	0	1	1

इस व्यवस्था की प्रत्येक नलिका को एक अभीष्ट नाम दिया गया है जो ए, बी, सी, डी, ई, एफ तथा जी हैं जैसा कि चित्र में अंकित है। नीचे की तालिका में शून्य से नौ तक के रोमन अंकों के कूट बनाये गये हैं। इनमें 0 तथा 1 अंकों का ही उपयोग किया गया है। अंक 1 नलिका पर वैद्युत विभव की उपस्थिति, तथा अंक 0 अनुपस्थिति इंगित करते हैं। इनमें से अंक 5 के कूट का उपयोग करने से बनने वाले चित्र को भी तालिका में दिखाया गया है।

3

यथावस्तु (Hardware)

शब्द सम्पदा :

एकक, इकाई (Unit) प्रतिदाय (Supply)

मातृपटल (Motherboard) अपनेयी (Floppy)

चकती (Disk, diskette) संचाली (Drive)

अनुकूलक (Adapter) पत्रक (Card)

तोरण (Port) संयम (Control)

अनुकलित्र (Calculator) सम्पादयित्र (Computer)

प्रपादन (Booting) संयुज्जी (Bus)

आरंभ (Begin) प्रारंभिक (Initial)

परिष्कृति (Process) परिष्कारक (Processor)

परिष्कृतन (Processing) सम्मत्य (Convention)

सम्मत्यक (Conventional) व्यालम्बित (Extended)

विस्तारित (Expanded) मध्यमा स्मृति (Cache memory)

स्मृतिपटल (RAM : Random Access Memory)

स्मृतिकोष (ROM : Read-Only Memory)

सी.पी.यू. पेटिका

कम्प्यूटर प्रणाली के मुख्य भाग सी. पी. यू. पेटिका में सुसज्जित रहते हैं जिनमें से प्रमुख ये हैं :-

1. शक्ति प्रतिदायी एकक अथवा पावर सप्लाई यूनिट,
2. मातृपटल अथवा मदरबोर्ड,

3. अपनेयी चकती संचाली अथवा फ्लॉपी डिस्क ड्राइव,

4. स्थायी चकती संचाली अथवा हार्ड डिस्क ड्राइव

5. अनुकूलक पत्रक अथवा एडेप्टर कार्ड,

6. तोरण अथवा पोर्ट

विद्युत प्रतिदायी इकाई

कम्प्यूटर वैद्युत शक्ति से परिचालित होता है। सी. पी.यू पेटिका के अन्दर के सभी भागों को ऊर्जा प्रदान करने के लिये 12 वोल्ट पर विद्युत शक्ति की आवश्यकता होती है। इसके अतिरिक्त कम्प्यूटर के सूक्ष्म वैद्युत्यिक अवयव, जो प्रमुखत: मातृपटल पर अवस्थित होते हैं, 3 से 5 वोल्ट पर परिचारित होते हैं। इनमें संकेत प्रवाह भी इसी विभवान्तर पर होता है। कम्प्यूटर की विद्युत प्रदाय इकाई विभिन्न भागों को उनके वांछित विभवान्तरों पर ऊर्जा प्रदान करती है। अत: इस इकाई से एक-एक सम्बद्धन अन्य प्रत्येक अंग को जाता है।

मातृपटल

कम्प्यूटर का मुख्य अवयव **सूक्ष्मपरिष्कारक** अथवा **माइक्रोप्रोसैसर** मातृपटल पर अपने अन्य सहयोगी अवयवों के साथ लगा होता है। कम्प्यूटर का संपूर्ण संचालन यही सूक्ष्मपरिष्कारक करता है। इस प्रकार मातृपटल पर मुख्य अवयव ये होते हैं -

क. सूक्ष्मपरिष्कारक अथवा माइक्रोप्रोसैसर

ख. आधारीय अन्तर्पात-बहिर्पात प्रणाली स्मृतिकोष अथवा बायोस रोम,

ग. स्मृतिपटल अथवा रैम,

घ. विस्तार खंच अथवा एक्सपैन्शन स्लॉट, तथा

च. बस अथवा संयुज्जी

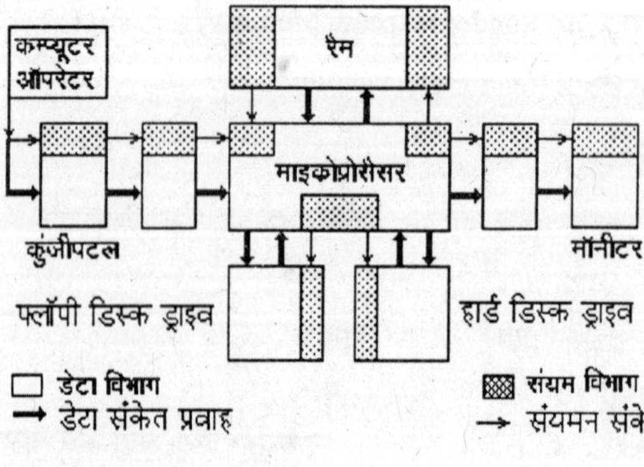

कम्प्यूटर का माइक्रोप्रोफेसर सूक्ष्म वैद्युत्यिकी का एक चमत्कारिक उत्पाद है जिसमें कई हजार वैद्युत्यिक अवयव जैसे ट्रान्जिस्टर, डायोड, कैपेसिटर, आदि एक महीन सिलिकॉन की परत पर आकृत होते हैं जो एक संगठित दल की तरह मिलजुल कर कार्य करते हैं। इसमें एक जोड़ घटाने करने वाला अनुकलक अथवा कैलकुलेटर होता है जिसे **अंकगणितीय एवं शास्त एकक** अथवा **अरिथमैटिक एण्ड लॉजिक यूनिट - ए. एल. यू.** कहते हैं। माइक्रोप्रोफेसर की संयमन इकाई इससे काम लेती है। कम्प्यूटर के प्रत्येक अंग में दो प्रकार के संकेतों का प्रवाह होता है – **धृति** अथवा **डेटा संकेत** तथा **संयमन संकेत**। दोनों की बिटें एक जैसी ही होती हैं। कम्प्यूटर में प्रवाहित होने वाली प्रत्येक बिट माइक्रोप्रोफेसर में से होकर होती है, जैसा कि चित्र में दिखाया गया है। अत्याधुनिक माइक्रोप्रोफेसर **पेण्टियम पी-3** एक सैकण्ड में लगभग चालीस करोड़ अर्थात चार सौ मिलियन बिटों को परिष्कारित करने की क्षमता रखता है। विकास के क्रम में माक्रोप्रोसैसरों की गतियाँ एवं अन्य विशिष्टियाँ नीचे तालिकाबद्व हैं।

माइक्रो प्रोसैसर	गति आसार मैगाचक्र/सै.	अधिकतम स्मृति	गणितीय सह-अभिसार	कम्प्यूटर प्रकार
8088	4.77 to 12	1 MB	8087	XT
8086	4.77 to 12	1 MB	8087	XT
80286	8 to 16	16 MB	80287	XT/AT
80386SX	16 to 33	16 MB	80387SX	AT
80386DX	20 to 40	4 GB	80386DX	AT
80486SX	20 to 33	4 GB	80486SX	AT
80486DX-I	25 to 66	4 GB	Inbuilt	AT
80486DX-II	33 to 100	4GB	Inbuilt	AT
Pentium I	66 to 133	4 GB	Inbuilt	AT
Pentium II	133 to 233	4 GB	Inbuilt	AT
Celeron	233 to 333	4 GB	Inbuilt	AT
Pentium III	300 to 450	4 GB	Inbuilt	AT

सम्पादायंत्र स्मृत

यद्यपि कम्प्यूटर के परिचारण में मैमोरी के उपयोग के बारे में जानना आवश्यक नहीं होता है किन्तु इस विषय पर एक विहंगम दृष्टिपात कम्प्यूटर की कार्य प्रणाली को समझने में सहायक होगा। रैम कम्प्यूटर माइक्रोप्रोसैसर का एकमात्र कर्मक्षेत्र है। अर्थात, प्रत्येक प्रोग्राम तथा सूचना सबसे पहले **प्रवेश परिष्कृति** में, उसके बाद प्रत्येक **परिष्कारण सोपान** में, तथा अन्त में प्रत्येक **बहिर्पातन परिष्कृति** में इस क्षेत्र में अंकित होनी आवश्यक होती है। माइक्रोप्रोसैसर द्वारा सूचना आदान प्रदान में रैम की सहभागिता अनिवार्य होती है। अतः कम्प्यूटर प्रणाली में माइक्रोप्रोसैसर के बाद रैम की उपयोगिता तथा महत्त्व सर्वाधिक होता है।

बायोस स्मृतिकोष

बायोस रोम एक मात्र-पठनीय **स्मृतिकोष** चिप होती है जिस पर कम्प्यूटर **प्रपादन प्रकम** अंकित होता है। कम्प्यूटर की विद्युत प्रतिदाय इकाई चालू होते ही सर्वप्रथम यह प्रोग्राम सक्रिय होता है जो कम्प्यूटर अवयवों का परीक्षण करता है तथा इसकी **अन्तर्पातन** व **बहिर्पातन अव्यवों** को सुव्यवस्थित करता है ताकि कम्प्यूटर के सभी अवयव एक संगठित दल की तरह कार्य कर सकें।

स्मृतिपटल

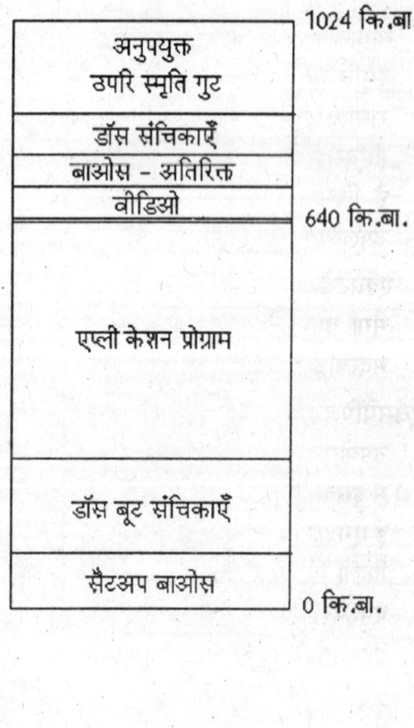

स्मृतिपटल को माइक्रोप्रोसैसर का कर्म क्षेत्र समझा जा सकता है। माइक्रोप्रोसैसर की प्रत्येक क्रिया इसी स्मृति से सूचना प्राप्त करती है अथवा इस पर सूचना अंकित करती है। यह स्मृति **सूक्ष्म वैद्युत्यिकी** अवयवों से निर्मित होती है जिस पर कैपेसिटरों पर आवेशों के रूप में सूचना बिट अंकित होती हैं। इसकी दो विशेषताएँ होती हैं – इस पर सूचना पठन-लेखन बहुत तीव्रता से होता है तथा इस पर सूचना बिटें तभी तक सुरक्षित रहती हैं जब तक कि इसे विद्युत प्राप्त होती रहती है अर्थात् जब तक कि कम्प्यूटर चालू रहता है। इस कारण से इसे **वाष्पेय स्मृति** अथवा **वोलेटाइल मेमोरी** भी कहा

जाता है। अत: यह स्मृति सूचनाओं का अस्थायी संग्रह माध्यम है। सूचनाओं का स्थायी संगृह चकतियों पर होता है। पर्सनल कम्प्यूटरों की रैम तीन स्वरूपों में उपयुक्त की जाती है-

सम्मत्य स्मृति अथवा कन्वैंशनल मेमोरी,

व्यालम्बित स्मृति अथवा एक्सटेण्डिड मेमोरी,

विस्तारित स्मृति अथवा एक्सपेण्डिड मेमोरी

सम्मत्य स्मृति अथवा कन्वैंशनल मेमोरी : डॉस परिचारण प्रणाली में मूलत: केवल 1 मैगाबाइट अथवा 1024 किलोबाइट स्मृति के उपयोग का प्रावधान है। इसलिये कम्प्यूटर स्मृति के प्रथम 1024 कि.बा. तक के भाग को सम्मत्य स्मृति कहा जाता है। यह मैमोरी का सर्वोच्च प्राथमिकता वाला उपयोग है। इसे दो भागों मे विभाजित रहता है - प्रथम भाग 640 कि.बा. का तथा द्वितीय भाग शेष 384 कि.बा. का। प्रथम भाग में बायोस प्रोग्राम के अनिवार्य भाग, प्रणालीय सूचनाएँ, तथा डॉस की बूट संचिकाओं द्वारा उपयोग के बाद शेष भाग में एप्लीकेशन अर्थात उपादयी प्रोग्राम अंकित होता है। 384 कि.बा. के दूसरे भाग को सामान्यत: मॉनीटर संयमन प्रोग्राम, बाओस के अतिरिक्त भाग, तथा अन्य अव्यवों के प्रोग्राम - जैसे डिस्क कंट्रोलर आदि के लिये आरक्षित रखा जाता है। इस व्यवस्था में प्रथम भाग सदैव उपयोजित तो रहता ही है, साथ ही उपादयन प्रोग्राम के बड़े होने पर इसे इसमें पूरी तरह समा पाना संभव नहीं होता है। इस भाग के और अधिक बड़ा होने की आवश्यकता का आभास होता रहता है।

सामान्यत: दूसरे भाग का कुछ अंश अनुपयुक्त रहता है। इस अनुपयुक्त भाग को **उपरि स्मृति गुट** अथवा **अपर मैमोरी ब्लॉक - यू.एम.बी.** कहा जाता है। स्मृति के इस सम्मत्य विभाजन को चित्र में दिखाया गया है। कुछ विशेष सॉफ्टवेयरों, जैसे **ईएमएम386. ईएक्सई**, के माध्यम से उपरि स्मृति गुटों वाले भाग को भी उपयोग में लिया जा सकता है जिससे एप्लीकेशन प्रोग्राम के लिये मूल सम्मत्य स्मृति में और अधिक स्थान उपलब्ध हो जाता है।

एक्सटेंडेड कम्प्यूटर, जिनमें 8086 तथा 8080 माइक्रोप्रोसेसर उपयुक्त किए जाते हैं, 1 मैगा बाइट से अधिक मैमोरी का उपयोग करने में असक्षम होते हैं। अत: उनके मदरबोर्ड पर अधिकतम 1 मैगा बाइट मैमोरी ही स्थापित की जा सकती है।

एक्सपेंण्डिड मैमोरी - विस्तारित स्मृति : कम्प्यूटर द्वारा 1 मै.बा. से अधिक की स्मृति के उपयोग के लिये किसी भी प्रकार के कम्प्यूटर में अतिरिक्त स्मृति चिप लगााकर प्रोग्राम में इसके उपयोग का प्रावधान किया जा सकता है। इसके लिये अभीष्ट विशिष्टि **लिम-ई एम एस 4.0** का अनुपालन किया जा सकता है। इसके अनुसार एक्सपेंडेड मैमोरी 64 किलो बाइट के अंशों में बाँटकर उपयोग की जाती है। इस प्रकार के प्रत्येक अंश को एक **पेजफ्रेम** कहते हैं। एक्सपेंडेड मैमोरी व्यवस्था में इस प्रकार का एक बार में एक

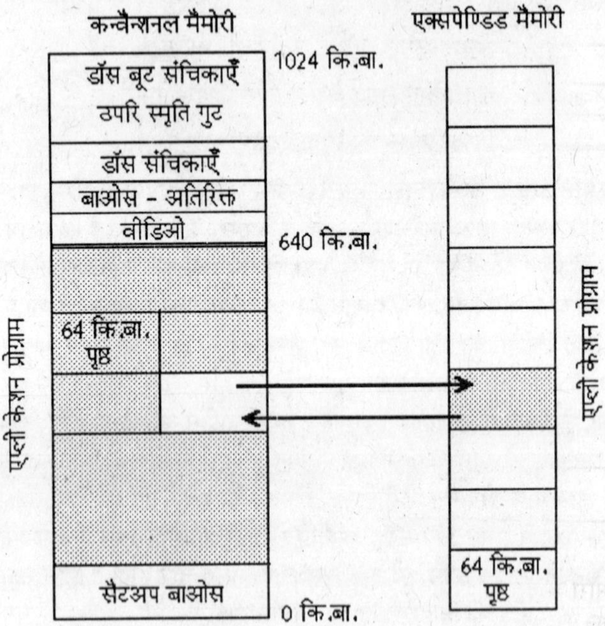

नया पेजफ्रेम आवश्यकतानुसार कन्वेंशनल मैमोरी में जोड़ा जाता है तथा उससे एक पुराने पेजफ्रेम को, जिस पर प्रोग्राम का अक्रिय भाग होता है, निकाल लिया जाता है। इससे कन्वेंशनल मैमोरी की आभासी क्षमता 640 किलो बाइट की सीमा में ही बनी रहती है, किन्तु वास्तविक उपयोगी क्षमता सीमा से आगे बढ़ाई जाती है। यह परिष्कृति ठीक उसी तरह है जैसे डिस्क संचाली में डिस्क की अदला बदली करके संगृहण क्षमता कितनी भी बढ़ाई जा सकती है। अतः प्रत्येक समय प्रोग्राम के सक्रिय भाग कन्वेशनल मैमोरी मे निश्चित परिमाण ही होता है, किन्तु प्रोग्राम के 64 किलो बाइट में पेजफ्रेम की अक्रियता तथा सक्रियता उपयोगिता के अनुसार परिवर्तित होती रहती है।

एक्सपेंडेड मैमोरी के सभी प्रकार के कम्प्यूटरों में उपादेयता के कारण एक्स टी मशीनों के काल में इसका प्रचलन था। किन्तु अब एडवान्स्ड मशीनों के लिये इसे उपयोगी नहीं माना जाता क्योंकि एक अन्य स्मृति व्यवस्था एक्सटेण्डिड मैमोरी इससे अधिक तीव्रता से कार्य करती है। किन्तु उस व्यवस्था में भी इसकी तकनीक का उपयोग किया जाता है।

एक्सटेण्डिड मैमोरी - व्यालम्बित स्मृति : 80286 तथा उच्चतर, एडवांस्ड कम्प्यूटर 1 मै.बा. तक की स्मृति को सम्मत्य स्मृति की तरह तथा इससे अधिक को एक्सटेंडेड

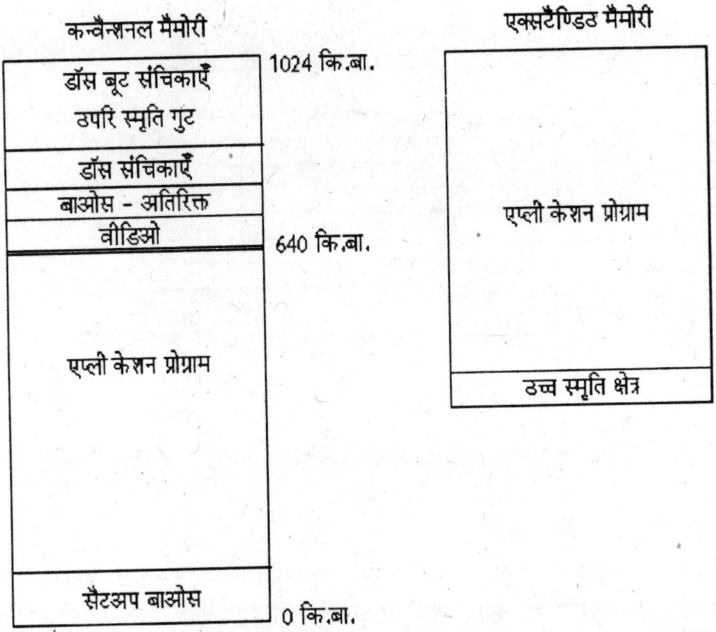

मैमोरी के रूप में उपयोग करते हैं। इनमें 1 मैगा बाइट तक की मैमोरी पिछले चित्र की भाँति ही उपयुक्त होती है तथा शेष एक्सटेंडेड मैमोरी के रूप में उपयोग की जा सकती है। यह कार्य कुछ विशेष प्रोग्राम, जैसे **ईएमएम386. ईएक्सई, हाइमेम.सिस,** आदि सम्पन्न कराते हैं जिन्हें **एक्सटेण्डिड मैमोरी मैनेजर** कहा जाता है।

एक्सटेण्डिड मैमोरी के प्रथम 64 कि.बा. भाग को **उच्च स्मृति आक्षेत्र** अथवा **हाई मैमोरी एरिया - एच.एम.ए.** कहा जाता है। विशेष प्रोग्रामों, जैसे **हाइमेम.सिस** की सहायता से इस क्षेत्र का उपयोग सम्मत्य स्मृति के रूप में किया जा सकता है जिससे एप्लीकेशन प्रोग्राम के लिये मूल सम्मत्य स्मृति में और अधिक स्थान उपलब्ध हो जाता है।

एडवांस्ड मशीनों में एक्सटेंडेड मैमोरी को ही एक्सपेंडेड मैमोरी के रूप में उपयोग किया जाता है, जबकि एक्सटेंडेड टेक्नोलॉजी मशीनों में एक्सटेंडेड मैमोरी के लिए अलग से मैमोरी कार्ड लगाने की आवश्यकता होती है। आधुनिक मशीनों में एक्सटेंडेड मैमोरी के रूप में स्मृति उपयोग का प्रचलन है।

कैश मैमोरी अथवा मध्यमा स्मृति

बहुधा माइक्रोप्रोसेसर तीव्र गति से कार्य करते हैं तथा स्मृति का पठन व लेखन उतनी

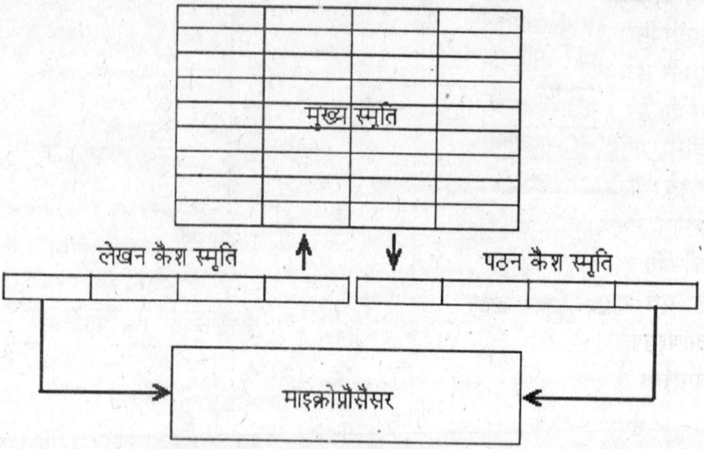

तीव्र गति से नहीं हो पाता है। इस प्रकार माइक्रोप्रोसेसर की तीव्र गति का लाभ नहीं उठाया जा सकता क्योंकि कम्प्यूटर की प्रत्येक क्रिया में स्मृति का पठन अथवा लेखन अनिवार्य होता है। इस समस्या के निवारण हेतु माइक्रोप्रोसेसर तथा रैम के मध्यस्थ एक तीव्र गति की स्मृति का उपयोग किया जाता है जो क्षमता में मुख्य स्मृति से छोटी तथा गति सक्षमता में उससे बहुत आगे होती है। इस स्मृति को कैश स्मृति कहा जाता है।

80286 तथा 80386 तक के माइक्रोप्रोसेसरों की गति तथा रैम की गति में कोई विषमता नहीं है, अत: सांमजस्य के लिए प्रयास की आवश्यकता नहीं होती है। किन्तु 80386 तथा बाद के माइक्रोप्रोसेसरों की गति तीव्र होने के कारण रैम की गति उनकी तुलना में धीमी रह जाती है। अत: सांमजस्य के लिए अतिरिक्त प्रयास की आवश्यकता होती है। कैश मैमोरी इसी अतिरिक्त प्रयास का कार्य करती है।

ये दो स्मृतियाँ उसी प्रकार कार्य करती है जैसे महिलाओं के छोटे तथा बडे पर्स । महिलाएँ अपना मुख्य धन बडे पर्स में रखती है तथा कुछ काम चलाऊ धन छोटे पर्स में। जब व्यय करते रहने से छोटा पर्स खाली हो जाता है तो वे बड़े पर्स से कुछ धन छोटे पर्स मे रख लेती हैं। महिलाएँ तो ऐसा प्राय: दो कारणों से करती है - बच्चों की मांगो से बचने के लिए तथा पति को अपना धनाभाव दर्शाने के लिए। किन्तु कम्प्यूटर इस व्यवस्था को कार्य गति बढाने हेतु करते हैं।

चित्र में इस व्यवस्था से पठन तथा लेखन क्रिया को दर्शाया गया है। कैश मैमोरी से एक एक डेटा आइटम प्राप्त करता है। तथा इसे परिष्कारित करता है। इस परिष्कारण के समय कैश मैमोरी रैम से और डेटा प्राप्त कर लेती है। चूँकि इसकी पठन गति तीव्र होती है यह माइक्रोप्रोसेसर की गति के अनुसार उसे डेटा प्रदान करने में सक्षम होती है। इस कार्य के

अतिरिक्त इसे जो भी समय मिलता है उसमें रैम से डेटा प्राप्त करती रहती है। इस प्रकार धीमी गति से कार्य करने वाली रैम का प्रभाव माइक्रोप्रोसेसर की गति पर नहीं पड़ता है एवं उसे अपनी आवश्यकतानुसार डेटा उपलब्ध रहता है।

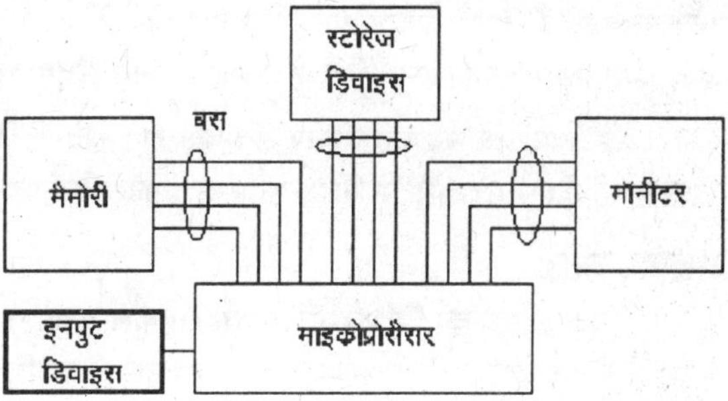

उपरोक्त में जो परिष्कृति रैम पठन के लिये वर्णित है, ठीक इसके विपरित क्रिया रैम पर लेखन में होती है। प्राय: रैम लेखन उसकी पठन क्रिया से अधिक धीमा होता है इसलिये अनेक कम्प्यूटर प्रणाली कैश मैमोरी का उपयोग रैम पर लेखन के लिये ही करते हैं। ऐसी अवस्था में कैश मैमोरी को राइट बैक कैश मैमोरी कहा जाता है। यह मैमोरी चिप सामान्यत: 64 केबी तथा 128 केबी की होती है।

संयुज्ञी अथवा बस

सूचना बिटों को मदरबोर्ड के एक अवयव से दूसरे अवयव तक जाने के मार्ग के

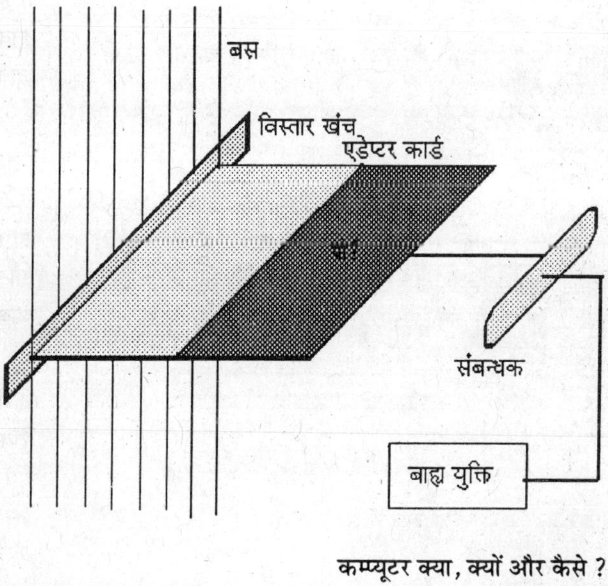

लिये मदरबोर्ड पर ताँबे की परत की रेखाएँ छपी होती हैं जिन से विभिन्न अव्यव सम्बद्धित होते हैं तथा सूचना बिटों का आदान प्रदान करते हैं। इन विद्युत धारापथों को **बस** अथवा **संयुज्जी** कहते हैं। इसके उपयेाग पर आधारित दो भेद होते हैं – डेटा बिटों के प्रवाह के लिये **डेटा बस** तथा संयमन संकेत बिटों के प्रवाह के लिये **संयमन बस**।

इन्ही धारापथों पर कुछ विशेष संबन्धक लगे होते हैं जिन्हें मदरबोर्ड के **विस्तार खंच** कहते हैं। ये मदरबोर्ड से बाहर के अव्यवों को संकेत प्रदान करते हैं।

एडेप्टर कार्ड

सूचना संकेतों को विभिन्न अव्यवों के अनुकूल बनाने के बाद ही उन्हें प्रदान किया जाता है क्योंकि प्रत्येक अव्यव का सूचना स्वरूप उसकी प्रकृति पर निर्भर करता है। सूचना संकेतों को अव्यवों के अनुकूल बनाने का कार्य कुछ विशेष कार्ड करते हैं जिन्हें अनुकूलक पत्रक कहा जाता है। ये मदरबोर्ड पर विस्तार खंचों में खिसका कर लगाये जाते है जहाँ से ये सूचना संकेतों का आदान प्रदान करते हैं।

सी.पी.यू पेटिका के पिछले पटल पर अनेक सम्बद्धक लगे होते हैं जिन्हें **पोर्ट सम्बद्धक** कहते हैं। बाह्य अव्यवों के सम्बन्धन इन्हीं के माध्यम से होते हैं। तोरणों के सम्बन्ध अनुकूलक कार्डो से होते हैं। इस प्रकार माइक्रोप्रोसेसर से बाह्य अव्यवों के लिये संकेत प्रवाह पथ में मदरबोर्ड पर छपी बस, विस्तार खंच, एडेप्टर कार्ड तथा पोर्ट होते हैं जैसा कि चित्र में दिखाया गया है।

कुंजीपटल

कम्प्यूटर परिचारक को सबसे अधिक आवश्यकता कुंजीपटल की होती है। अत: कम्प्यूटर अध्ययन में इसका बहुत महत्त्व है। कम्प्यूटर कुंजीपटल की सबसे बड़ी विशेषता यह होती है कि इसकी प्रत्येक कुंजी मात्र एक स्विच का कार्य करती है। सभी की आन्तरिक संरचना एक जैसी ही होती है तब भी प्रत्येक कुंजी प्रथक प्रभाव उत्पन्न करती है। इसके विपरीत साधारण टाइपराइटर की कुंजियों की संरचनाओं में प्रत्येक से संम्बन्धित चिन्ह खुदा

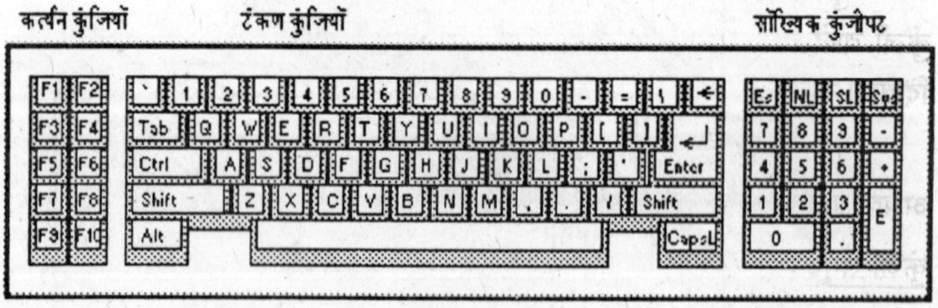

84-कुंजी कुंजीपटल

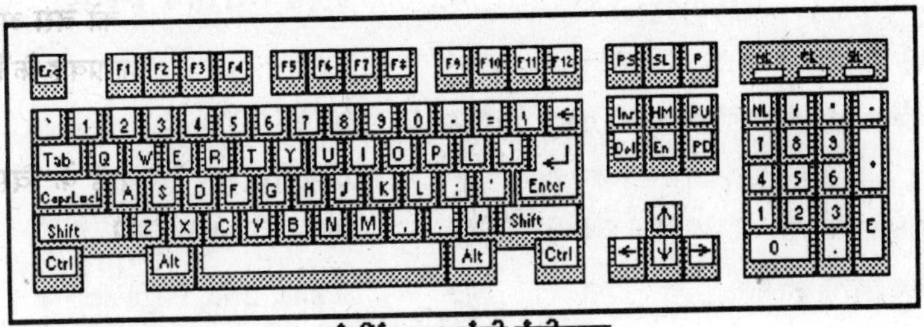

संवर्द्धित 101-कुंजी कुंजीपटल

होता है जिसके कारण प्रत्येक कुंजी प्रथक प्रभाव उत्पन्न करती है।

कम्प्यूटर कुंजीपटल की कुंजियाँ तारों के एक संजाल पर प्रथक-प्रथक स्थलों से सम्बन्धित होती हैं। इन तारों में विद्युत धारा संकेत प्रवाहित होते हैं। प्रत्येक कुंजी संजाल पर अपनी विशिष्ट स्थिति के कारण ही प्रथक प्रभाव उत्पन्न करती है।

कम्प्यूटर प्रकार के अनुसार कुंजीपटल मुख्यत: दो प्रकार के होते हैं -

1. आई. बी. एम. : पी. सी. प्रकार, तथा

2. पी. सी. एक्स.टी. तथा ए.टी. प्रकार।

इस पुस्तक में हम पी. सी. ए. टी. प्रकार के कम्प्यूटरों का अध्ययन कर रहे हैं अत: हम उपरोक्त में क्रमांक 2 कुंजीपटल के प्रकार का ही अध्ययन करेंगे। इस प्रकार के कुंजीपटल भी दो प्रकार के होते हैं जिन्हें **क्वर्टी** प्रकार तथा **एजर्टी** प्रकार कहा जाता है। इनमें से क्वर्टी प्रकार अधिक प्रचलित है। इन कुंजीपटल प्रकारों के ये नाम कुंजीपटल की प्रथम 6 अक्षर कुंजियों के नाम पर दिये गये हैं। जिस कुंजी पटल का हम अध्ययन करेंगे उसकी प्रथम 6 अक्षर कुंजियाँ क्रमश: Q W E R T Y हैं इसलिये इसे क्वर्टी कुंजीपटल कहा जाता है।

कुंजियों की संख्याओं के अनुसार भी कुंजीपटल कई प्रकार के आते हैं। जिनमें 84 कुंजी वाले तथा 101 कुंजी वाले कुंजीपटल अधिक लोकप्रिय हैं। इन्हें प्रथक चित्रों में दिखाया गया है।

101-कुंजी कुंजीपटल में वास्तव में 102 कुजियाँ होती हैं इसलिये इसे संवर्द्धित अथवा एनहैन्स्ड कुंजीपटल कहा जाता है। इनकी कुंजियों का विभाजन इस प्रकार होता है

कुंजी समूह	84-कुंजी	101-कुंजी	कुंजी नाम, अक्षर
टंकण कुंजियाँ - टाइपिंग की	48	48	A-Z, 1-0, `, _, +, |, }, {, ", :, ?, >, <,

कर्त्य कुंजियाँ - फंक्शन की	10	12	F1-F10, or F1-F12
कर्सर कुंजियाँ	–	4	← ↑ ↓ →
सांख्यिक कुंजीपट कुंजियाँ	17	16	0 - 9, /, *, -, +, Enter, Delete,
संशोधन कुंजियाँ	4	6	Alt, Control, Shift
विशेष क्रिया कुंजियाँ	3	13	Home, End, PageUp, PageDown, PrintScreen, ScrollLock, Pause, Tab, Backspace, Delete, Spacebar, Escape, Enter
द्विदिशी क्रिया कुंजियाँ	2	3	Insert, CapsLock, NumLock
कुल कुंजियाँ		84	102

कुंजीपटलों के बारे में सामान्य जानकारियाँ निम्नांकित हैं :-

1. टंकण कुंजियाँ

टंकण कुंजियों के दो वर्ग हैं - 26 अक्षर कुंजियाँ जिनपर आँग्ली के ए से ज़ैड तक के अक्षर अंकित हैं तथा 22 अक्षर कुंजियाँ जिनपर संख्या अंक तथा व्याकरण चिन्ह अंकित हैं। प्रत्येक टंकण कुंजी द्वारा दो अक्षरों का टंकण संभव होता है - एक अकेली कुंजी उपयोग से तथा दूसरा शिफ्ट कुंजी के साथ। अक्षर कुंजियाँ अकेले आँग्ली के छोटे अक्षर तथा शिफ्ट कुंजी के साथ आँग्ली के बड़े अक्षर टंकित करती हैं। अन्य कुंजियों में से प्रत्येक पर दो अक्षरों का अंकन होता है। अकेली कुंजी से नीचे अंकित अक्षर तथा शिफ्ट कुंजी के साथ ऊपर अंकित अक्षर टंकित होता है। कैप्सलॉक कुंजी को एक बार दबाकर छोड़ने से अक्षर कुंजियाँ आँग्ली के बड़े अक्षर टंकित करती हैं। इस कुंजी एक बार पुनः दबाकर छोड़ने से इसका प्रभाव समाप्त हो जाता है। कैप्सलॉक कुंजी का अक्षर कुंजियों पर कोई प्रभाव नहीं होता। हिन्दी के प्रोग्राम टंकण कुंजियों के उपयोग में ही परिवर्तन करके इनसे देवनागरी लिपि के अक्षर टंकित कराते हैं।

2. टंकण सहायी कुंजियाँ

इन कुंजियों के टंकण कार्य में व्यापक उपयोग हैं जो इस प्रकार हैं :-

क- स्पेसबार अथवा रिक्ति पट्टिका : कम्प्यूटर उपयोग करते समय इस कुंजी का सबसे अधिक उपयोग होता है इसीलिये इसे सबसे लम्बा बनाया गया है। इस कुंजी को एक बार दबाकर छोड़ने से कर्सर एक रिक्त स्थान छोड़कर दाँई ओर को आगे बढ़ जाता है।

ख- एण्टर अथवा प्रवेश : कम्प्यूटर उपयोग में इस कुंजी का सबसे अधिक महत्वपूर्ण

योगदान होता है। कम्प्यूटर को कोई अधिदेश देने में अधिदेश को अंकित करने के बाद इस कुंजी के उपयोग से ही कम्प्यूटर अधिदेश को स्वीकार करता है। पाठ्य के टंकण में यह कुंजी परिच्छेद परिवर्तन के लिये उपयोग की जाती है।

ग- **बैकस्पेस अथवा पश्चरिक्ति :** इस कुंजी के उपयोग से कर्सर के बाँई ओर के अक्षरों को मिटाते हुए एक एक कदम पीछे की ओर बढ़ाया जाता है। अतः परिचारक द्वारा की गई भूल को सुधारने में इस कुंजी का उपयोग आवश्यक होता है।

घ- **शिफ्ट अथवा विस्थ कुंजी :** प्रत्येक टंकण कुंजी दो मुद्रण प्रभाव उत्पन्न कर सकती है - एक अकेले तथा अन्य शिफ्ट कुंजी के साथ। इस प्रकार शिफ्ट कुंजी का टंकण में बहुत महत्त्व है। यह कुंजी प्रोग्राम द्वारा निर्धारित अन्य प्रकार के कार्य कर सकने में भी सक्षम है।

च- **कैप्सलॉक अथवा ओद्यक कुंजी :** अँग्रेज़ी में दो प्रकार के अक्षर हँ - ओद्य अथवा कैपिटल तथा उद्य अथवा स्मॉल। इस कुंजी को एक बार दबाकर छोड़ देने से अक्षर कुंजियाँ कंवल ओद्य वर्णों को मुद्रित करती हैं। इसी को पुनः दबाकर छोड़ने से यही कुंजियाँ उद्य वर्णों को मुद्रित करने लगती हैं। एक ही कर्म से दो विपरीत प्रभाव - एक बार एक तथा अगली बार अन्य - उत्पन्न करने को टॉगल अथवा एकान्य क्रिया कहा जाता है। यहाँ कैप्सलॉक कुंजी एक टॉगल कुंजी कहलाती है।

3. कर्सर कुंजियाँ

101-कुंजी कुंजीपटल पर चार कुंजियों का एक समूह होता है जिनपर तीरों के चिन्ह बने होते हैं, इन कुंजियों को कर्सर कुंजियाँ कहते हैं। इनका उपयोग कर्सर को परदे पर ऊपर, नीचे, दाँये तथा बाँये ले जाने के लिये किया जाता है। कुंजियों पर तीरों के चिन्ह कर्सर के जाने की दिशा दर्शाते हैं।

इन कुंजियों के प्रथक प्रावधान केवल 101-कुंजी कुंजीपटल में होते हैं। 84-कुंजी कुंजीपटल में ये क्रियाएँ भी सांख्यिक कुंजीपट की कुंजियों से की जाती हैं। 101-कुंजी कुंजीपटल में भी ये क्रियाएँ सांख्यिक कुंजीपट की कुंजियों से भी की जा सकती हैं।

4. विशेष क्रिया कुंजियाँ

क- **एस्केप अथवा क्रियात्याग कुंजी :** किसी क्रिया के प्रारंभ हो जाने के बाद उसे यथास्थिति में छोड़ने के लिये इस कुंजी का उपयोग किया जाता है। परिचारक द्वारा की गई भूल को सुधारने के लिये अथवा शीघ्रता के लिये प्रोग्राम की कुछ अनावश्यक क्रियाओं को छोड़ने के लिये यह कुजी उपयोगी होती है।

ख- **डिलीट अथवा मिटाव कुंजी :** कर्सर के दाँयी ओर के अक्षर को अथवा चुने गये भाग

को मिटाने के लिये इस कुंजी का उपयोग किया जाता है।

ग- प्रिण्टस्क्रीन अथवा दृश्यधमुद्रण कुंजी : कम्प्यूटर परदे पर दिखाई देने वाले भाग के यथावत मुद्रण के लिये यह कुंजी उपयोग की जाती है।

घ- स्क्रॉललॉक अथवा सरकननिषिद्ध कुंजी : इस कुंजी के उपयोग से कम्प्यूटर के परदे पर दिखाई देने वाला भाग यथावत स्थिर किया जाता है।

च- पॉज़ अथवा विराम कुंजी : कम्प्यूटर द्वारा की जा रही क्रिया के अस्थायी विराम के लिये इस कुंजी का उपयोग किया जाता है।

5. कर्सर संयमन कुंजियाँ

क- टैब अथवा कुदान कुंजी : यह कुंजी कर्सर को पहले से निर्धारित स्थान पर एक साथ ले जाने के लिये उपयोग की जाती है। इस क्रिया से तालिका निर्माण सरल हो जाता है। कर्सर को आगे ले जाने के लिये इस कुंजी का अकेले उपयोग किया जाता है तथा पीछे ले जाने के लिये इसका उपयोग शिफ्ट कुंजी के साथ किया जाता है।

ख- होम अथवा प्रास्थल कुंजी : कर्सर को पंक्ति के अथवा चुने गये भाग के प्रथम अक्षर पर ले जाने के लिये यह कुंजी उपयोग की जाती है।

ग- एण्ड अथवा अन्तस्थल कुंजी : कर्सर को पंक्ति में अंकित अंतिम अक्षर अथवा चुने गये भाग के अंतिम अक्षर के बाद के स्थान पर ले जाने के लिये यह कुंजी उपयोग की जाती है।

घ- पेजअप अथवा पूर्वपृष्ठ कुंजी : इस कुंजी के उपयोग से कम्प्यूटर परदे पर दिखाई देने वाले भाग से पीछे के भाग को परदे पर लाया जाता है।

च- पेजडाउन अथवा उत्तरपृष्ठ कुंजी : यह कुंजी पेजअप कुंजी के विपरीत दिशा में कार्य करती है।

6. द्विदिशी क्रिया कुंजियाँ अथवा टॉगल कुंजियाँ

जब किसी प्रभाव की केवल दो ही अवस्थाएँ संभव हों, जैसे स्विच की ऑन तथा ऑफ अवस्थाएँ, तथा एक ही प्रकार की बाह्य क्रिया करने से किसी एक से दूसरी अवस्था में जाया जा सकता हो तो क्रिया को टॉगल क्रिया कहा जाता है। कम्प्यूटर कुंजीपटल में तीन कुंजियाँ इसी प्रकार की हैं :-

क. इन्सर्ट अथवा मध्यस्थापन कुंजी : कम्प्यूटर पर पाठ्य के मध्य में कहीं अक्षर अंकन के समय दो संभावनाएँ होती हैं। या तो कर्सर पर पहले से स्थित अक्षर को आगे खिसका कर नया अक्षर अंकित होता है, या फिर पुराने अक्षर को मिटाकर उसके स्थान पर नया अक्षर अंकित होता है। प्रथम क्रिया को इन्सर्ट अथवा मध्यस्थापन विधा कहा

जाता है जबकि दूसरी क्रिया को ओवरराइट अथवा ऊपरिलेखन विधा कहा जाता है। प्रारंभ में कम्प्यटूर की विधा प्रोग्राम द्वारा निर्धारित होती है। इन्सर्ट अथवा मध्यस्थापन कुंजी के एक बार उपयोग से विधा परिवर्तित हो जाती है। इस कुंजी के पुनः उपयोग से विधा मूल स्थिति में आ जाती है। कुछ प्रोग्राम, जैसे पेजमेकर, इस कुंजी का उपयोग अन्य कार्यों के लिये भी करते हैं।

ख. **कैप्सलॉक कुंजी :** इस कुंजी के एक बार उपयोग से अक्षर टंकण कुंजियाँ आँग्ली के बड़े अक्षर टंकित करने लगती हैं तथा पुनः उपयोग से आँग्ली के छोटे अक्षर पुनः टंकित करने लगती हैं।

ग. **नमलॉक कुंजी :** सांख्यिक कुंजीपट अथवा न्यूमेरिक कीपैड की अधिकाँश कुंजियों के दो प्रभाव होते हैं जो उन पर अंकित होते हैं। नमलॉक कुंजी इस कीपैड की अन्य कुंजियों के प्रभाव में परिवर्तन करने के काम आती है।

7. संशोधक अथवा मॉडिफायर कुंजियाँ

कम्प्यूटर कुंजीपटल में तीन कुंजियाँ ऐसी हैं जो स्वयं अकेले कोई प्रभाव उत्पन्न नही करतीं। इनका उपयोग अन्य कुंजियों के साथ ही किया जाता है। इनमें से एक कुंजी शिफ्ट है जिसका प्रमुख कार्य अक्षर टंकण कुंजियों द्वारा आँग्ली के छोटे अथवा बड़े वर्णों को टंकित कराना है। शिफ्ट, एल्ट, तथा कण्ट्रोल इन तीन संशोधक कुंजियों के कार्य कम्प्यूटर प्रोग्राम द्वारा निर्धारित होते हैं।

8. कर्त्यन अथवा फंकशन कुंजियाँ

एफ1 से लेकर एफ10 अथवा एफ12 तक नामांकित ये कुंजियाँ कम्प्यूटर को विशिष्ट परिष्कृतिओं को संपन्न करने हेतु अधिदेश देने के लिये प्रयुक्त की जाती हैं। ये परिष्कृतिएँ कम्प्यूटर प्रोग्राम द्वारा निर्धारित होती हैं।

9. सांख्यिक कुंजीपट

कुंजीपटल के सामान्यतः दाँये भाग में तीन इंगित्र ज्योतियों के नीचे 17 कुंजियों का यह समूह अनेक कार्य करता है। इनमें से कुछ कुंजियों पर दो चिन्ह बने हैं अतः ये कुंजियाँ दो दो कार्य कर सकती हैं। इन दो कार्यों में से एक का चुनाव नमलॉक कुंजी द्वारा किया जाता है। नमलॉक कुंजी के एक दोल से उसके ऊपर की नमलॉक नामक ज्योति जल उठती है तथा दूसरे दोल से बुझ जाती है। जब ज्योति जलती है, तब सांख्यिक कुंजीपट की कुंजियाँ संख्या अंकों को अंकित करती हैं, अन्यथा कुंजी पर अंकित अन्य कार्य संपन्न होता है। इन कार्यों को आगे सूची में दर्शाया गया है।

इन कार्यों के अतिरिक्त नमलॉक कुंजीपट कुंजियों का उपयोग आस्की द्वारा निर्धारित

अक्षरों के अंकन के लिये भी हो ता है। यदि एल्ट कुंजी दबाकर आस्की मान की कुंजियाँ क्रमशः दोलित की जाकर एल्ट कुंजी को छोड़ने से परदे पर आस्की मान के समकक्ष अक्षर छप जाता है। इसके लिये ए एन एस आई.सिस नामक प्रोग्राम सक्रिय होना चाहिये।

कुंजी	ज्योति जली	ज्योति बुझी	कुंजी	ज्योति जली	ज्योति बुझी
.	.	डिलीट क्रिया	7	7	होम क्रिया
0	0	इन्सर्ट क्रिया	8	8	कर्सर ऊपर
1	1	एण्ड क्रिया	9	9	पेज अप
2	2	कर्सर नीचे	/	/	/
3	3	पेजडाउन	*	*	*
4	4	कर्सर बाँये	–	–	–
5	5	कुछ नहीं	+	+	+
6	6	कर्सर दाँये	एण्टर	एण्टर	एण्टर

बहिर्पातन अव्यव

प्रायः सभी कम्प्यूटर प्रणालियों में दो प्रकार की बहिर्पातन अव्यव होते हैं – एक कम्प्यूटर के कार्यकलापों को परदे पर देखने के लिये तथा दूसरी चाहे गये कम्प्यूटर के बहिर्पात को कागज पर मुद्रित करने के लिये। इनमें से प्रथम अनिवार्य होती है तथा दूसरी ऐच्छिक।

मॉनीटर

विद्यालयी कक्षा के मॉनीटर के बारे में तो तुम जानते ही हो कि उसका काम कक्षा के बच्चों की शैतानियों की सूचना अध्यापक महोदय तक पहुँचाना होता है। कम्प्यूटर का मॉनीटर भी यही काम करता है। कम्प्यूटर जो भी कर रहा होता है, मॉनीटर उसकी सूचना कम्प्यूटर परिचारक को देता रहता है। परिचारक कम्प्यूटर को जो भी सूचना तथा अधिदेश देता है, वह भी मॉनीटर परदे पर दिखाई देता है जिससे कि परिचारक से यदि कोई गलती होती है तो वह तुरन्त जान जाता है तथा इसे ठीक कर देता है।

मॉनीटर को **दृष्ट्य अभिदर्श इकाई – वीडिओ डिस्प्ले यूनिट** – भी कहा जाता है। इसे कम्प्यूटर सी.पी.यू. से जोड़ा जाता है। सी.पी.यू. के अन्दर एक एडेप्टर कार्ड इसको संकेत प्रदान करता है। यह एडेप्टर कार्ड कम्प्यूटर आउटपुट को मॉनीटर पर प्रस्तुति के अनुकूल बनाता है। अतः **वीडियो एडेप्टर कार्ड** कहलाता है। इस एडेप्टर कार्ड तथा

मॉनीटर का परस्पर कम्पैटिबिल अर्थात संगतेय होना आवश्यक है। मॉनीटर एकरंगी तथा बहुरंगी हो सकता है। इसके अतिरिक्त विभिन्न प्रकार के मॉनीटरों में उन पर अंकित बिन्दुओं के रिजोल्यूशन अर्थात संघटन में भी अन्तर होता है। मॉनीटर के निम्नलिखित प्रमुख गुण होते हैं –

संभेद : मॉनीटर के संयमन के लिये सामान्यत: इसके अग्र भाग पर अनेक नॉब लगी होती हैं जो चालू अथवा बन्द, तेज अथवा मन्द, तथा कण्ट्रास्ट कण्ट्रोल अथवा संभेद संयमन के लिये होती हैं। कण्ट्रास्ट का अर्थ दो भिन्न रंग के बिन्दुओं में रंगों का अन्तर होता है। अन्तर अधिक होने से चित्र अधिक स्पष्ट दिखाई देता है। यह नीचे दिये गये दो चित्रों से स्पष्ट होता है, प्रथम चित्र का संभेद दूसरे से अधिक है।

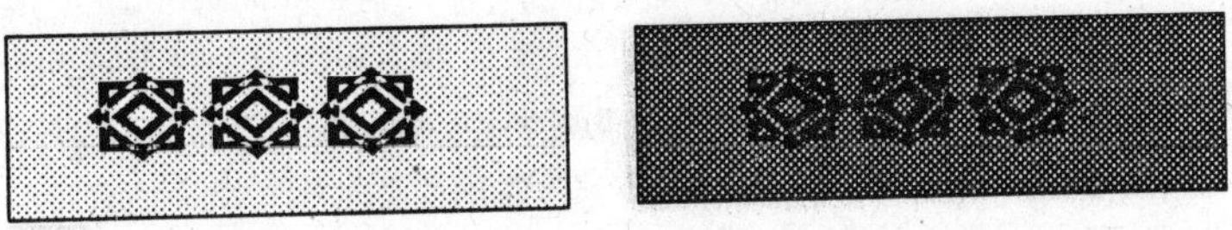

इनके अतिरिक्त मॉनीटर के पिछले भाग मे भी कुछ संयमन स्विच हो सकते हैं, इनमें से प्रमुख डिस्प्ले रिर्वसल संयमन का होता है। इससे डिस्प्ले काली पृष्ठभूमि में श्वेत अंकन अथवा श्वेत पृष्ठभूमि में काला अंकन किया जा सकता है, जैसा कि नीचे के चित्र में दिखाया गया है।

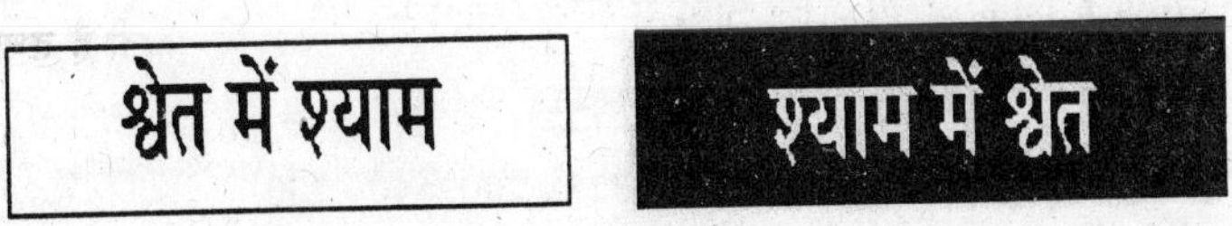

मॉनीटर में दो प्रकार के कनेक्शन देना आवश्यक होता है। एक वीडियो एडेप्टर कार्ड से कम्प्यूटर के संकेतों के लिए तथा दूसरा मॉनीटर को 220 वोल्ट पर शक्ति प्रदाय के लिए। डिस्प्ले के लिए पहले पावर कनेक्शन देना आवश्यक होता है। पावर कनेक्शन प्राय: कम्प्यूटर की विद्युत प्रदाय इकाई मे स्थित सॉकिट से दिया जाता है। इससे मॉनीटर का संयमन भी कम्प्यूटर के मुख्य स्विच से ही किया जाता है।

एकरंगी या मोनोक्रोम मॉनीटर मूल्य मे सबसे सस्ते हैं, किन्तु इनसे सभी प्रकार के कार्य कर पाना संभव नहीं होता है। अनेक नए अभीष्ट प्रोग्राम मोनोक्रोम मॉनीटर वाले कम्प्यूटरों पर नहीं चल पाते हैं। आई. बी. एम. द्वारा स्थापित अभीष्ट एम.डी.ए. मोनोक्रोम डिस्प्ले एडेप्टर सबसे सस्ते हैं। इनसे चित्रों के डिस्प्ले में अस्पष्टता रहती है किन्तु आलेख का डिस्प्ले संतोषजनक हो जाता है।

सामान्य उपयोग का दूसरा एडेप्टर कार्ड **कलर ग्राफिक्स एडेप्टर** अथवा **सी.जी.ए.**

है जो दो विधाओं में कार्य करता है। एक विधा में यह एक पंक्ति में अस्सी बिन्दु एवं पच्चीस पंक्तियों में अंकन करता है तथा दूसरी में 40-25 का अंकन करता है। इसमें भी ग्राफिक्स की प्रस्तुति संतोषजनक नहीं होती है। तीसरा एडेप्टर ई.जी.ए. कहलाता है जो सी.जी.ए. तथा एम.डी.ए. से अच्छी रेजोल्यूशन रखता है किन्तु अब लुप्त हो चुका है।

वर्तमान में **वी.जी.ए - वीडियो ग्राफिक्स ऐरे**, तथा **एस.वी.जी.ए - सुपर वीडियो ग्राफिक्स ऐरे** अधिक लोकप्रिय हैं, इनके माध्यम से सभी प्रकार के कार्य किये जा सकते हैं तथा इनका डिस्प्ले दृष्टिप्रिय होता है। ये एकरंगी व बहुरंगी दोनों प्रकार के मॉनीटरों में उपयोग किए जा सकते हैं किन्तु एम.डी.ए. अथवा सी.जी.ए. द्वारा प्रयुक्त मॉनीटर के लिये प्रयुक्त नहीं किये जा सकते हैं।

संघटन : कम्प्यूटर परदे पर तरह तरह के रंगों के बिन्दुओं से आकृतियाँ बनती हैं। ये बिन्दु यदि छोटे होंगे तो संख्या में अधिक होंगे। तुमने चित्र बनाते हुए यह देखा होगा कि तुम्हारी पेन्सिल या ब्रुश जितना महीन होता है तुम उतना ही अधिक सुन्दर चित्र बना पाते हो। कम्प्यूटर परदे पर भी जितने अधिक बिन्दु होते हैं, चित्र उतना ही अधिक अच्छा बनता है। परदे पर एक इंच लम्बी रेखा जितने बिन्दुओं से बनती है, उस संख्या को मॉनीटर का संघटन अथवा रिज़ोल्यूशन कहते हैं। यह दो संख्याओं से दर्शाया जाता है -

एक इंच पड़ी रेखा पर बिन्दुओं की संख्या × एक इंच खड़ी रेखा पर बिन्दुओं की संख्या

यह मॉनीटर तथा इसके एडेप्टर कार्ड पर निर्भर करता है। संघटन के निम्नांकित प्रकार प्रमुख हैं जिन्हें अलग अलग नामों से जाना जाता है-

नाम	उद्देश्य	संघटन
सी.जी.ए.	पाठ्य	328 × 200, 640 × 200
	अनुचित्र	160 × 200, 320 × 200, 640 × 200
वी.जी.ए.	पाठ्य	720 × 400, 360 × 400
	अनुचित्र	640 × 480, 320 × 200
सुपर वी.जी.ए.		800 × 600, 1024 × 768

मुद्रक

प्रिण्टर की सहायता से कम्प्यूटर की आउटपुट को कागज पर प्रिंट किया जा सकता है। प्रिण्टर का संबंध कम्प्यूटर के सी.पी.यू. के पश्च भाग मे स्थित एक पैरलल पोर्ट कनेक्टर से किया जाता है। प्रिण्टरों की विविधता इतनी अधिक है कि उनके बारे में विस्तार से लिखना यहाँ संभव नहीं है। यहाँ केवल कुछ प्रचलित वर्गों के बारे में संक्षेप में लिखा जा

सकता है।

सामान्यत: प्रिण्टर दो प्रकार के होते हैं – एक **डॉट मैट्रिक्स प्रिण्टर** तथा दूसरे **लेजर प्रिण्टर**। दोनों प्रकार के प्रिण्टरों में छापने की गुणता इस तथ्य पर निर्भर करती है कि प्रिण्टर 1 इंच की लम्बाई में कितने बिन्दु मुद्रित करता है। इसे प्रिण्टर का रेजोल्यूशन अथवा संघटन कहा जाता है।

डॉट मैट्रिक्स प्रिण्टरों मे मुद्रण क्रिया प्रिण्टिंग हैड द्वारा की जाती है। इस हैड में मुद्रण बिन्दुओं के लिये एक खड़ी पंक्ति में नौ पिन या चौबीस पिन होते हैं। ये प्रिंटर कागज पर एक-एक बिन्दु करके प्रिण्ट करते हैं। नौ पिन वाले प्रिण्टर एक खड़ी पंक्ति में नौ बिन्दु तथा चौबीस पिन वाले प्रिण्टर एक खड़ी पंक्ति में चौबीस बिन्दु अंकित करते हैं। किस बिन्दु को अंकित करना है तथा किसे नहीं, यह कम्प्यूटर द्वारा मुद्रित चित्र के अनुसार निर्धारित होता है।

लेजर प्रिण्टर कम्प्यूटर के निर्देश के अनुसार चित्र को एक पटल पर चित्रांकन करता है, जिसे यथावत् कागज पर अंकित कर दिया जाता है। लेजर प्रिण्टरों की प्रस्तुति सबसे अच्छी होती है।

प्रिण्टर को कम्प्यूटर से जोड़ते समय कम्प्यूटर के प्रोग्रामों में प्रिण्टर संचालक प्रोग्राम को भी अंकित करना होता है जो प्रिण्टर के साथ एवं स्टैण्डर्ड एप्लीकेशन प्रोग्रामों के साथ उपलब्ध होते हैं। आदेश पाने पर यह प्रोग्राम ही प्रिण्टर का संचालन करता है।

कम्प्यूटर के साथ प्रिण्टर का संबंध न होने पर भी किसी अन्य स्थान पर प्रिण्टिग हेतु कम्प्यूटर समुचित आदेश दिये जाने पर मुद्रित मैटर को एक फाइल में संगृहित कर देता है जिसे फ्लॉपी द्वारा किसी अन्य कम्प्यूटर पर ले जाया जा सकता है।

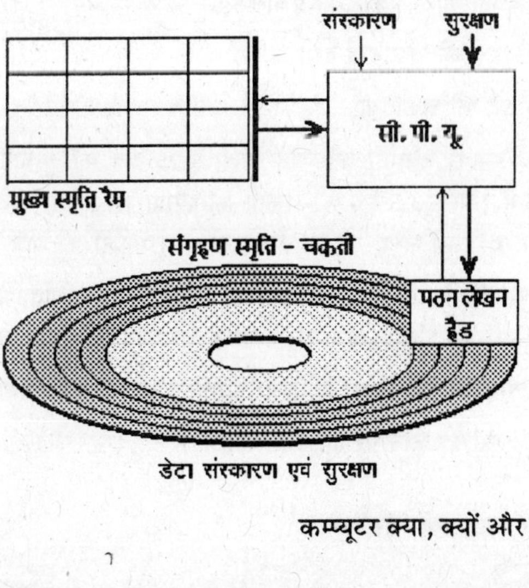

डेटा संरकारण एवं सुरक्षण

कम्प्यूटर चकती संचालियाँ

एक कम्प्यूटर में अधिकतम दो **फ्लॉपी चकती संचालियों** का उपयोग किया जा सकता है। इनको भी विशेष स्वरूप में संकेत प्रदान किये जाने की आवश्यकता होती है जो इनके संयमक परिपथों द्वारा निर्मित किये जाते हैं। ये संयमक परिपथ या तो मातृपटल के एक्सपैंशन खंचों में लगे एडेप्टर कार्डो पर होते हैं या सीधे मातृपटल पर। एडेप्टर कार्ड से अथवा मातृपटल से एक रिबन केबिल के माध्यम से कम्प्यूटर की फ्लॉपी चकती संचाली सम्बन्धित होती हैं। रिबन केबिल में सूचना संकेतों का प्रवाह होता है। विद्युत ऊर्जा के लिये फ्लॉपी संचालियों का सीधा सम्बन्ध विद्युत प्रदाय इकाई से होता है। **स्थायी चकती संचाली** की व्यवस्था भी फ्लॉपी चकती संचालियों जैसी ही होती है। इसको भी एक रिबन केबिल द्वारा सूचना संकेत तथा शक्ति केबिल द्वारा विद्युत ऊर्जा प्रदान की जाती है।

कम्प्यूटरों में सूचना संगृह के लिये तीन प्रकार के अव्यव प्रचलित हैं -

1. चुम्बकीय चकतियाँ,
2. चुम्बकीय फीत,
3. संपुट चकतियाँ अथवा सी.डी.,

चुम्बकीय चकतियाँ दो प्रकार की होती हैं - अपनेयी तथा स्थायी। प्रणाली से से अलग की जा सकने वाली चकतियों को फ्लॉपी अथवा **अपनेयी चकती** कहा जाता है। जो चकतियाँ कम्प्यूटर प्रणाली में ही स्थायी रूप से रहती हैं उन्हें **स्थायी चकती** अथवा **फिक्स्ड डिस्क** अथवा **हार्ड डिस्क** कहा जाता है।

अपनेयी चकतियाँ

फ्लॉपी चकतियाँ दो प्रकार की प्रचलित हैं-

5.25 इंच की चकतियाँ तथा

3.5 इंच की चकतियाँ

सामान्य रूप से उपयोग की जाने वाली 5.25 इंच की चकती की क्षमता 1.2 मैगाबाइट होती है जबकि 3.5 इंच की चकती की क्षमता 1.44 मैगाबाइट होती है। चकती की क्षमता का अर्थ उसमे संगृह की जा सकने वाली सूचनाओं की मात्रा होता है।

फ्लॉपी चकतियाँ अति नम्य प्लास्टिक की महीन फिल्म अर्थात झिल्ली की बनी होती हैं जिसके दोनों ओर डेटा बिटों के अंकन के लिये चुंबकीय पदार्थ की तह जमी होती हैं।

फ्लॉपी चकतियों की सुरक्षा के लिये निम्नांकित सावधानियाँ आवश्यक हैं :-

1. चकती को यथासंभव कोने पर पकड़ना चाहिये।

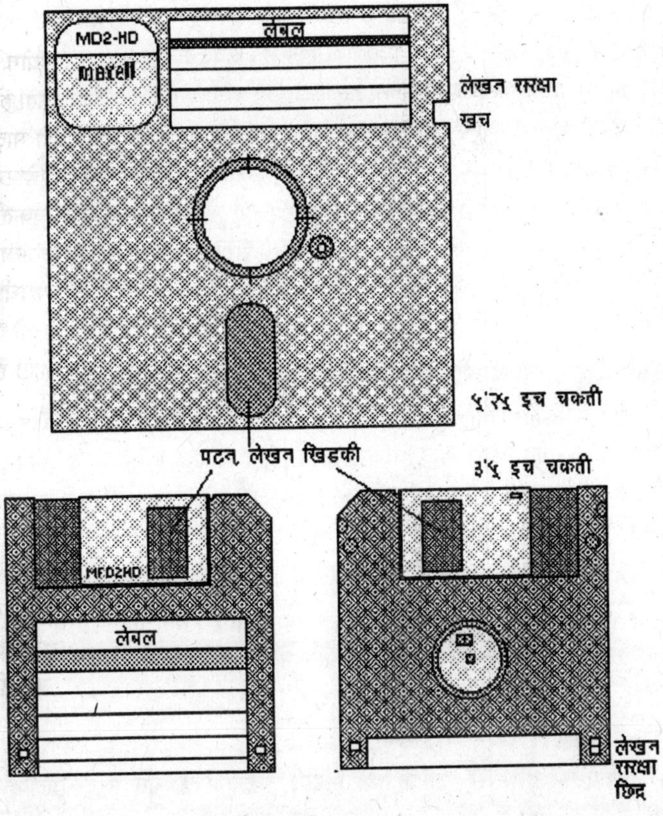

2. चकती को ड्राइव के बाहर सदैव उसके लिफाफे में ही रखना चाहिये।
3. चकती को चुम्बक के पास नहीं लाना चाहिये।
4. चकती को कभी भी मोड़ना नही चाहिये।
5. चकती के दिखाई देने वाले आन्तरिक तल को छूना अथवा रगड़ कर साफ नहीं करना चाहिये।
6. चकती के आवरण पर भी पेन्सिल अथवा बॉलपैन से नहीं लिखना चाहिये। इसके लिये मुलायम फैल्ट टिप पैन का उपयोग करना चाहिये।
7. चकती को सदैव ताप से दूर रखना चाहिये।

अपनेयी चकती संचाली

कम्प्यूटर प्रणाली में चकतियों का उपयोग चकती संचाली अथवा डिस्क ड्राइव

अव्यवों द्वारा किया जाता है। 5.25 इंच तथा 3.5 इंच की फ्लॉपी चकतियों तथा स्थाई चकतियों के ड्राइव अलग-अलग प्रकार के होते हैं। अतः कम्प्यूटर प्रणाली में जिस-जिस प्रकार की चकतियों का उपयोग किया जाना हो, उन सभी प्रकार की चकती ड्राइव प्रणाली में लगी होनी चाहिये। प्रत्येक कम्प्यूटर प्रणाली में कम से कम एक चकती ड्राइव का होना आवश्यक होता है। फ्लॉपी चकती ड्राइवों के खंच, जिनमें चकतियों को लगाया जाता है, कम्प्यूटर प्रणाली की सी.पी.यू. पेटिका के सामने की ओर दिखाई देते रहते हैं जैसा कि सी.पी.यू. पेटिका चित्र में दिखाया गया है। चकती ड्राइव का सबसे महत्त्वपूर्ण अंग पठन, लेखन शीर्ष अथवा रीड, राइट हैड होता है जो चकती पर डेटा बिटों का अंकन तथा पठन करता है।

स्थायी चकती संचाली

स्थायी चकतियों के आधार के लिये प्लास्टिक फिल्म के स्थान पर हल्की एल्युमिनियम मिश्रधातु का उपयोग किया जाता है जिन्हें **प्लैटर** कहा जाता है। ये नम्य नहीं होते इसलिये इस प्रकार की चकतियों को **हार्ड डिस्क** कहा जाता है। प्लैटरों के दोनों तलों पर डेटा बिटों के अंकन के लिये चुंबकीय पदार्थ की तह जमी होती है।

स्थायी चकतियाँ ड्राइव में स्थायी रूप से अवस्थित रहती हैं अतः स्थायी चकती ड्राइव की क्षमता उसमें लगी चकतियों की क्षमता होती है। वर्तमान में 2 गीगाबाइट से 8 गीगा बाइट की स्थायी चकती ड्राइव उपयोग में ली जा रही हैं। स्थायी चकती ड्राइव सी.पी.यू. पेटिका के अंदर अवस्थित रहती है तथा इसका कोई भाग बाहर से दिखाई नहीं देता।

तुलना की दृष्टि से फ्लॉपी तथा स्थायी चकतियों के बारे में निम्नलिखित बिंदु महत्त्वपूर्ण हैं :-

1. स्थायी चकतियाँ फ्लॉपी चकतियों की तुलना में बहुत तीव्र गति से घूमती हैं। अतः इनका पठन व लेखन बहुत तीव्रता से होता है।
2. स्थायी चकतियों का सूचना संगृहण घनत्त्व फ्लॉपी चकतियों की तुलना में बहुत अधिक होता है। अतः आधुनिक स्थायी चकती ड्राइवों की क्षमता गीगाबाइटों तक पहुँच गई है। फ्लॉपी चकतियों की क्षमता 1.44 मैगाबाइट से अधिक व्यावहारिक नहीं हो पाई है।
3. स्थायी चकती ड्राइव की संगृहण क्षमता सीमित होती है जबकि फ्लॉपी चकती ड्राइव की क्षमता चकती बदल-बदल कर असीमित की जा सकती है, यद्यपि यह व्यावहारिक नहीं है।
4. स्थायी चकतियाँ पूरी तरह से सुरक्षित वातावरण में उपयोग की जाती हैं जबकि फ्लॉपी चकतियाँ खुले वातावरण में उपयोग की जाती हैं। इससे स्थायी चकतियाँ फ्लॉपी

चकतियों की तुलना में बहुत लम्बे समय तक सुचारू बनी रहती हैं।

5. फ्लॉपी चकतियों के माध्यम से दो कम्प्यूटरों के मध्य सूचनाओं का आदान प्रदान किया जा सकता है जबकि स्थायी चकतियों से यह कार्य नहीं लिया जा सकता।

चकती संचाली नामकरण

प्रत्येक चकती ड्राइव का एक विशिष्ट नाम होता है। चकती नाम के आगे कोलन अथवा विसर्ग चिन्ह लगाना आवश्यक होता है। फ्लॉपी चकती ड्राइवों के नाम क्रमश: ए: तथा बी: होते हैं। एक कम्प्यूटर प्रणाली में अधिकतम दो फ्लॉपी ड्राइव हो सकती हैं। स्थाई चकती ड्राइवों अथवा उनके चकती भागों के नाम क्रमश: सी:, डी:, ई: आदि होते हैं। आधुनिक कम्प्यूटरों में अधिकतम चार स्थाई चकती ड्राइव हो सकती हैं तथा प्रत्येक की चकतियों को एक या अधिक भागों में विभाजित किया जा सकता है। इनमें से केवल एक को मास्टर ड्राइव के नाम से जाना जाता है। इसी को सी: नाम दिया जाता है तथा इसी पर परिचारण प्रणाली अंकित की जाती है।

4

कम्प्यूटर प्रपादन एवं संरूपण

(Computer Booting and Configuration)

शब्द सम्पदा :

प्रपादन (Booting)	उद्योत (Prompt)
स्वकष्कन (Self-testing)	स्थूण (Set)
स्थायन (Setting)	पुनस्थायन (Reset)
संवर्त (Switch)	चाक्र (Turbo)
प्रणाली (System)	प्रक्रम (Program)
उपादयी (Application)	उपयोक्ता (User)
उपदेश (Instruction)	अधिदेश (Command)
चित्र (Diagram)	तूलचित्र (Chart)
अनुचित्र (Graphic)	प्रवाह (Flow)
प्रवर्तन (Starting)	परिचारण (Operation)
सुरूप (Figure)	संरूपण (Configuration)
रूप (Form)	प्रारूप (Proforma)
गवाक्ष (Window)	संवर्त (Switch)
संपुट (Compact)	संस्थापन (Installation)
संगतेय (Compatible)	आवृत्त (Version)
चट्टा (Stack)	गुट (Block)

संवर्तन

कम्प्यूटर के प्रपादन के लिये इसके मुख्य स्विच को अथ करके विद्युत प्रदान की जाती है। कम्प्यूटर का मुख्य स्विच इसके संयमक पटल पर होता है।

संयमक पटल

कम्प्यूटर के मुख्य भाग **सी.पी.यू. पेटिका** में व्यवस्थित होते हैं। इसी पेटिका के आगे के पटल पर कम्प्यूटर का संयमक पटल होता है। इस पटल पर एक मुख्य स्विच, दो पुश बटन तथा एक चाबी से खुलने तथा बन्द होने वाला स्विच होता है। इसे नीचे के चित्र में दर्शाया गया है।

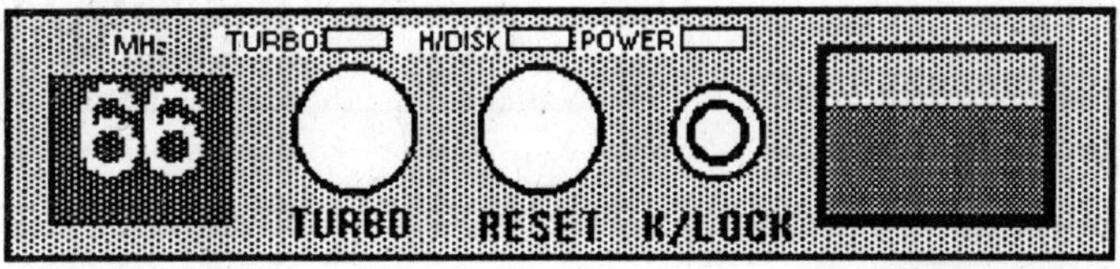

मुख्य स्विच से कम्प्यूटर प्रणाली की विद्युत प्रदाय बन्द अथवा चालू की जाती है। चाबी वाले स्विच को **कुंजीपटल ताला** अथवा **कीबोर्ड लॉक** कहते हैं। इसे बन्द कर देने से कम्प्यूटर का कुंजीपटल अप्रभावी हो जाता है। इससे कम्प्यूटर का चालू होना ही असंभव हो जाता है। कम्प्यूटर परिचारक जब यह चाहता है कि उसके अतिरिक्त अन्य कोई व्यक्ति कम्प्यूटर का उपयोग न करे तो वह चाबी से कीबोर्ड लॉक को बन्द करके ही कम्प्यूटर को छोड़ता है। इससे कम्प्यूटर चाबी के बिना चालू नहीं किया जा सकता।

रिसैटिंग

संयमक पटल पर दो पुश बटनों मे से एक रिसैट बटन होता है। इसे दबाकर छोड़ देने से कम्प्यूटर पुनः प्रारंभन की अवस्था में आकर प्रपादित होने लगता है।

जब कभी कम्प्यूटर किसी दोष के कारण कार्य करना बन्द कर देता है तो रिसैट बटन दबाकर उसे दुबारा से चालू कर दिया जाता है। इस क्रिया को रिसैटिंग कहते हैं। यही कार्य मुख्य स्विच को एक बार बन्द करके पुनः चालू करने से भी हो सकता है। किन्तु रिसैट बटन का उपयोग अधिक सुरक्षित होता है। कम्प्यूटर को रिसैट करने की एक तीसरी विधि भी है जिसे **वार्म रिसैट** कहते हैं। इस विधि में कुंजीपटल की तीन कुंजियाँ - कण्ट्रोल, एल्ट तथा डिलीट - को एक साथ दबाकर छोड़ दिया जाता है।

संयमन पटल पर अवस्थित दूसरे पुश बटन को **टर्बो स्विच** कहा जाता है। इसकी दो अवस्थाएँ होती हैं। ये दो अवस्थाएँ कम्प्यूटर की दो गतियाँ निर्धारित करती हैं। बहुधा संयमन पटल पर कम्प्यूटर का वेग दर्शाने वाली संख्या भी प्रदर्शित की जाती है।

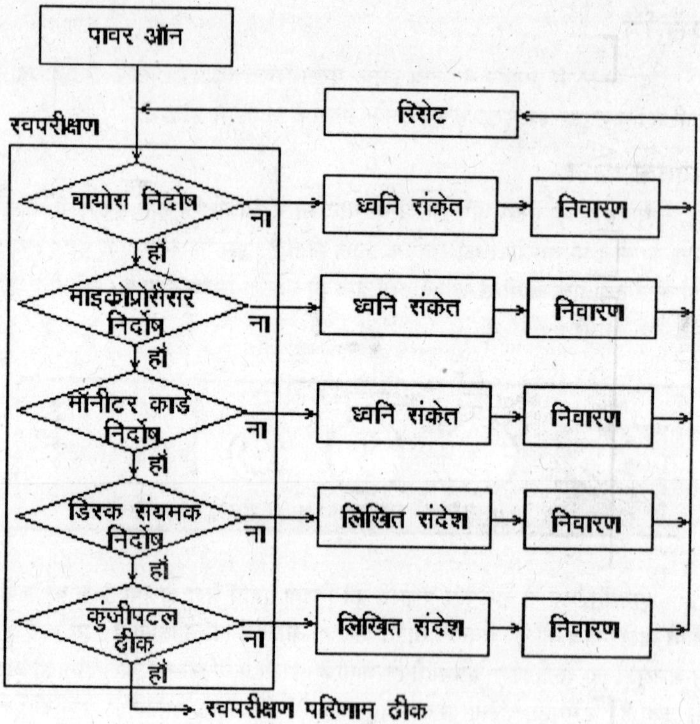

प्रपादन अथवा बूटिंग

प्रपादन चकती

आप अब कम्प्यूटर उपयोग में परिचारण प्रणाली का महत्व तो जान ही गये हैं। इसके महत्व के कारण कम्प्यूटर परिचारक को सदैव एक से अधिक चकतियों पर यह प्रणाली तैयार रखनी चाहिये। कम्प्यूटर में यदि कोई दोष आता है तो इसे बूट डिस्क से बूट करके दोष का अध्ययन व निवारण किया जा सकता है। ऐसी चकती जिसपर परिचारण प्रणाली की मुख्य संचिकाएँ हों तथा जो कम्प्यूटर के बूटिंग में सक्षम हो, को कम्प्यूटर की बूट अथवा बूटेबिल डिस्क अथवा प्रपादन चकती कहा जाता है।

प्रपादन क्रियाएँ

कम्प्यूटर को जब प्रपादित किया जाता है तो सबसे पहले कम्प्यूटर अपने विभिन्न भागों का परीक्षण करता है। किसी में दोष पाये जाने पर प्रपादन क्रिया ठहर जाती है तथा परिचारक को ध्वनि संकेत तथा परदे पर लिखित संदेश द्वारा दोष की सूचना दी जाती है। परिचारक द्वारा दोष का निवारण कर देने पर कम्प्यूटर को पुन: प्रपादित किया जाता है जो पुन: विभिन्न भागों का परीक्षण करता है।

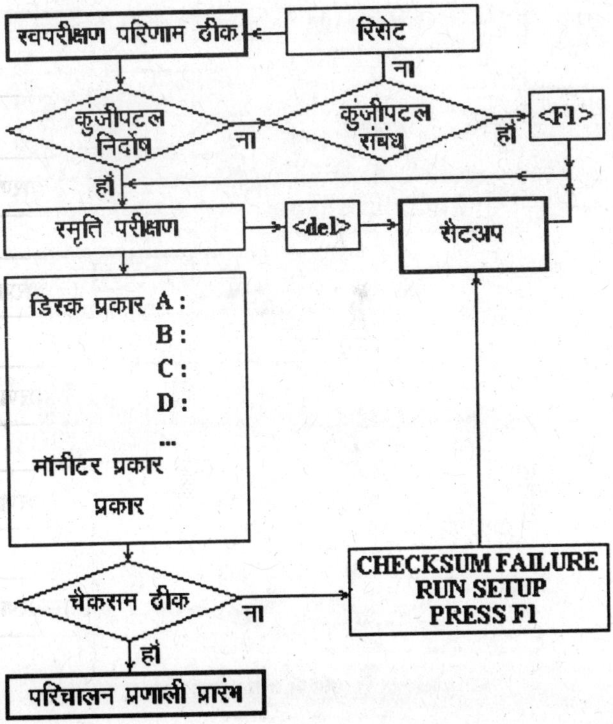

इस **स्वकष्कन** के पश्चात् कम्प्यूटर के अन्तर्पातन तथा बहिर्पातन अव्यव व्यवस्थित किये जाते हैं तथा पूरे कम्प्यूटर का स्वरूप अथवा कन्फिगरेशन परदे पर दर्शाया जाता हैं जैसा कि आगे के चित्र में दिखाया गया है। इस परिष्कृति को **आधारभूत अन्तर्पातन या बहिर्पातन प्रणाली** अथवा **बेसिक इनपुट या आउटपुट सिस्टम - बायोस** कहा जाता है।

उपरोक्त दोनों परिष्कृतियों की सफलता के पश्चात् कम्प्यूटर उस सॉफ्टवेयर को खोजता है जो कम्प्यूटर परिचारण के समय कम्प्यूटर का संमयन करता है। इसे **परिचारण प्रणाली** अथवा **ऑपरेटिंग सिस्टम** कहा जाता है। यहाँ तक की तीनों क्रियाएँ कम्प्यूटर हार्डवेयर के एक अवयव जिसे **बायोस रोम** कहा जाता है, में अंकित एक प्रोग्राम द्वारा संचालित की जाती हैं। इस पूरी परिष्कृति को कम्प्यूटर की **बूटिंग** कहा जाता है। इस प्रकार कम्प्यूटर बूटिंग के तीन चरण होते हैं - स्वकष्कन, अन्तर्पात-बहिर्पात व्यवस्था, तथा परिचारण प्रणाली सक्रियण, जिन्हें अगले पृष्ठ पर तथा आगे चित्रों के माध्यम से दर्शाया गया है।

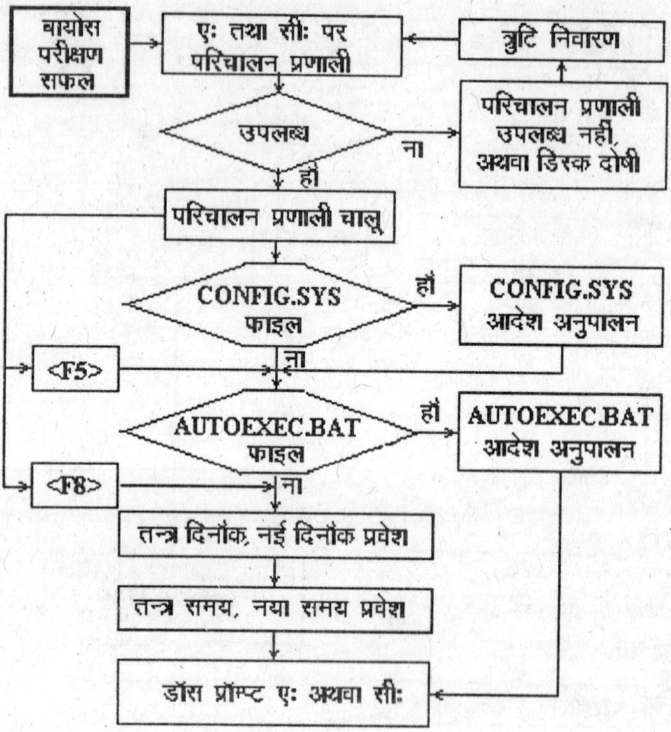

कम्प्यूटर की परिचारण प्रणाली चकती एः अथवा सीः पर उपलब्ध होनी चाहिये। इसे पाने पर कम्प्यूटर का समस्त संयमन इस प्रणाली द्वारा होने लगता है। **एमएसडॉस** ऐसी ही एक सर्वाधिक लोकप्रिय परिचारण प्रणाली है जो वैयक्तिक कम्प्यूटरों में उप्रयुक्त की जाती है।

इस प्रणांली द्वारा कम्प्यूटर की बागडोर संभाँलने पर परदे पर एक विशेष चिन्ह छप जाता है। जिसमें उस चकती का नाम जिस पर यह प्रणाली होती है, एक तीर का सिर, तथा बैक स्लैश होता है जैसे –

A>\ or C>\

इस विशेष चिन्ह को **डॉस प्रॉम्प्ट** कहते हैं तथा यह कम्प्यूटर का परिचारक के आदेश की उद्योतता का द्योतक है। एक विशेष अधिदेश से डॉस प्रॉम्प्ट चिन्ह के स्वरूप को बदला जा सकता है। कम्प्यूटर को कोई भी अधिदेश डॉस प्रॉम्प्ट के बाद ही दिया जा सकता है। इसीलिये परिचारण प्रणाली को कम्प्यूटर का प्राण कहा जाता है।

सिस्टम समय व दिनांक

कम्प्यूटर में एक बार समय व दिनांक अंकित करने से वह इसे अपनी रीड ओनली मैमोरी - रोम - में अंकित कर लेता है तथा इसी के अनुसार कम्प्यूटर की घड़ी कार्य करती रहती है। समय व दिनांक का ज्ञान अंकन तथा परिवर्तन TIME तथा DATE कमाण्डों से किया जा सकता है। कम्प्यूटर में प्रयुक्त घड़ी तथा रोम कम्प्यूटर के मदर बोर्ड पर लगी बैटरी से परिचालित होते हैं।

कम्प्यूटर कन्फिगरेशन

कम्प्यूटर प्रणाली को सक्षम एवं समर्थ बनाने के लिये इसकी विभिन्न सीमाएँ नियत की जाती है तथा अन्य आवश्यक व्यवस्थाएँ की जाती हैं। इन कार्यों को कम्प्यूटर का **कन्फिगरेशन** अथवा **संरूपण** कहा जाता है। कम्प्यूटर कनफिगरेशन के सभी कार्य प्राय: कम्प्यूटर प्रपादन के साथ किये जाने चाहिये क्योंकि यदि बाद में कोई परिवर्तन किया जाता है तो इसे प्रभावी बनाने के लिये कम्प्यूटर को पुन: प्रवर्तित कराना आवश्यक होता है। इस कार्य के लिये एम. एस. डॉस में दो संचिकाओं का प्रावधान है जिन्हें प्राथमिक चकती सी: की मूल निदेशिका में रखा जाता है। कम्प्यूटर प्रपादन के समय इन संचिकाओं को खोजता है तथा पाये जाने पर इनमें निहित अधिदेशों को स्वत: ही क्रियान्वित कर देता है। ये दो संचिकाएँ **कन्फिग.सिस** तथा **ऑटोएक्जीक्.बैट** है।

1. संचिका कन्फिग.सिस CONFIG.SYS

इस संचिका में एम. एस. डॉस की प्रणालीय सुविधाओं के अधिदेश अंकित किये जाते है। इसका संकलन डॉस के एडीटर प्रोग्राम पर किया जा सकता है। इस संचिका की प्रविष्टियाँ प्रत्येक कम्प्यूटर में उपलब्ध सुविधाओं तथा उसके वांछित उपयोगो पर निर्भर करती है। अत: संचिका का कोई अभीष्ट रूप नहीं है। इसका एक दृष्टात्य निम्नांकित प्रकार का हो सकता है -

```
DEVICE = C:\DOS\HIMEM.SYS
DEVICE=C:\DOS\EMM386.EXE NOEMS
BUFFERS=15,0
FILES=50
DOS=UMB
LASTDRIVE=E
FCBS=40
DEVICEHIGH=C:\DOS\ANSI.SYS
STACKS=9,256
DEVICE=C:\DOS\RAMDRIVE.SYS
```

इस संचिका में सन्निहित विभिन्न अधिदेशों के उद्देश्य निम्नांकित है -

DEVICE = C:\ DOS\ HIMEM.SYS

डिवाइस शब्द एक उपचय संचालक प्रोग्राम को सक्रिय करने का अधिदेश है। उपरोक्त कथन में यह सी: चकती पर डॉस निदेशिका के अन्तर्गत संचिका **हाइमेम.सिस** को सक्रिय कर रहा है। हाइमेम. सिस एक प्रणालीय प्रोग्राम है जो कम्प्यूटर प्रणाली के उच्च स्मृति आक्षेत्र के उपयोग को व्यवस्थित करता है जिससे किसी भी स्मृति आक्षेत्र का उपयोग एक समय पर केवल एक ही प्रोग्राम करे। यह प्रोग्राम सक्रिय होने के पश्चात. कम्प्यूटर की स्मृति में ही सदैव सक्रिय अवस्था में प्रहरी की भाँति उपस्थित रहता है। उपरोक्त अधिदेश इस प्रोग्राम को सम्मत्य स्मृति में उपस्थित रहने का निर्देशन करता है।

DEVICE = C:\ DOS\ EMM 386.EXE NOEMS

यह अधिदेश एक अव्यव संचालक **ई एम एम 386. ई एक्स ई** को सक्रिय करता है जो 80386 तथा उच्चतर कम्प्यूटरों के लिये एक प्रोग्राम अति सक्षम स्मृति श्रमावधान प्रोग्राम है। इसकी संचिका सी: चकती की डॉस निदेशिका में उपलब्ध है। अन्तिम शब्द नोईएमएस कम्प्यूटर प्रणाली में विस्तारित स्मृति को प्रतिबन्धित करता है।

BUFFER = 15.0

कम्प्यूटर की स्मृति 128,256 अथवा 512 बाइट के भागों में विभाजित मानी जाती है। प्रत्येक भाग को एक सैक्टर अथवा वृतांश कहते है। बफर अधिदेश चकती से प्रत्येक बार सूचना प्राप्त कर स्मृति में अंकित करने हेतु स्मृति वृतांशों की संख्या निर्धारित करता है। इस अधिदेश में प्रथम संख्या अनिवार्य होती है। जो मुख्य स्मृति के लिये है। इस संख्या का मान शून्य से 99 तक हो सकता है। दूसरी संख्या का निर्धारण अनिवार्य नहीं है, यह कम्प्यूटर की कैश स्मृति के वृतांशों की संख्या दर्शाती है।

FILES = 50

बड़े कार्यो को करने के लिये कम्प्यूटर को एक साथ अनेकों संचिकाओं को खुली रखना आवश्यक हो सकता है। फाइल्स अधिदेश एक समय पर खुली रखी जा सकने वाली संचिकाओं की संख्या नियत करता है। इसका मान शून्य से 255 तक रखा जा सकता है। कोई मान न देने पर यह मान 8 माना जाता है। डॉस आधारित प्रोग्रामों के लिये इसका मान न्यूनतम 20, विण्डोज आधारित प्रोग्रामां के लिये 50, तथा नेटवर्क के लिये इसका मान 255 नियत करना वांछित होता है।

D0S = UMB

यह अधिदेश डॉस को उपरि स्मृति गुट में उपस्थित रहने के लिये है। ऐसा न करने से डॉस कम्प्यूटर की सम्मत्य स्मृति में उपस्थित रहता है जिससे प्रोग्राम के परिचारण हेतु उपलब्ध स्मृति की मात्रा कम हो जाती है। इसके एक अन्य ऐक्ष्य में डॉस को उच्च स्मृति क्षेत्र में भी रखा जा सकता है।

LASTDRIVE =E

इस अधिदेश से कम्प्यूटर प्रणाली की **अन्तिम चकती संचाली** का नाम नियत किया जाता है। चकती संचालियों के नाम ए: तथा बी:, अपनेयी चकती संचालियों के लिये, तथा सी: स्थायी चकती के प्राथमिक सक्रिय भाग के लिये आरक्षित हैं। इसके पश्चात् की चकती संचालियाँ डी: ई: .... आदि होती हैं।

FCBS = 40

कम्प्यूटर की प्रत्येक संचिका के संयमन हेतु एक डेटा संरचना होती है। जिसे **फाइल कण्ट्रोल ब्लॉक** एफ सी बी - कहा जाता है। उपरोक्त अधिदेश निर्दिष्ट करता है कि कम्प्यूटर एक समय में अधिकतम कितने एफ सी बी खुले रख सकता है। यह संख्या शून्य से 255 के मध्य रखी जा सकती है।

DEVICEHIGH = C:\DOS\ANSI.SYS

डिवाइसहाई अधिदेश निर्दिष्ट प्रोग्राम संचिका को उच्च स्मृति क्षेत्र में रखता है जिससे सम्मत्य स्मृति क्षेत्र उपादयन प्रोग्राम के उपयोग हेतु उपलब्ध रहता है। आस्की तथा अन्य संवर्राष्ट्रीय उपयोगी कम्प्यूटरी सूचनाओं के अभीष्ट स्वरूप एएनएसआई.सिस संचिका में संगृहित रहते हैं। इनके उपयोग हेतु इस संचिका को उपरोक्त अधिदेश से सक्रिय किया जाता है। इस संचिका के माध्यम से कुंजीपटल की कुंजियों के कार्य, दृश्यध का स्वरूप आदि पुनर्नियत किये जा सकते हैं तथा करसर को हलचल प्रदान की जा सकती है।

STACKS = 9,256

कम्प्यूटर अपनी गतिशीलता के लिये **स्टैक्स** अर्थात् **चट्टों** का उपयोग करता है। जहाँ चट्टों का अर्थ सूचनाओं के चट्टों से है। कम्प्यूटर का माइक्रोप्रोसैसर जब कोई कार्य कर रहा होता है तब इसका एक अवयव स्मृति से सूचनाएँ प्राप्त करके चट्टे लगाता रहता है ताकि माइक्राप्रोसैसर को आवश्यकता पड़ने पर सूचनाओं को तत्काल दिया जा सके। इससे कम्प्यूटर की गति बढ़ती है।

चट्टों की संख्या तथा प्रत्येक चट्टे में स्मृति परिमाण इस अधिदेश से नियत किये जाते हैं। इस अधिदेश में दो संख्याएँ होती हैं - प्रथम चट्टे की संख्या, जो शून्य से 64 तक हो सकती है, तथा द्वितीय प्रत्येक चट्टे में स्मृति परिमाण जो शून्य से 512 बाइट तक हो सकती है। दोनों संख्याओं के मध्यस्थ एक अल्पविराम चिन्ह (,) लगाया जाता है। आधुनिक कम्प्यूटरों के लिये इसका पूर्व नियत मान 9,128 होता है जिसका उपयोग तब किया जाता है जब कम्प्यूटर उपयोक्ता द्वारा इस अधिदेश का उपयोग न किया गया हो। इन चट्टों की मात्रा कम होने से माइक्रोप्रोसैसर को सूचनाएँ तत्काल प्राप्त नहीं हो पातीं, जिससे कार्य गति धीमी हो जाती है। दूसरी ओर इनकी मात्रा अत्यधिक होने से स्मृतिपटल का दुरूपयोग होता है जिससे अन्य कार्यों के लिये इसकी मात्रा कम हो जाती है।

DEVICEHIGH = C:\DOS\RAMDRIVE.SYS

कभी- कभी कम्प्यूटर में इसकी उपस्थिति चकती संचालियों के अतिरिक्त भी संचाली की आवश्यकता हो सकती है। यदि कम्प्यूटर में पर्याप्त स्मृति है तो इस के एक भाग का उपयोग एक आभासी चकती संचाली के लिये किया जा सकता है। यह आभासी चकती, कम्प्यूटर के चालू रहने तक अन्य चकतियों की तरह ही उपयोग में ली जा सकती है।

उपरोक्त अधिदेश सी: चकती की डॉस निदेशिका में उपस्थित संचिका का उपयोग कर एक आभासी चकती का निर्माण करने के लिये है।

2. संचिका ऑटोएक्जीक.बैट AUTOEXEC.BAT

कम्प्यूटर प्रपादन में कनफिग.सिस संचिका के अधिदेशों के क्रियान्वयन के पश्चात् ऑटोएक्जीक. बैट संचिका को खोजता है तथा पाये जाने पर इसमें सन्निहित अधिदेशों का क्रियान्वयन भी कर देता है।

यदि प्राथमिक चकती की मूल निदेशिका में यह संचिका उपस्थित नहीं है तो कम्प्यूटर दिनांक तथा समय अधिदेशों का क्रियान्वयन करता है, अन्यथा इन्हें छोड़कर कम्प्यूटर ऑटोएक्जीक. बैट संचिका के अधिदेशों का क्रियान्वयन करता है। इस संचिका ईक्षायन भी डॉस एडीटर प्रोग्राम द्वारा किया जा सकता है।

इस संचिका में रखे जाने वाले प्रमुख डॉस अधिदेशों के साथ संचिका स्वरूप का दृष्टान्त निम्नांकित है -

```
PATH C:\DOS;C:\WINDOWS;C:\cplus\bin
SET TEMP=C:\WINDOWS\TEMP
REM  LH C:\WINDOWS\COMMAND\MSCDEX
CLS
ECHO OFF
```

इन अधिदेशों की व्याख्या इस तरह से की जा सकती है -

PATH C:\DOS;C:\WINDOWS;C:\cplus\bin

कम्प्यूटर किसी भी संचिका का उपयोग करने से पूर्व मूल निदेशिका से संचिका तक के पथ में आने वाली सभी निदेशिकाओं को क्रमशः खोलता हुआ उनके विवरणों को अपने स्मृतिपटल पर अंकित करके रखता है तथा संचिका पर कार्य के पूरे समय यह स्थिति बनाये रखता है। यह कार्य डॉस के सीडी अधिदेश द्वारा संपन्न कराया जाता है। अतः इस व्यवस्था से कम्प्यूटर दो भिन्न निदेशिकाओं की संचिकाओं पर एक साथ कार्य नहीं कर सकता। डॉस आधारित उपादयन प्रोग्रामों पर कार्य करते समय एक समय में केवल एक संचिका पर ही कार्य किया जा सकता है, इसलिये इस प्रतिबन्ध से कोई विशेष समस्या उत्पन्न नहीं होती।

विण्डोज एक बहुकर्मण प्रोग्राम है अर्थात इसके अन्तर्गत एक समय में अनेक संचिकाओं पर कार्य किये जा सकते हैं। अतः एक समय पर अनेक निदेशिकाओं के खुले रखने की आवश्यकता होती है। यह विशेष कार्य पाथ अधिदेश द्वारा संपन्न कराया जाता है। इसे अधिदेश से किसी भी समय एक से अधिक निदेशिकाओं को सक्रिय किया जा सकता है। इसके लिये **पाथ** अधिदेशात्मक शब्द के आगे अर्धविरामों से विलगित निदेशिकाओं की सूची देनी होती है। अतः इस अधिदेश को आवश्यक निदेशिका सूची के साथ **ऑटोएक्जीक्.बैट** संचिका में रख दिया जाता है ताकि कम्प्यूटर के प्रपादन के समय ही उन सभी निदेशिकाओं को सक्रिय कर दिया जाये जिनकी आवश्यकता कम्प्यूटर को कभी भी पड़ सकती हो।

पाथ अधिदेश से सक्रिय की गई निदेशिकाओं को कम्प्यूटर का एक **एन्वायरॉनामेण्टल वैरियेबिल** कहा जाता है क्योंकि इससे कम्प्यूटर की सामर्थ्य नियत होती है।

SET TEMP=C:\WINDOWS\TEMP

कम्प्यूटर में जाने-अनजाने सूचनाओं को मिटाया जाता रहता है। इसमें कभी-कभी भूल से वांछित सूचना भी मिट जाने की संभावना रहती है जिसे पुनः प्राप्त करना वांछनीय होता है। इस कारण से कम्प्यूटर प्रत्येक मिटायी गयी सूचना को एक विशेष निदेशिका में अस्थायी संचिका के रूप में एकत्र करता रहता है। इस निदेशिका को **टैम्प** निदेशिका कहा जाता है जो डॉस के आन्तरिक अधिदेश **सैट** से नियत की जाती है। इसे भी कम्प्यूटर का एक **एन्वायरॉनामेण्टल वैरियेबिल** कहा जाता है तथा **ऑटोएक्जीक्.बैट** संचिका में रखा जाता है।

REM LH C:\WINDOWS\COMMAND\MSCDEX

कम्प्यूटर की अधिदेशात्मक संचिकाओं में प्रायः स्पष्टीकरण प्रदान करना भविष्य के लिये सुविधाजनक एवं उपयोगी सिद्ध होता है। ये स्पष्टीकरण टीका-टिप्पणियों के रूप में होते हैं तथा कम्प्यूटर के लिये इनका कोई महत्त्व नहीं होता। इस तरह की **टिप्पणियों** को **रिमार्क** अथवा संक्षेप में **रिम** कहते हैं। कम्प्यूटर इन पर कोई ध्यान न दे इसके लिये ऐसी प्रत्येक पंक्ति के आदि में रिम अथवा रिमार्क शब्द लग दिया जाता है।

इस रिम अथवा रिमार्क शब्द का एक अन्य उपयोग भी किया जाता है। कम्प्यूटर की अधिदेशात्मक संचिका में यदि किसी अधिदेश पंक्ति को अस्थायी रूप से निष्प्रभावी करना हो तो इसके आदि में इस शब्द को अंकित कर दिया जाता है। इससे कम्प्यूटर इस पंक्ति को मात्र एक टिप्पणी समझकर इसे छोड़ देता है। ऊपर दिये गये अधिदेश में एसी ही एक पंक्ति दर्शायी गयी है।

CLS

यह उपशब्द **क्लिीअरस्क्रीन** अर्थात **स्वच्छदृश्यध** का संक्षेप है तथा डॉस का एक आन्तरिक अधिदेश है। इससे किसी भी समय कम्प्यूटर मॉनीटर दृश्यध को स्वच्छ किया जा

सकता है। इसका उपयोग प्राय: उस समय किया जाता है जब दृश्यध पर कोई महत्त्वपूर्ण सूचना दर्शायी जानी हो। प्राय: प्रोग्रामों के आरंभ में इसका उपयोग कर लिया जाता है।

ECHO OFF

कम्प्यूटर कार्य करते समय सामान्यत: स्मृतिपटल के सक्रिय भाग पर अंकित सूचनाओं को मॉनीटर दृश्यधपर अंकित करता रहता है। इन सूचनाओं को **ईको** अर्थात **प्रतिध्वनि** कहा जाता है। इससे परिचारक को कम्प्यूटर की गतिविधियों की सूचना मिलती रहती है। कभी-कभी ऐसी सूचनाएँ अनावश्यक व अरूचिकर लग सकती हैं। ऐसी स्थिति में इसे प्रतिबन्धित करने के लिये डॉस के आन्तरिक अधिदेश **ईको ऑफ** अर्थात **प्रतिध्वनि पृथ** का उपयोग किया जा सकता है। सूचनाओं के पुन: प्रक्षेपण के लिये **ईको ऑन** अधिदेश की आवश्यकता होती है।

डॉस की प्रणालीय संचिकाओं को छोड़कर अन्य किसी भी अधिदेश को ऑटोएक्जीक.बैट संचिका में रखा जा सकता है। उदाहरणार्थ यदि कम्प्यूटर प्रपादन के पश्चात् किसी उपादयन प्रोग्राम को चालू करना हो तो उसका अधिदेश भी इस संचिका की अन्तिम पंक्ति में रखा जा सकता है।

एन्वायरोनमेण्टल वैरियेबिल्स - पर्यावरणीय चर्य

कम्प्यूटर के संरूपण से स्मृति श्रमावधान के अतिरिक्त उसके परिचारणीय तत्त्व नियत होते हैं जिन्हें पर्यावरणीय चर्य कहा जाता है। उपरोक्त में वर्णित संरूपण संचिकाओं के परिणामस्वरूप कम्प्यूटर के जो पर्यावरणीय चर्य निर्मित होते हैं वे इस प्रकार के होते हैं

```
TMP=C:\WINDOWS\TEMP
PROMPT=$p$g
WINBOOTDIR=C:\WINDOWS
COMSPEC=C:\WINDOWS\COMMAND.COM
PATH=C:\WINDOWS;C:\WINDOWS\COMMAND;C:\DOS;C:\CPLUS\BIN
TEMP=C:\WINDOWS\TEMP
WINDIR=C:\WINDOWS
```

इनके आशय ऊपर में चर्चा के विषय रहे हैं, अत: अर्थ स्पष्ट हैं।

प्रणाली प्रक्रम अथवा सिस्टम प्रोग्राम

कम्प्यूटर अपना काम छोटे-छोटे कदमों में करता है इसलिये इसको प्रत्येक कदम के लिये एक **उपदेश** अथवा **इन्स्ट्रकशन** की आवश्यकता होती है। कम्प्यूटर परिचारक को उपदेश देने में बहुत समय लगता है जबकि कम्प्यूटर एक उपदेश के अनुपालन में बहुत कम

समय – लगभग एक सैकण्ड का एक लाखवाँ अंश – लगता है। इस कारण से कम्प्यूटर को दिये जाने वाले अनेक उपदेशों को एक शब्द द्वारा दिये जाने की व्यवस्था होती है। ऐसे शब्द को एक **अधिदेश** अथवा **कमाण्ड** कहा जाता है। इसी प्रकार किसी कार्य को कर सकने में समर्थ अधिदेशों के व्यवस्थित समूह को कम्प्यूटर का एक **प्रोग्राम** कहा जाता है। प्रोग्राम का उद्देश्य भी कम्प्यूटर को एक साथ अनेकानेक अधिदेश देकर समय की बचत करना होता है।

उदाहरण के लिये आपका विद्यालय से वापिस आने के बाद का कार्यक्रम एक चित्र द्वारा दर्शाया जा सकता है जिसमें प्रत्येक चरण हेतु एक विशेष आकृति का उपयोग करना होगा। इस प्रकार के चित्र को **फ्लोचार्ट** अथवा **प्रवाहतूलचित्र** कहा जाता है। यदि इसे पहले से नियोजित न किया जाये तो आपको प्रत्येक कदम के बाद अगले कदम के बारे में विचार करना होगा। इसमें समय तो नष्ट होगा ही, कोई आवश्यक कार्य छूट भी सकता है। कम्प्यूटर प्रोग्राम भी इसी प्रकार की कम्प्यूटर द्वारा किये जाने वाले कार्यों की क्रमबद्ध सूची होती है जो कम्प्यूटर की किसी भाषा में तैयार की जाती है।

कम्प्यूटर प्रोग्राम चार प्रकार के होते हैं –

1. सिस्टम अथवा प्रणालीय प्रक्रम,
2. एप्लीकेशन अथवा उपादयन प्रक्रम,
3. यूज़र अथवा उपयोक्ता प्रक्रम, तथा
4. भाषा प्रक्रम

व्यावसायिक रूप से उपलब्ध उन प्रचलित प्रोग्रामों को उपादयन प्रोग्राम कहते हैं जिनके माध्यम से कम्प्यूटर उपयोक्ता कम्प्यूटर का अपने हित में उपयोग कर सकता हो। इस प्रकार का प्रत्येक प्रोग्राम किसी एक प्रमुख उद्देश्य, जैसे पाठ्य परिष्कारण, व्यवसाय आगणन, आदि, के लिये निर्मित होता है। ये प्रोग्राम उपयोक्ता को सुविधाएँ प्रदान करते हुए उसका कम्प्यूटर हार्डवेयर तथा इसकी परिचारण प्रणाली से संपर्क कराता है।

उन प्रोग्रामों को उपयोक्ता प्रोग्राम कहा जाता है जिन्हें उपयोक्ता अपनी विशिष्ट आवश्यकतानुसार स्वयं अथवा विशेषज्ञों की सहायता से तैयार करके उपयोग में लेता है। इस प्रकार के प्रोग्राम तैयार करने वाले व्यक्ति को प्रोग्रामर कहते है। इस प्रकार के प्रोग्राम तैयार करने के लिये कम्प्यूटर की विशेष भाषा प्रोग्रामों की आवश्यकता होती है।

भाषा प्रोग्राम प्रोग्रामर द्वारा तैयार किये गये प्रोग्राम को कम्प्यूटर के उपयुक्त बनाते हैं क्यों कि कम्प्यूटर मूलतः केवल बाइनरी भाषा समझते हैं जबकि प्रोग्रामिंग के लिये कई प्रकार की भाषाएँ उपलब्ध हैं।

इस प्रकार **सिस्टम** अथवा **प्रणालीय प्रोग्राम** कम्प्यूटर हार्डवेयर को सक्रिय बनाते

हैं, तथा अन्तर्गतन तथा बहिर्पातन अव्यवों का सी.पी.यू. से संपर्क कराते हैं। **उपादयन प्रोग्राम** कम्प्यूटर उपयोक्ता को उसके कार्य को करने के लिये सुविधा प्रदान करते हैं। **भाषा प्रोग्राम** कम्प्यूटरों के लिये नये नये प्रोग्राम बनाने के काम आते हैं। प्रणालीय प्रोग्राम ही उपादयन एवं भाषा प्रोग्रामों तथा हार्डवेयर में मध्यस्थता का कार्य करते हैं। इन प्रणालीय प्रोग्रामों को कम्प्यूटर की **परिचारण प्रणाली** भी कहा जाता है। विभिन्न प्रकार के प्रोग्रामों के आपसी सम्बद्धन को पार्श्व के चित्र में दर्शाया गया है। प्रणालीय प्रोग्रामों के बिना कम्प्यूटर न तो प्रपादित अर्थात बूट हो सकता है और न ही कोई अन्य कार्य कर सकता है।

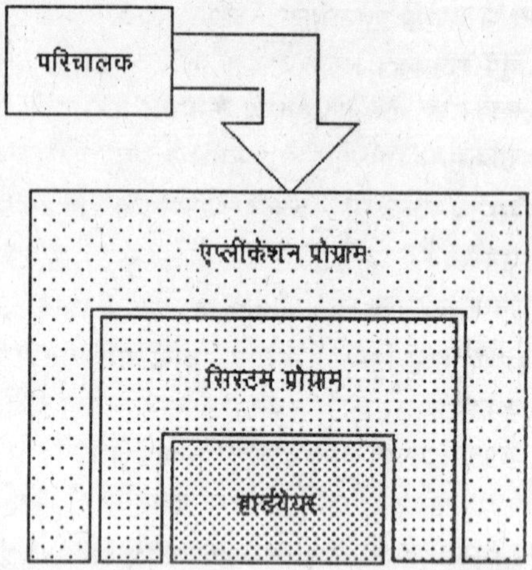

आई.बी.एम. संगतेय वैयक्तिक कम्प्यूटरों के लिये **एम एस डॉस** एक अति लोकप्रिय प्रथम प्रणालीय प्रोग्राम है। इसके अतिरिक्त अन्य प्रमुख प्रणालीय प्रोग्राम **विण्डोज़-एन टी, विण्डोज़-95, ओ एस-2, यूनीक्स** आदि हैं। अभी अनेकानेक सुविधाओं के कारण विण्डोज़-95 तथा इसके नवीनतम आवृत्तों का प्रचलन बढ़ता जा रहा है।

परिचारण प्रणाली - एम. एस. डॉस

पिछले अध्ययन में आपने परिचारण प्रणाली की अनिवार्यता के बारे में जाना कि यह सॉफ्टवेयर कम्प्यूटर प्रणाली के प्राण के समान होता है। वैयक्तिक कम्प्यूटरों के लिये सर्वाधिक प्रचलित परिचारण प्रणाली एम.एस. डॉस है। इसमें विभिन्न प्रकारों की लगभग 150 संचिकाएँ हैं।

डॉस संचिका प्रकार

डॉस संचिकाएँ पाँच प्रकार की होती हैं -

1. बूटिंग संचिकाएँ : इस वर्ग की तीन संचिकाएँ होती हैं -

	एम.एस.डॉस सिस	MSDOS.SYS
	आई.ओ. सिस	IO.SYS
तथा	कमाण्ड कॉम	COMMAND.COM

प्रथम दो संचिकाओं को **सिस्टम संचिकाएँ** तथा तीसरी को **कमाण्ड प्रौसेसर** कहते हैं। **बूट चकती** पर ये तीनों संचिकाएँ उपस्थित होती हैं किन्तु प्रथम दो छिपी रहती हैं। इनका कार्य कम्प्यूटर प्रणाली को बूट करने के अतिरिक्त पूरी परिचारण अवधि में संक्रिय रहकर कम्प्यूटर के विभिन्न अवयवों के मध्य समन्वय स्थापित रखना है।

2. **सिस्टम संचिकाएँ :** इस वर्ग की संचिकाओं के उपनाम SYS होते हैं तथा इनका उपयोग कम्प्यूटर प्रणाली ही कर सकता है। अतः इनके उपयोग की विशेष विधियाँ निर्धारित होती हैं।

3. **अधिदेशिक अथवा कमाण्ड संचिकाएँ :** परिचारक द्वारा डॉस सुविधाओं का उपयोग इन संचिका नामों को अधिदेश के रूप में उपयोग करने से होता है। इन संचिकाओं का उपनाम केवल निम्नांकित में से एक होता है –

   .BAT .COM .EXE

4. **अधिदेश सहयोगी संचिकाएँ :** इन संचिकाओं का उपयोग केवल कमाण्ड संचिकाएँ ही कर सकती हैं। इनके नाम प्रोग्राम द्वारा निर्धारित होते हैं।

5. **डेटा संचिकाएँ :** ये संचिकाएँ कम्प्यूटर परिचारक द्वारा बनाई जाती हैं। इनके नाम पिछले खण्ड में दिये गये नियमों के अनुसार रखे जाने चाहिये।

अधिदेश नियम व प्रावधान

1. प्रत्येक अधिदेश में प्रत्येक शब्द के बाद एक रिक्त स्थान छोड़ा जाता है। ऐसा न करने पर डॉस दो शब्दों को एक ही शब्द मानता है तथा उसका अर्थ नहीं समझ पाता।
2. डॉस अधिदेश में अँग्रेज़ी के छोटे, बड़े अथवा मिश्रित अक्षर उपयोग किये जा सकते हैं। डॉस सभी को बड़े वर्णों में परिवर्तित करके ही अधिदेश का उपयोग करता है।
3. कम्प्यूटर के लिये अधिदेशों तथा संचिका नामों की वर्तनी में किसी भी प्रकार की त्रुटि को असह्य मानता है तथा त्रुटिपूर्ण अधिदेश को स्वीकार नहीं करता।
4. डॉस अधिदेश में अधिदेश संचिका के उपनाम की आवश्यकता नहीं होती, केवल नाम ही पर्याप्त होता है।
5. डॉस अधिदेश में पहले अधिदेश संचिका का नाम तथ उसके बाद डेटा संचिका का नाम दिया जाता है। यदि अधिदेश दो डेटा संचिकाओं का उपयोग करता हो तो पहले स्रोत संचिका का नाम तथा उसके बाद लक्ष्य संचिका का नाम दिया जाता है।
6. डॉस अधिदेश डॉस प्रॉम्प्ट पर ही दिया जा सकता है।

आन्तरिक अधिदेश

कमाण्ड कॉम फाइल में अनेक कमाण्डों का प्रावधान होता है। इन्हें एम.एस.डॉस की इन्टरनल कमाण्ड अथवा आन्तरिक अधिदेश कहा जाता है। कुछ प्रमुख आंतरिक अधिदेशों के विवरण इस प्रकार हैं –

अधिदेश	उद्देश्य	उदाहरण
PROMPT	डॉस प्रॉम्प्ट का स्वरूप बदलने हेतु	PROMPT $p $g
A:, B:, C:	सक्रिय चकती परिवर्तन हेतु	a:, B:, or c:
CD..	मूल निदेशिका की ओर एक कदम पूर्व की निदेशिका से संपर्क हेतु	CD..
CD\	मूल निदेशिका से संपर्क हेतु	CD\
MD	सक्रिय निदेशिका के अन्तर्गत निदेशिका रचना हेतु	MD TOOFAN
DIR	सक्रिय निदेशिका के अन्तर्गत संचिका तथा उपनिदेशिका सूची	DIR
DATE	प्रणाली की वर्तमान दिनांक अथवा परिवर्तन हेतु	date 12/28/99
TIME	प्रणाली के वर्तमान समय अथवा परिवर्तनहेतु	Time 11:06:20.35
COPY	स्रोत संचिका की प्रतिलिपि हेतु	copy RAMESH.res seeta.res
TYPE	निर्देशित संचिका को मॉनीटर पर अंकन हेतु	Type timetabl.96
REN	निर्देशित संचिका के नाम में परिवर्तन हेतु	ren CLASS.SIX naughty.boy
DEL	निर्देशित संचिका को मिटाने हेतु	DEL A:\class.six

संवर्त अथवा स्विच

डॉस के अनेक अधिदेशों में विभिन्न प्रकार के उपयोगों के लिये एक प्रावधान है जिसे स्विच कहा जाता है। मुख्य अधिदेश शब्द के बाद एक स्लैश लगाकर अधिदेश के लिये निर्धारित विभिन्न स्विच वर्णों मे से एक अक्षर अंकित कर दिया जाता है। इससे अधिदेश के कार्य में भिन्नता आ जाती है। इस प्रकार के स्विच आंतरिक तथा बाह्य दोनों प्रकार के अधिदेशों के लिये हैं।

एक्सटर्नल कमाण्ड अथवा बाह्य अधिदेश

डॉस के विभिन्न संस्करणों में नई नई सुविधा प्रदान करने वाले प्रोग्रामों की संचिकाएँ सम्मिलित की जाती रही हैं जिनकी कुल संख्या लगभग 100 तक पहुँच गई है। इनका विस्तृत विवरण डॉस के सहायता प्रोग्राम से प्राप्त किया जा सकता है

डॉस विशेष अधिदेश

1. **प्रॉम्प्ट :** एम एस डॉस का यह अधिदेश डॉस प्रॉम्प्ट चिन्ह के स्वरूप को बदलने के काम आता है। डॉस का मूल प्रॉम्प्ट चिन्ह केवल चकती का नाम तथा इसके बाद एक महत्तर चिन्ह होता है। इसमें निदेशिका नाम नहीं होता। इससे परिचालक को यह ज्ञान नहीं होता कि वह किस निदेशिका के संपर्क में है। परिचारक को अपने कार्य के लिये विभिन्न समयों पर विभिन्न निदेशिकाओं से संपर्क आवश्यक होता है। अत: प्रॉम्प्ट चिन्ह

में निदेशिका नाम का होना सुविधाजनक होता है।

प्रॉम्प्ट अधिदेश का सामान्य स्वरूप -

PROMPT character-string   प्रॉम्प्ट अक्षरावलि

होता है जिसमें अक्षरावलि में वे अक्षर अथवा उन अक्षरों के कूट होते हैं जिन्हें इस चिन्ह में दर्शाना होता है। इस अक्षरावलि निर्माण के नियम इस प्रकार हैं -

1. यदि अक्षरावलि में कुछ भी न लिखा जाये तो डॉस प्रॉम्प्ट चिन्ह केवल चकती नाम तथा महत्तर चिन्ह दर्शायेगा।
2. अक्षरावलि में दो प्रकार के तत्त्व रखे जा सकते हैं - साधारण अक्षरावलि, तथा विशेष अक्षरावलि।
3. साधारण अक्षरावलि में कोई भी शब्द, संकेत आदि हो सकते हैं। इन्हें अधिदेश शब्द प्रॉम्प्ट के बाद लिखा जाता है। डॉस प्रॉम्प्ट चिन्ह में ये यथावत प्रकट होते हैं।
4. प्रत्येक विशेष अक्षरावलि में केवल दो अक्षर होते हैं जिनमें से प्रथम डॉलर चिन्ह (.) होता है तथा दूसरा निम्नांकित सूची में से कोई एक अक्षर, जिनकी परिभाषाएँ उनके सामने दी गई हैं -

अक्षर	परिभाषा
_	अगली पंक्ति के प्रारंभ में जाने के लिये
l	लघुतर प्रतीक (<)
b	खड़ी रेखा (l)
n	चकती संचाली नाम
d	दिनांक
p	चकती संचाली नाम तथा पथ
t	समय
q	समान प्रतीक (=)
g	महत्तर प्रतीक (>)
v	डॉस परिष्करण संख्या

5. प्रॉम्प्ट अधिदेश अक्षरावलि में दोनों प्रकार की अक्षरावलियाँ एक से अधिक हो सकती हैं।
6. इस अधिदेश से कम्प्यूटर को स्थायी गुण प्रदान करने के लिये इस अधिदेश को -

AUTOEXEC.BAT

संचिका में सम्मिलित कर दिया जाता है। कम्प्यूटर इस संचिका का उपयोग प्रपादन में करता है।

उदाहरण :

1. डॉस प्राम्प्ट पर अधिदेश **PROMPT**

   देने से डॉस प्रॉम्प्ट चिन्ह का स्वरूप A> B> C>

   आदि हो जायेगा।

2. डॉस प्राम्प्ट पर अधिदेश **PROMPT $p**

   देने से डॉस प्रॉम्प्ट चिन्ह का स्वरूप A:\ B:\ C:\

   आदि हो जायेगा जिसमें निदेशिका, उपनिदेशिका आदि का नाम भी सम्मिलित होगा।

3. डॉस प्राम्प्ट पर अधिदेश **PROMPT pg**

   देने से डॉस प्रॉम्प्ट चिन्ह का स्वरूप A:\> B:\> C:\>

   आदि हो जायेगा जिसमें निदेशिका, उपनिदेशिका आदि का नाम भी सम्मिलित होगा।

4. डॉस प्राम्प्ट पर अधिदेश

   PROMPT OM NAMOH SHIVAYA $_$p$g

   देने से डॉस प्रॉम्प्ट चिन्ह का स्वरूप OM NAMOH SHIVAYA C:\>

   आदि हो जायेगा जिसमें निदेशिका, उपनिदेशिका आदि का नाम भी सम्मिलित होगा।

2. सहायता

डॉस के उपयोगों के बारे में सहायता प्रदान करने वाला यह एक विशाल प्रोग्राम है। यह दो रूपों में उपयोग किया जा सकता है। सामान्य रूप में हैल्प -HELP अधिदेश पर डॉस प्रोग्रामों की पूरी सूची उपस्थित हो जाती है। इसमें से किसी भी विषय को चुनकर उसके बारे में विस्तृत दिशा निर्देश तथा उदाहरण परदे पर प्राप्त किये जा सकते हैं अथवा मुद्रित किये जा सकते हैं।

दूसरे स्वरूप में किसी विषय विशेष पर सूचना प्राप्त करने हेतु

हैल्प विषय HELP TOPIC

अधिदेश दिया जाता है।

3. एम.एस.डी. MSD

यह माइक्रोसॉफ्ट डाइगनोस्टिक्स का संक्षेप है तथा डॉस के एक प्रोग्राम का नाम है। यह प्रोग्राम कम्प्यूटर प्रणाली के विभिन्न हार्डवेयर अवयवों के बारे में सूचना प्रदान करने का काम करता है। जब तुम्हें अपने कम्प्यूटर के बारे में जानकारी प्राप्त करनी हो तो इस प्रोग्राम

का उपयोग कर सकते हो। यह बहुत सरल है। इसके लिये अधिदेश

MSD

अंकित कर प्रवेश करने से एम.एस.डी. प्रोग्राम का प्रथम अभ्याकृत उपस्थित होता है जिसका स्वरूप अगले पृष्ठ के चित्र में दर्शाया गया है। इसमें कम्प्यूटर के उन अवयवों के नाम हैं जिनके बारे में इस प्रोग्राम से सूचना प्राप्त की जा सकती है। इस सूची की प्रत्येक अस्ति अथवा आइटम के नाम में एक अक्षर को प्रमुखीकृत किया हुआ होता है। कुंजीपटल से इस अक्षर की कुंजी के उपयोग से सम्बन्धित अस्ति के बारे में विस्तृत जानकारी उपलब्ध हो जाती है। कम्प्यूटर पर विण्डोज़ प्रोग्राम को बन्द करके ही इसको सक्रिय करना चाहिये।

4. चैकडिस्क

एम.एस.डॉस का यह प्रोग्राम चकतियों के ईक्षण के लिये उपयोगी है। इसकी संचिका का नाम CHKDSK.EXE होता है। उद्योत चिन्ह पर अधिदेश

C:\DOS\CHKDSK

प्रविष्ट कराने से वांछित चकती के बारे में सूचना कम्प्यूटर परदे पर उपस्थित हो जाती है जिसका स्वरूप निम्नांकित प्रकार का होता है –

```
Vol ACW(C) created on 20.9.98
Errors found, 3 lost allocation units found in 3 chains
48,304 bytes disk space would be freed
1,572,798,464 bytes total disk space
      9,568,254 bytes in 155 hidden files
      9,142,272 bytes in 279 directories
  474,972,160 bytes in 5,383 user files
1,079,017,472 bytes available on disk
          32,768 bytes in each allocation unit
          47,998 total allocation units on disk
          30,929 avialable allocation units on disk
      656,360 total bytes memory
      623,344 bytes free
```

Instead of using CHKDSK, try using SCANDISK. SCANDISK can reliably detect and fix a much wider range of problems.

5. स्कैनडिस्क

कम्प्यूटर चकतियों के चुम्बकीय माध्यम एवं उस पर अंकित सूचनाओं के परीक्षण का यह एक अति महत्त्वपूर्ण प्रोग्राम है। यह चकती का अनेक विधियों से परीक्षण ही नहीं करता, अनेक दोषों का निराकरण भी कर देता है।

कम्प्यूटर परिचारण में अनेक सूचनाएँ निर्धारित संचिकाओं से बिछुड़कर चकती माध्यम पर बिखर जाती हैं जिनके उपयोग के बारे मे चकती पर कोई अभिलेख नहीं होता है। ये सूचनाखण्ड अनावश्यक रूप से चकती स्थान को घेरे रहते हैं। स्कैनडिस्क प्रोग्राम इन सूचनाखण्डों को संचिका नाम प्रदान कर संगृहित कर देता है अथवा इन्हें मिटाकर चकती स्थान को मुक्त कर लेता है। संगृहित खण्डों में से परिचारक द्वारा उपयोगी खण्डों को बचाकर शेष को मिटाया जा सकता है जिससे चकती तल अनावश्यक तत्त्वों से मुक्त हो जाता है। स्कैनडिस्क का एक महत्त्वपूर्ण उपयोग चकती तल का परीक्षण है। तल पर यदि किसी भाग का चुम्बकीय माध्यम दोषपूर्ण है तो स्कैनडिस्क इसे खोजकर इस पर अंकित सूचनाओं को यथासंभव सुरक्षित करते हुए इस भाग को पाट देता है जिससे भविष्य में इस भाग पर सूचना संगृहित नहीं की जाती । इस प्रोग्राम के उपयोग के लिये

SCANDISK

अधिदेश दिया जाता है। इसके बाद प्रोग्राम कुछ संवाद आयतों के माध्यम से परिचारक से प्रश्न करता है तथा आगे के लिये दिशानिर्देश देता है।

```
C:\DOS\>SCANDISK
     1,572,398,464 bytes total disk space
     0 bytes in bad sectors
     9,142,272 bytes in 279 folders
     9,568,756 bytes in 155 hidden files
     476,545,024 bytes in 5,383 user files
     1,077,542,912 bytes available on disk
               32,768 bytes in each allocation unit
               47,998 total allocation units on disk
               22,884 available allocation units
C:\DOS\>
```

6. फॉर्मेट

फ्लॉपी चकती को बाजार से खरीदकर सीधे उपयोग नहीं किया जा सकता। इसे पहले तैयार करना होता है। इस तैयारी परिष्कृति को फॉरमैटिंग अथवा अभिरूपण कहा

जाता है। यह परिष्कृति डॉस द्वारा प्रदान की जाने वाली अनेक सुविधाओं में से एक है। यदि आप डॉस निदेशिका की संचिकाओं की सूची देखें तो उनमें आपको एक FORMAT.COM नाम की कमाण्ड मिलेगी। यह एक प्रोग्राम संचिका हे जो फ्लॉपी चकती को फॉरमैट करने का कार्य करती है।

1. फॉरमैट अधिदेश के साथ उस चकती ड्राइव का नाम देना आवश्यक होता है। जिसमें स्थित चकती को फॉरमैट करना हेाता है। मान लीजिये कि आपको 5.25 इंच की 1.2 मैगाबाइट की चकती को फॅारमैट करना है तथा आपके कम्प्यूटर में 5.25 इंच की चकती ड्राइव नाम ए: है तो आप अधिदेश –

   FORMAT A:

   देगें। इससे प्रोग्राम संचिका सक्रिय हो जायेगी। इसका प्रथम संन्देश जो आपको मॉनीटर पर दिखाई देगा वह इस प्रकार का होगा –

   INSERT DISK IN DRIVE A: AND PRESS ENTER WHEN READY

   इस पर चकती संचाली ए: में 5.25 इंच की चकती लगााकर एण्टर करने से फॉरमैटिंग परिष्कृति चालू हो जायेगी तथा परदे पर आपको प्रगति की प्रतिशत में सूचना प्राप्त हेाती रहेगी। चकती के 100 प्रतिशत फॉरमैट हो जाने पर प्रोग्राम आपसे चकती को कोई नाम देने का आग्रह करेगा । यह नाम 11 अक्षरों तक का कोई भी नाम दिया जा सकता है जो आपका नाम भी हो सकता है। इससे आपकी चकती सूचनाओं के अंकन के लिये तैयार हो जाती है।

2. पिछले भाग में आपने बूट चकती के बारे में कुछ जाना था तथा उसका उपयोग भी किया था। फॉरमैट प्रोग्राम बूट चकती का निर्माण भी कर सकता है। इसके लिये चकती को फॉरमैट करने के अधिदेश में एक स्विच का उपयोग करना होता है। यह संशोधित अधिदेश यह है –

   FORMAT/S

   जहाँ S का अर्थ सिस्टम है। परिचारण प्रणाली को संक्षेप में सिस्टम कहा जाता है। इस अधिदेश से चकती फॉरमैट की जाकर उस पर परिचारण प्रणाली अंकित कर दी जाती है। इस प्रकार फारमैट की गई चकती कम्प्यूटर को बूट करने में सक्षम होती है।

3. साधारण फॉर्मैट अधिदेश से तैयार की गई चकती को बूट डिस्क बनाने की एक अन्य विधि भी है। डॉस की SYS कमाण्ड परिचारण प्रणाली को चकती पर अंकित कर देती है। इसके लिये भी अधिदेश शब्द के साथ चकती ड्राइव का नाम देना आवश्यक होता है।

7. डिस्ककॉपी : चकती की प्रतिलिपि

कम्प्यूटर के उपयोग में प्रायः एक चकती की यथावत प्रतिलिपि की आवश्यकता होती है। इस कार्य के लिये डॉस का DISKCOPY अधिदेश है। इसका प्रमुख प्रतिबंध यह है कि दोनों चकतियाँ एक समान विशिष्टियों की हों। इसमें भी अधिदेश शब्द के बाद चकती ड्राइव का नाम दिया जाता है, यथा

DISKCOPY A: A:

या DISKCOPY B: B:

इस अधिदेश के उपयोग में दोनों चकतियाँ एक जैसी होने के कारण एक ही चकती संचाली द्वारा उपयोग की जाती हैं। अतः पूरी परिष्कृति में दो चरण होते हैं। प्रथम चरण में स्रोत चकती को चकती संचाली में लगाया जाता है जिससे इस चकती की सूचनाएँ कम्प्यूटर की स्मृति में अंकित हो जाती हैं। इसके बाद कम्प्यूटर द्वारा सूचना प्रदान किये जाने पर इसी संचाली में वह चकती लगाई जाती है जिसपर प्रतिलिपि बननी होती है। इससे कम्प्यूटर स्मृति में अंकित सूचनाएँ इस चकती पर अंकित कर दी जाती हैं। पूरी परिष्कृति में परिचारक को सतर्क रहना होता है तथा कम्प्यूटर के संदेशों के अनुसार चकतियों की अदला-बदली करनी होती है।

8. वैरिफाई VERIFY

यह अधिदेश चकतियों पर अंकित की जाने वाली सूचनाओं के सही अंकन को सुनिश्चित करने के लिये उपयोग किया जाता है। यह वास्तव में एक स्विच /v को चालू अथवा बन्द करने का काम करता है। यह स्विच चालू किये जाने पर चकती पर अंकन सम्बन्धी सभी अधिदेशों पर लागू होने लगता है जब तक कि इसे बन्द न किया जाये, अथवा कम्प्यूटर को बन्द न किया जाये। तदनुसार इसके तीन स्वरूप हैं -

VERIFY

इस स्वरूप में यह कम्प्यूटर प्रणाली पर वैरिफाई स्विच की स्थिति दर्शाता है।

VERIFY ON

इस स्वरूप में यह स्विच को चालू करता है। तथा

VERIFY OFF

इस स्वरूप में यह स्विच को बन्द करता है। इस अधिदेश के स्थान पर चकती पर अंकन सम्बन्धी अधिदेशों में स्विच /v का उपयोग भी किया जा सकता है। इस स्विच के चालू होने पर डॉस चकती पर अंकित किये जा रहे डेटा का सत्यापन करता रहता है। यदि सही डेटा नहीं अंकित हो पाता है तभी परिचारक को सूचित किया जाता है।

9. मैम MEM

कम्प्यूटर की स्मृति इसका एक अति महत्वपूर्ण अंग होती है। एम.एस.डॉस का मैम प्रोग्राम कम्प्यूटर स्मृति की सूचना प्रदान करता है। उद्योत चिन्ह पर MEM अधिदेश प्रविष्टि से मॉनीटर परदे पर कम्प्यूटर स्मृति की सूचना उपलब्ध हो जाती है जिसका स्वरूप निम्नांकित प्रकार का होता है -

Memory Type	Total	Used	Free
Conventional	640K	31K	609K
Upper	91K	91K	0K
Reserved	384K	384K	0K
Extended(XMS)	15,269K	145K	15,124K
-------------	-----------	------------	
Total memory	16,384K	651K	15,733K
Total under 1MB	731K	122K	609K

Largest executable program size 609K (623,104 bytes)

Largest free upper memory block 0K (0 bytes)

MSDOS is resident in the high memory area

10. मैममेकर MEMMAKER

कम्प्यूटर के सक्षम परिचारण के लिये इसकी स्मृति व्यवस्था का सटीक हेाना आवश्यक होता है। एम.एस.डॉस का मैममेकर प्रोग्राम कम्प्यूटर स्मृति को कम्प्यूटर के इष्टतम उपयोग के लिये व्यवस्थित करता है। इस अधिदेश को देने से यह प्रोग्राम परिचारक से कुछ सूचनाएँ प्राप्त करता है तथा शेष सूचनाएँ कम्प्यूटर प्रणाली से प्राप्त कर अपना कार्य करता है। इसके कार्य में परिचारक का सक्रिय योगदान होता है जिसे प्रश्नों के उत्तर देने होते हैं। यह प्रोग्राम डॉस की कई अन्य संचिकाओं का भी उपयोग करता है।

बैच प्रोग्राम संचिका

इस पाठ में हम प्रोग्रामिंग का प्रथम परिचय पायेंगे। हम पीछे पढ़ चुके हैं कि अधिदेशों के क्रमगत समूह को प्रोग्राम कहते हैं। अत: यदि हम कम्प्यूटर के किन्हीं उपयोगी अधिदेशों को क्रम से सूचीबद्ध करके एक संचिका बना दें तो यह संचिका एक प्रोग्राम की तरह कार्य करेगी। यही सिद्धान्त हे कम्प्यूटर के बैच प्रोग्रामों का जिनमें डॉस के अधिदेशों का उपयोग किया जाता है।

डॉस के अनेक अधिदेशों से हम परिचित हैं, उनका उपयोग करते हुए हम कुछ

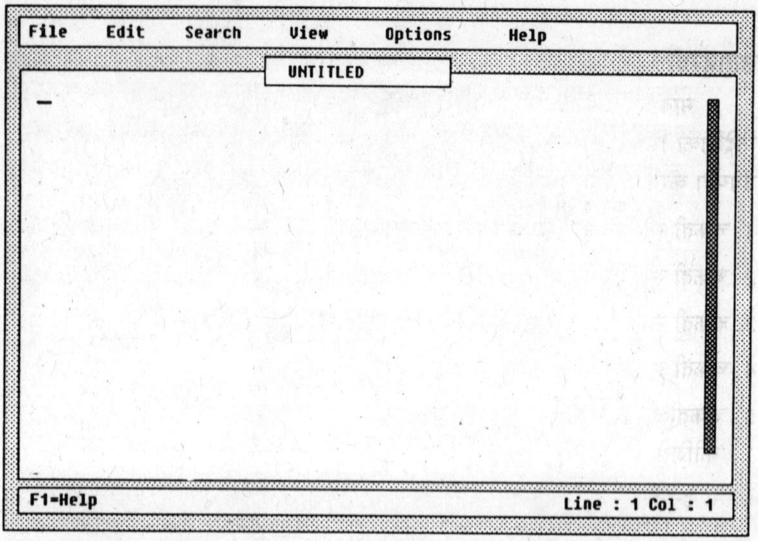

सरल प्रोग्राम बनायेंगे। ये प्रोग्राम डॉस के प्रोग्रामों के सूमह होते हैं इसलिये इन्हें यह विशेष नाम दिया गया है। इन प्रोग्रामों को किसी भी डॉस आधारित पाठ्य परिष्कारक प्रोग्राम के माध्यम से निर्मित किया जा सकता है। किन्तु डॉस में इस प्रयोजन के लिये ही एक विशेष प्रोग्राम होता है जिसे **एडिटर** अर्थात **संकलित्र प्रोग्राम** कहा जाता है।

एडिटर EDITOR

अधिदेशिक संचिकाओं के संकलन का कार्य करने वाले इस प्रोग्राम की मुख्य संचिका **एडिट.कॉम** होती है। यह संचिका डॉस की कुछ अन्य संचिकाओं का उपयोग करके परिचारक को एक दृश्यध उपस्थित करती है जिस पर कोई नई संचिका बनाई जा सकती है अथवा पुरानी संचिका में परिवर्तन किया जा सकता है। इस प्रोग्राम द्वारा संकलित संचिकाएँ प्रोग्राम संचिकाएँ ही हो सकती हैं जिनमें एक पंक्ति में एक ही अधिदेश अंकित किया जाता है। इसके मुख्य दृश्यध का स्वरूप ऊपर दिया गया है। बैच प्रोग्रामों के निर्माण एवं उपयोग के लिये निम्नांकित नियम अपनाये जाते हैं –

1. प्रोग्राम की एक पंक्ति मे एक ही अधिदेश अंकित किया जाता है।
2. प्रोग्राम में अंकित डॉस अधिदेशों का वही क्रम होना चाहिये जिस क्रम में इनका क्रियान्वयन होना हो।
3. बैच प्रोग्राम में यदि कोई बाह्य अधिदेश का उपयोग किया गया है तो इसके क्रियान्वयन के समय बाह्य अधिदेश संचिका खुली निदेशिका में ही उपलब्ध होनी चाहिये।
4. प्रत्येक बैच प्रोग्राम का उपनाम .बैट रखा जाता है।

उदाहरण :-

मान लीजिये कि हमें चकती ए: की सभी संचिकाओं को चकती सी: पर एक नई निदेशिका डिस्क-ए बनाकर प्रतिलिपित करने के लिये एक बैच प्रोग्राम बनाकर उसका उपयोग करना है। इस कार्य के लिये अपनाई गई विधि इस प्रकार होगी -

1. चकती सी: पर मूल निदेशिका को खोलिये,
2. चकती सी: पर डिस्क-ए नामक निदेशिका बनाइये,
3. चकती सी: पर निदेशिका डिस्क-ए को खोलिये,
4. चकती ए: को खोलिये,
5. चकती ए: की संचिकाओं को चकती सी: की निदेशिका डिस्क-ए में प्रतिलिपित कीजिये।

इन क्रियाओं का प्रोग्राम बनाने के लिये सी: डॉस प्रॉम्प्ट पर हम

EDIT एडिट

अधिदेश देते हैं जिससे संकलक प्रोग्राम का दृश्यध उपस्थित होता है। इस पर हम अपने प्रोग्राम का टंकन करते है जो इस प्रकार होगा -

```
CD\
MD DISK-A
CD DISK-A
A:
COPY A:\*.*
COPY *.* C:\DISK-A\
```

इस प्रोग्राम को बाद में उपयोग के लिये सुरक्षित करने के लिये -

1. एडिट प्रोग्राम में एल्ट-एफ कुंजी उपयोग से मुख्य मेन्यू **फाइल** के **अधोस्थित मेन्यू** को खोलिये।
2. इस मेन्यू में **सेव एज** ऐक्ष्य को चुनिये। इसके लिये प्रमुखीकरण पटिट्का को कर्सर कुंजी उपयोग से इस ऐक्ष्य पर लाइये। प्रवेश कुंजी दबाइये।
3. उपस्थित **संवाद आयत** में बैच प्रोग्राम का पथ तथा नाम अंकित कीजिये। यह

C:\DOS\COPY.BAT

हो सकता है।

इस परिष्कृति से हमारा नया प्रोग्राम डॉस निदेशिका में कॉपी. बैट नामक संचिका में सुरक्षित हो जायेगा। इसके बाद सम्पादक प्रोग्राम को बन्द करने के लिये एल्ट-एफ-एक्स कुंजी दबाइये। पुनः डॉस उद्योत चिन्ह उपस्थित होगा।

अब इस प्रोग्राम के उपयोग के लिये डॉस प्रॉम्प्ट पर CD DOS

अधिदेश दीजिये जिससे DOS निदेशिका खुल जायेगी। चकती संचाली ए: में एक फ्लॉपी चकती लगाइये जिसकी संचिकाओं की प्रतिलिपि करना हो।

इसके बाद कम्प्यूटर को COPY-A

अधिदेश दीजिये। आप दखेगें कि कम्प्यूटर अपना कार्य प्रारंभ कर देता है और कार्य की प्रगति के प्रत्येक कदम को मॉनीटर पर दर्शाता जाता है। कार्य पूरा होने पर डॉस प्रॉम्प्ट पुनः प्रस्तुत होता है।

उदाहरण :-

उपरोक्त उदाहरण में मॉनीटर पर कम्प्यूटर के प्रत्येक कदम अंकित होता रहता है। यह बहुत से लोगों को अच्छा नहीं लगता। वे चाहते हैं कि कम्प्यूटर बिना कुछ दर्शाये ही अपना कार्य कर दे। बैच प्रोग्राम को संशोधित करके ऐसा भी किया जा सकता है। इसके लिये -

1. डॉस प्रॉम्प्ट पर एडिट अधिदेश दीजिये।
2. सम्पादक खुलने पर एल्ट-एफ से फाइल का अधोस्थित मेन्यू खोलिये। इसके द्वितीय ऐक्ष्य ओपिन को चुनिये तथा प्रवेश कीजिये।
3. संवाद आयत में C:\DOS\COPY-A.BAT अंकित कीजिये।
4. बैच प्रोग्राम प्रस्तुत होगा। इसकी प्रथम पंक्ति के प्रारंभ में कर्सर को लाकर प्रवेश कीजिये। इससे ऊपर एक रिक्त पंक्ति बन जायेगी।
5. इस रिक्त पंक्ति में ECHO OFF अंकित कीजिये।
6. संचिका को पुनः सुरक्षित कीजिये। इसके लिये फाइल मेन्यू से सेव को चुनकर प्रवेश कीजिये।
7. एल्ट-एफ-एक्स कुंजियों से संकलक प्रोग्राम बन्द कीजिये।

विण्डोज

विण्डोज माइक्रोसॉफ्ट का अति लोकप्रिय प्रक्रम है। इसकी लोकप्रियता के दो मुख्य कारण हैं - इसमें ग्राफिक्स-यूजर इण्टरफेस अर्थात अनुचित्र-उपयोक्ता अन्तरप्राक्ष तकनीक का उपयोग किया गया है जो उपयोक्ता को अधिदेश के टंकण के स्थान पर चित्रित ऐक्ष्यों में

से चयन से क्रियान्वित होती है। इससे कार्य में तीव्रता आती है। इसकी दूसरी विशेषता इसके अनेक गवाक्ष हैं जो समालम्बित तथा परालम्बित रूपों में व्यवस्थित होते हैं तथा प्रत्येक गवाक्ष एक प्रथक प्रक्रम होता है। एक साथ अनेक गवाक्षों को सक्रिय करके उनमें सूचनाओं का परस्पर अन्तरण किया जा सकता है। इससे एक ही सूचना का अनेक स्थानों पर उपयोग संभव हो जाता है।

विण्डोज का आरंभिक विकास एम एस डॉस तथा उपादयी प्रक्रमों में मध्यस्थ के रूप में कार्य करने हेतु किया गया था। अत: विण्डोज-3.xx तक के आवृत्त माध्यमिक परावस्तु के रूप में उपयोज्य थे। विण्डोज-95 तथा उसके बाद के आवृत्तों में डॉस को समाहित करके इन्हें स्वतन्त्र रूप से परिचारण प्रणाली का रूप दे दिया गया। किन्तु अभी भी इनके संस्थापन पूर्व डॉस की प्रणालीय संचिकाओं को सक्रिय करना आवश्यक होता है तथा ये डॉस के अनेक प्रक्रमों का यथावत तथा अनेकों के विशोधित रूपों में उपयोग करते हैं।

विण्डोज-95 तथा इसके उच्चतर आवृत्तों की एक प्रमुख विशेषता उनकी संचिका व्यवस्था है जो परिचारण प्रणाली ओ. एस.-2 की तरह उच्च निष्पादिता संचिका प्रणाली अथवा हाइ परफॉर्मेंस फाइल सिस्टम है, जिसमें डॉस के 8-वर्णी संचिका नाम का प्रतिबन्ध हटा दिया गया है। इनमें संचिकाओं के नाम विस्तृत रखे जा सकते हैं। इस प्रकार की संचिकाओं का डॉस प्रक्रमों में उपयोग असुविधा उत्पन्न करता है क्यों कि डॉस को इनका संक्षिप्त नामकरण करना आवश्यक हो जाता है।

विण्डोज-95 तथा इसके उच्चतर आवृत्तों के उपयोग में विशेष ध्यातव्य तथ्य यह है कि इसमें सक्रिय प्रक्रमों को विधानत: बन्द करना आवश्यक होता है। अचानक विद्युत शक्ति के अवरोधित हो जाने पर प्रक्रमों की सक्रिय संचिकाओं के नष्ट-भृष्ट होने की संभावना बनी रहती है। अत: भारत जैसी अविश्वस्त विद्युत आपूर्ति व्यवस्था में कम्प्यूटर प्रणाली के साथ अनिरूद्धित शक्ति प्रदाय उपस्कर का उपयोग आवश्यक हो गया है।

विण्डोज-95 तथा इसके उच्चतर आवृत्त इतने विशाल आकार के हो गये हैं कि अपनेयी चकतियों पर इनकी उपलब्धि अव्यवहारिक होने के कारण इन्हें संपुट चकती पर ही प्रस्तुत किया गया है जिससे कम्प्यूटर प्रणाली में संपुट चकती संचाली का होना भी वांछित हो गया है। इन प्रक्रमों के कम्प्यूटर प्रणाली पर संस्थापित करने हेतु निम्नांकित चरणों को अपनाना होता है -

1. एक अपनेयी चकती, जिस पर डॉस की परिचारण प्रणाली सुविधा संचिकाएँ हों, के उपयोग से कम्प्यूटर को प्रवर्तित कीजिये।
2. इसी चकती से प्रणाली की मुख्य चकती संचाली सी: को प्रारूपित कीजिये तथा इसपर प्रणालीय संचिकाओं को, तथा दो संरूपण संचिकाओं - कन्फिग.सिस तथा ऑटोएक्जीक्.बैट - को संस्थापित कीजिये।

3. संपुट चकती की संस्थापन अपनेयी चकती के उपयोग से प्रणाली पर संपुट चकती संचाली को संस्थापित कीजिये।

4. विण्डोज की संस्थापन संपुट चकती को संपुट चकती संचाली में लगाकर तथा उसको सक्रिय करके विण्डोज के सैटअप अधिदेश से प्रक्रम को संस्थापित कीजिये।

विण्डोज-95 तथा इसके उच्चतर आवृत्तों पर आधारित अनेक उपादयी प्रक्रम भी अब संपुट चकतियों पर ही उपलभ्य हैं। अतः उनके संस्थापन हेतु भी संपुट चकती संचाली का होना वाछित है। इसकी उपस्थिति से कम्प्यूटर प्रणाली को बहुमाध्यमी अर्थात मल्टीमीडिया प्रणाली बनाया जा सकता है जिससे कम्प्यूटर प्रणाली ध्वनि एवं चलचित्रण में सक्षम हो जाता है।

5

कम्प्यूटर विधियाँ

(Computer Methods)

शब्द सम्पदा :

धृति (Datum, Data)	संगृहण (Storage)
पुनर्प्राप्ति (Retrieval)	स्थापन (Setup)
संस्थापन (Installation)	संचिका (File)
निदेशिका (Directory)	उपनिदेशिका (Subdirectory)
वृक्ष (Tree)	पथ (Path)
संचिका उपनाम (File extension)	अक्षर (Character)
प्रविष्टि (Entry)	सुरक्षण (Saving)
संरक्षण (Protection)	संरचना (Structure)
प्रतिसार (Record)	क्षेत्र (Field)
सारिणी (Catalogue)	विकल्प पट्टिका (Menu Bar)
उपरिस्थ (Popup)	अधोस्थ (Pulldown)
विशोधन (Modification)	करामाती (Wizard)
किमपि अक्षर (Wild character)	कुंजीदाब (Keypress)
कुंजीदोल (Keystroke)	समापन (Finish)
निर्गम (Exit)	वियुक्त (Quit)
आक्ष (Open)	व्याक्ष (Close)
चर्य (Variable)	अस्ति (Item)

कम्प्यूटरों के मुख्य कार्य -

सूचना संगृहण, सूचना परिष्कारण,

सूचना सुरक्षा, तथा सूचना उपलब्धि

कहे जा सकते हैं। इसी कारण कम्प्यूटर जगत को **सूचना तर्कशास्त्रीय जगत** कहा जाता है। मूल सूचनाएँ मनुष्यों द्वारा ही कम्प्यूटरों को प्रदान की जाती हैं। ये दो प्रकार की होती हैं -

1. कम्प्यूटर की कार्यविधियाँ अथवा **प्रोग्राम**, तथा

2. कम्प्यूटर द्वारा परिष्कारण हेतु **डेटा** अथवा **धृति**।

कम्प्यूटर में ये सभी सूचनाएँ संचिकाओं के रूप में संगृहित होती हैं जो मूल रूप में अथवा परिष्कारित रूप में हो सकती हैं। कम्प्यूटर परिचारक कम्प्यूटर को सूचना प्रदान करने हेतु किसी न किसी कम्प्यूटर प्रोग्राम का आश्रय लेना आवश्यक होता है। जैसे, कम्प्यूटर को भाषा एवं उपादयन प्रोग्राम प्रदान करने के लिये परिचारण प्रणाली का आश्रय आवश्यक होता है। इसी प्रकार कम्प्यूटर को डेटा प्रदान करने के लिये किसी उपादयन प्रोग्राम अथवा उपयोक्ता प्रोग्राम का सहारा लिया जाता है।

कम्प्यूटर को कार्यविधि निर्देश प्रोग्रामों द्वारा दिये जाते हैं। इन प्रोग्रामों को कम्प्यूटर

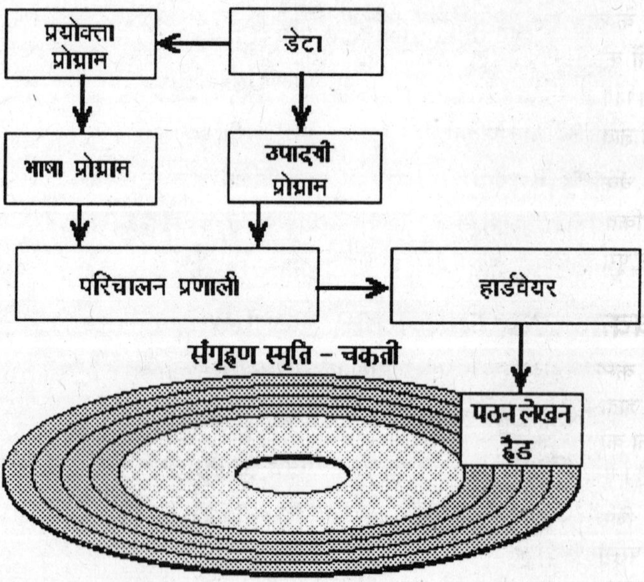

को प्रदान करने की परिष्कृति को **प्रोग्राम संस्थापन** अथवा **इन्स्टालेशन** कहा जाता है। कुछ प्रोग्राम इस परिष्कृति को **सैटअप** भी कहते हैं। प्रोग्राम संस्थापन के प्रावधान प्रोग्राम में ही सम्मिलित होते हैं।

धृति द्विंक अथवा डेटा बिट

चुम्बकीय चकतियों के तलों पर वृताकार पथों के बिन्दुओं पर बिटों को अंकित किया जाता है। इसके कई तरीके हैं। सरलतम तरीके में बिट-1 को अंकित करने के लिये बिन्दु को चुम्बकित कर दिया जाता है तथा बिट-0 अंकित करने के लिये बिन्दु को बिना चुम्बकन के ही रहने दिया जाता है। चकतियों पर इस प्रकार अंकित सूचना बिटें तब तक यथावत् बनी रहती हैं जब तक कि इन्हें परिवर्तित नहीं किया जाता। इन बिन्दुओं केचुम्बकन को ज्ञात करके चकती पर अंकित सूचनाओं को प्राप्त किया जा सकता है। चकती पथों पर सूचनाओं के अनुसार बिन्दुओं को चुम्बकित करने तथा अंकित सूचना को प्राप्त करने के लिये बिन्दुओं के चुम्बकन को ज्ञात करने के कार्यों को चकती संचाली में लगे पठन-लेखन शीर्षों द्वारा किये जाते हैं। उदाहरण के लिये चित्र में चकती के तीन पथों पर चुम्बकित बिन्दुओं को काले रंग से भरा हुआ तथा अचुम्बकित बिन्दुओं को रिक्त दर्शाया गया है। अतः इन पथों पर अंकित सूचनाएँ क्रमशः 10011011, 01111111 तथा 11101110 हैं। इन बाइनरी संकेतों के अर्थ उपयोग में लिये गये संकेत कूट से ज्ञात किये जा सकते हैं।

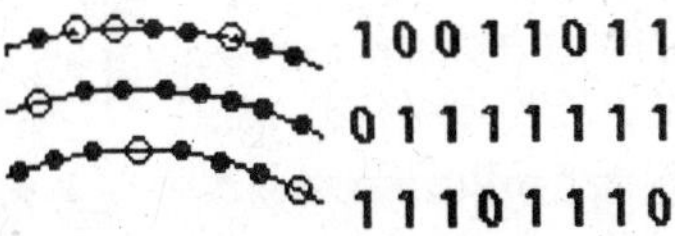

चकतियों पर सूचना अंकन का लाभ यह है कि चकती के किसी भी बिन्दु पर सूचना को अंकित किया जा सकता है अथवा वहाँ अंकित सूचना को ज्ञात किया जा सकता है क्योंकि पूरा चकती तल पठन-लेखन शीर्ष के लिये खुला होता है।

संचिकाएँ तथा निदेशिकाएँ

कम्प्यूटर में सूचनाओं तथा प्रोग्रामों को **संचिका** अथवा **फाइलों** के रूप में संगृहित किया जाता है। प्रत्येक संचिका परस्पर सम्बद्धित सूचनाओं का संगृह होती है। प्रत्येक संचिका को एक विशिष्ट नाम दिया जाता है जिससे सूचना को पुनः प्राप्त करने में सुविधा होती है। एक संचिका का आकार एक अक्षर से लेकर कई सौ पृष्ठों तक की हो सकता है।

जिस प्रकार प्रत्येक संचिका परस्पर सम्बन्धित सूचनाओं का समूह होती है उसी प्रकार परस्पर सम्बन्धित संचिकाओं के समूह को **निदेशिका** अथवा **डाइरेक्टरी** कहा जाता है। डाइरेक्टरी में संचिकाओं के साथ **सबडाइरेक्टरी** अथवा **उपनिदेशिकाएँ** भी हो सकती

हैं। उपनिदेशिकाएँ भी निदेशिकाओं की तरह ही संचिकाओं एवं उपनिदेशिकाओं का समूह होती हैं।

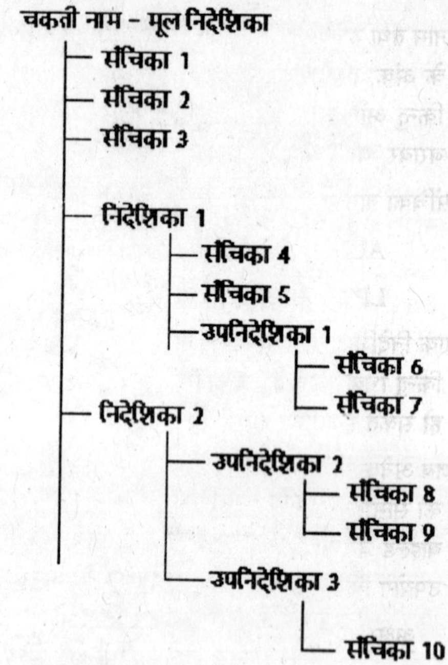

चकतियों पर संचिकाओं, उपनिदेशिकाओं तथा निदेशिकाओं का संगृह किया जाता है। प्रत्येक चकती के नाम को ही उस चकती की **मूल निदेशिका** कहा जाता है। इस प्रकार निदेशिकाओं, उपनिदेशिकाओं एवं संचिकाओं का संगठन चित्र में दिखाये जैसा हो सकता है। इस प्रकार की व्यवस्था को **ट्री** अथवा **वृक्ष** कहा जाता है।

संचिकाओं की तरह ही प्रत्येक निदेशिका तथा उपनिदेशिका को भी एक विशिष्ट नाम दिया जाता है। संचिका, उपनिदेशिका तथा निदेशिका नाम के दो भाग हो सकते हैं। दोनों भागों को एक बिन्दु से प्रथक किया जाता है। बिन्दु से पूर्व के भाग को **संचिकानाम** तथा बाद के भाग को **उपनाम** अथवा **एक्सटेंशन** कहा जाता है। प्राय: संचिका नाम का उपयोग संचिका विशेष को दर्शाने के लिये तथा उपनाम का उपयोग संचिका वर्ग दर्शाने के लिये किया जाता है। इस प्रकार एक वर्ग का संचिकाओं के उपनाम एक जैसे हो जाते हैं जिससे संचिका नाम.उपनाम को देखने से ही संचिका के प्रकार के बारे में ज्ञान हो जाता है। बहुत से कम्प्यूटर प्रोग्राम अपने द्वारा निर्मित सभी संचिकाओं के उपनाम एक समान रखते हैं। इससे संचिका की पहचान सरल हो जाती है।

किसी भी संचिका, निदेशिका अथवा उपनिदेशिका के लिये एक्सटेंशन का होना अनिवार्य नहीं होता किन्तु नाम का होना अनिवार्य होता है। विभिन्न प्रोग्रामों के निदेशिका एवं संचिका नामकरण नियम भिन्न हो सकते हैं तथापि अधिकतर प्रोग्राम एम एस डॉस के नियमों को ही अपनाते हैं, जो इस प्रकार हैं :-

डॉस संचिका व निदेशिका नाम

1. नाम में अधिकतम 8 अक्षर तथा उपनाम में अधिकतम 3 अक्षर हो सकते हैं। नाम तथा उपनाम के मध्य में एक बिन्दु का उपयोग किया जाता है, यथा नाम.उपनाम

2. नाम तथा उपनाम के मध्य में कोई रिक्त स्थान नहीं होना चाहिये।

3. नाम तथा उपनाम में आँग्ली के ए से जैड तक छोटे अथवा बड़े अक्षर, शून्य से नौ तक के अंक, तथा डॉलर, प्रतिशत, डैश, कोष्ठक आदि चिन्ह उपयोग किये जा सकते हैं, किन्तु आँग्ली के पूर्ण विराम, कौमा, प्रश्नवाचक, तिरछी-रेख, कोलन, सेमीकोलन, बराबर, धन चिन्हों का उपयोग वर्जित है।

4. संचिका नाम में निम्नांकित का उपयोग भी वर्जित है -

AUX, CLOCK$, COM1, COM2, COM3, COM4, CON,

LPT1, LPT2, LPT2, LPT3, LST, NUL, PRN

5. एक निदेशिका अथवा उपनिदेशिका में दो संचिकाओं के नाम एक जैसे नहीं हो सकते किन्तु भिन्न निदेशिकाओं अथवा उपनिदेशिकाओं में दो संचिकाओं के नाम एक समान हो सकते हैं।

7. जब अनेक संचिकाओं के नामों में कुछ एक जैसा हो तो इस प्रकार की सभी संचिकाओं को सामूहिक रूप से पुकारा जा सकता है। इसके लिये डॉस में विशेष प्रावधान है जिसे वाइल्ड कैरेक्टर अथवा किमपि अक्षर कहा जाता है। इस उपयोग में दो अक्षरों का उपयोग किया जाता है -

अक्षर	नाम	प्रयोजन
*	एस्टैरिस्क अथवा सितारा	कोई भी, कितने भी अक्षर
?	क्वश्चन मार्क अथवा प्रश्नचिन्ह	कोई भी एक अक्षर

उदाहरण के लिये मान लीजिये कि तीन संचिकाओं के नाम ये हैं -

ELECTION.WS4

QUESTION.PM6

PERSON.PM4

इनमें कुछ अक्षर प्रथम दो में एक समान हैं किन्तु तृतीय से भिन्न हैं, अन्तिम दो में भी उपनामों में कुछ साम्य है किन्तु प्रथम में भिन्न हैं, प्रथम तथा तृतीय के उपनामों में भी कुछ वर्णों का साम्य है जो द्वितीय में भिन्न हैं। साथ ही तीनों संचिका नामों में भी कुछ अक्षर एक समान हैं। इन समानताओं तथा भिन्नताओं के आधार पर हम इनमे से संचिकाओं को चुन सकते हैं।

मान लीजिये कि हमें केवल प्रथम संचिका को चुनना है तो इसे हम इसके पूरे नाम से चुन सकते हैं। इसके अतिरिक्त इसे चुनने के लिये हम किमपि अक्षरों के उपयोग से और भी अधिक सरलता से चुन सकते हैं। यदि हम संचिका नाम केवल *.WS4 कहें तो

इसका अर्थ भी प्रथम संचिका ही होगा क्योंकि .WS4 उपनाम केवल प्रथम संचिका का है। इस संचिका को हम EL*.* आदि अन्य नामों से भी चुन सकते हैं। इसी प्रकार यदि हम केवल द्वितीय संचिका को चुनना चाहें तो हम इसे *.PM6, Q*.* आदि अनेक नामों से चुन सकते हैं। इसी प्रकार तृतीय संचिका को *.PM4, *.* आदि अनेक नामों से चुन सकते हैं। इन चुनावों का सिद्धान्त यह है कि संचिका नाम में जो कुछ ऐसा हो जो अन्यों में न हो तो इसे नाम में रखते हुए शेष के लिये किमपि अक्षरों का उपयोग किया जा सकता है।

अब यदि हम उपरोक्त संचिकाओं में से केवल प्रथम दो को चुनना चाहें तो हमें इनके नामों में ऐसे तत्त्व खोजने होंगे जो तृतीय संचिका नाम में न हों। इन दोनों नामों में TION अक्षर समूह है जो तीसरे नाम में नहीं है। अत: हम प्रथम दो के लिये एक नाम *TION.* का उपयोग कर सकते हैं। इसी प्रकार अन्तिम दो के लिये *.PM? तथा प्रथम तथा तृतीय के लिये *.??4 नामों का उपयोग कर सकते हैं। यदि हम तीनों संचिकाओं के चुनाव के लिये एक नाम देना चाहें तो हम * * अथवा *N.* का उपयोग कर सकते हैं।

संचिका पथ

संचिकाएँ सुरक्षा के लिये चकतियों पर अंकित होती हैं। प्रत्येक संचिका को चकती पर खोजने के मार्ग को **पथ** अथवा **पाथ** कहते हैं। संचिका पथ चकती वृक्ष पर चकती के नाम से प्रारंभ होकर निदेशिका, उपनिदेशिका, आदि से होता हुआ अन्त में संचिका नाम पर समाप्त होता है। जैसे पिछले पृष्ठ पर दिये गये वृक्ष में संचिका 2, संचिका 7, तथा संचिका 10 के पथ क्रमश: इस प्रकार हैं –

चकती नाम \ संचिका 2

चकती नाम \ निदेशिका 1 \ उपनिदेशिका 1 \ संचिका 7

चकती नाम \ निदेशिका 2 \ उपनिदेशिका 1 \ संचिका 10

उपरोक्त पथों के लेखन में रिक्त स्थान पठन में सुविधा के लिये छोड़े गये हैं, इनका होना आवश्यक नहीं हैं। संचिका के पूरे पथ को संचिका का पता भी कहा जाता है क्योंकि इससे संचिका को पाया जा सकता है।

डेटा पद्यतियाँ

प्रविष्टि एवं सुरक्षण

कम्प्यूटर को डेटा आदि प्रदान करने की परिष्कृति को **डेटा प्रविष्टि** अथवा **एण्ट्री** कहा जाता है। डेटा प्रविष्टि मे डेटा कम्प्यूटर की मुख्य स्मृति – **रैम**– पर अंकित होता है जैसा कि डेटा प्रविष्टि एवं **सुरक्षण** चित्र में महीन रेखा द्वारा दिखाया गया है। यहाँ यह स्थाई रूप से सुरक्षित नहीं होता। डेटा एण्ट्री परिष्कृति की एक अति महत्वपूर्ण क्रिया **सेव अथवा**

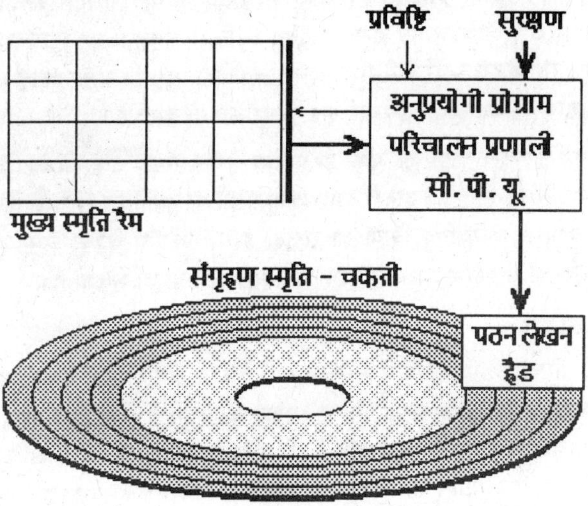

डेटा प्रविष्टि एवं सुरक्षण

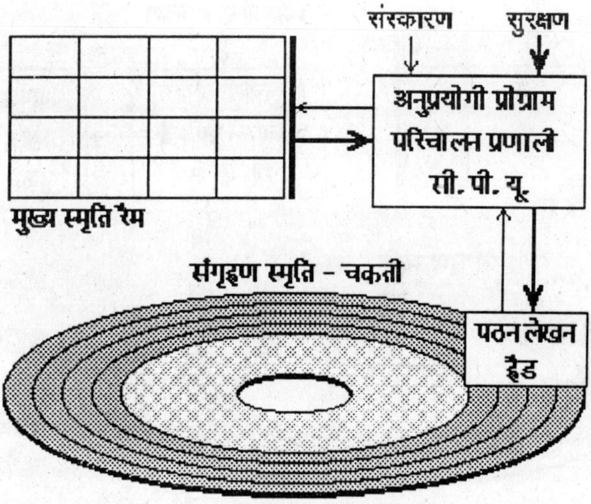

डेटा संस्कारण एवं सुरक्षण

सुरक्षण होती है । प्रत्येक उपादयन तथा उपयोक्ता प्रोग्राम में यह अधिदेश अवश्य होता है। सेव अथवा सुरक्षण अधिदेश इस डेटा को मुख्य स्मृति से कम्प्यूटर की **द्वितीयक संगृहण स्मृति** अथवा **सैकण्डरी स्टोरेज मैमोरी**, अर्थात चकतियों पर अंकित कर देता है। चकतियों पर अंकित होने के बाद सूचनाएँ स्थाई रूप से सुरक्षित हो जाती हैं।

जैसा कि पहले कहा जा चुका है प्रत्येक सूचना समूह एक संचिका के रूप में चकतियों पर अंकित होता है। अत: आवश्यकता पड़ने पर नामांकित संचिका को खोलकर पढ़ा जा सकता है, परिवर्तित किया जा सकता है, परिष्कारित करके अन्य संचिका में संगृहित किया जा सकता है, अथवा मुद्रक द्वारा मुद्रित किया जा सकता है।

डेटा परिष्कारण

डेटा परिष्कारण परिष्कृति में समुचित अधिदेश पर सबसे पहले चकती से डेटा की प्रतिलिपि कम्प्यूटर की मुख्य स्मृति रैम पर अंकित की जाती है। यहाँ डेटा को परिष्कारित अथवा इसमें वांछित परिवर्तन किये जाते हैं। ये परिवर्तन आदि चकती पर अंकित डेटा में नहीं होते। इसके लिये प्रोग्राम को सुरक्षण अधिदेश देना आवश्यक होता है। इस अधिदेश पर स्मृति पर अंकित परिष्कारित डेटा चकती पर अंकित कर दिया जाता है। इस परिष्कृति को डेटा परिष्कारण एवं सुरक्षण चित्र में दिखाया गया है। अत: प्रत्येक डेटा परिष्कारण के अन्त में सुरक्षण अधिदेश का उपयोग आवश्यक होता है अन्यथा परिष्कारण स्थायी रूप से प्रभावी नहीं होता।

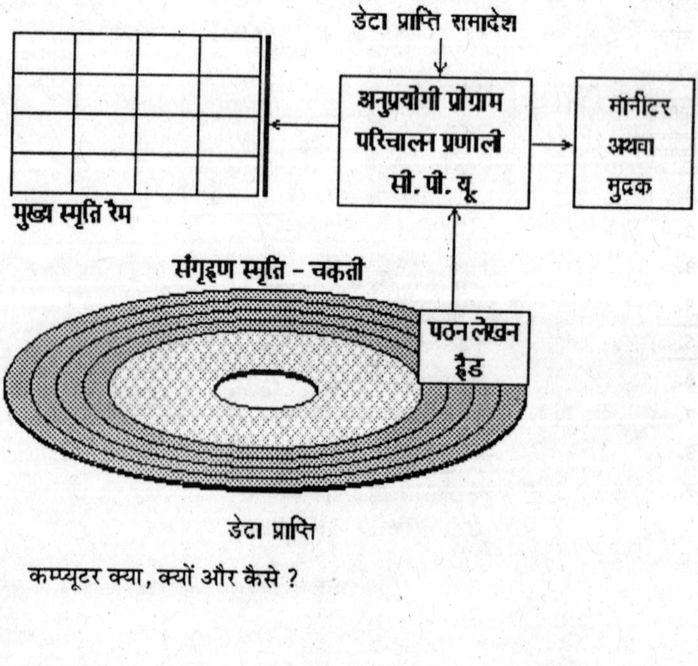

डेटा प्राप्ति

डेटा प्राप्ति

चकती पर अंकित डेटा की प्राप्ति के लिये प्रोग्राम को समुचित अधिदेश दिया जाता है। अधिकतर प्रोग्राम इसके लिये **ओपेन फाइल** अधिदेश का उपयोग करते हैं। इस अधिदेश पर प्रोग्राम चकती से डेटा प्राप्त कर रैम पर अंकित कर देता है जहाँ से यह मानीटर पर दर्शाया जाता है तथा **मुद्रण अधिदेश** पर मुद्रक को भेजा जाता है। इस परिष्कृति को अंतिम चित्र में दिखाया गया है। इस प्रकार से पाठन अधिदेश पर डेटा परिचारक को उपलब्ध हो जाता है।

धृति संरचना

सभी प्रकार की सूचनाओं को अनवरत पाठ्य के रूप में प्रस्तुत किया जा सकता है किन्तु इससे उनमें से विशिष्ट प्रयोजन की सूचनायें खोजने के लिये पूरे पाठ्य को अवक्षिन्न करना आवश्यक होगा। वर्णनात्मक सूचनाओं को अंकित करने का तो यही एक माध्यम है जिसे शीर्षकों, उपशीर्षकों एवं परिच्छेदों के माध्यम से विभाजित कर दिया जाता है। इससे वांछित सूचना पाने के लिये पूरे वर्णन को अवक्षिन्न करने की आवश्यकता नहीं होती।

जब सूचनाओं की संख्या विशाल हो तथा प्रत्येक सूचना एक या कुछ शब्दों की ही हो, तब भी उपरोक्त परिष्कृति को ही विकसित रूप में उपादयित किया जाता है। इस विकसित स्वरूप को ही **डेटा स्ट्रक्चर** अथवा **धृति संरचना** कहा जाता है। कम्प्यूटरीकरण के उद्देश्य से धृति संरचना का अभीष्टीकरण कर दिया गया है।

सूचना की प्रत्येक इकाई को एक **धृति** अर्थात **डेटम** कहा जाता है। प्राय: प्रत्येक सार्थक सूचना अनेक धृतियों का समूह होती है। जैसे यदि हम कहें मोहन तो यह एक व्यक्ति

संचिका कक्षा - दस **संचिका नाम**

क्रमांक	छात्र का नाम	विशिष्टता	अभिरूचि	प्रिय विषय	
					क्षेत्र शीर्षक
1.	महेश	दहाड़ता स्वर	गायन	हिन्दी	
2.	मोहन	सबसे छोटा	कुश्ती	गणित	
3.	मेधा	सर्व सुन्दरी	चित्रकला	विज्ञान	
4.	नेहा	अति दुर्बल	अध्ययन	नागरिक शास्त्र	
5.	सरोज	नटखट	भोजन	गृह विज्ञान	**एक आसार**
6.	मुकेश	विशालकाय	नाटक	अंग्रेजी	
7.	अनिल	सौम्य	कविता	रसायनिकी	
8.	पवन	सौष्ठव	संगीत	इतिहास	
9.	ईश्वर	क्रोधी	दौड़	चित्रकला	

एक क्षेत्र

का नाम है किन्तु सार्थक सूचना नहीं है, यह व्यक्ति की पहचान कराने में असमर्थ है क्योंकि यह उसकी पहचान का मार्ग नहीं दर्शाती । इस सूचना को एक धृति अर्थात् डेटम कहा जा सकता है।

मोहन नामक व्यक्ति की पहचान हेतु उसकी आयु - 16 वर्ष, वेशभूपा-श्वेत, स्थान-वृक्ष के समीप, आदि सूचनाएँ प्रदान करके करा सकते हैं। इनके आधार पर व्यक्ति को व्यक्ति समूह में से पहचाना जा सकता है क्योंकि प्रायः सभी व्यक्तियों की सभी सूचनाएँ एक समान नहीं होतीं। इस प्रकार के धृति समूह

मोहन, 16 वर्ष, श्वेत वस्त्र, वृक्ष समीप

को एक **रिकॉर्ड** अथवा **प्रतिसार** कहा जाता है तथा प्रतिसारों के समूह को **सूची** अथवा **लिस्ट,** अथवा **तालिका** अथवा **टेबिल** कहा जाता है। यह प्रतिसार तब तक सार्थक नहीं होता जब तक कि इसके क्षेत्रों के नाम ज्ञात न हों। इसलिये सूची को क्षैतिज पंक्तियों तथा ऊर्ध्व स्तंभों में व्यवस्थित करके रखा जाता है तथा प्रत्येक स्तम्भ के शीर्ष पर क्षेत्र का नाम अंकित कर दिया जाता है। इससे प्रत्येक **प्रतिसार** के धृतियों का परिचय प्राप्त हो जाता है। प्रत्येक पंक्ति में एक **प्रतिसार** होता है तथा प्रत्येक स्तंभ में प्रतिसारों के समकक्षी धृति रखे जाते हैं, जैसे कि अनेक व्यक्तियों की सूचनाएँ इस प्रकार सूचीकृत की जा सकती हैं -,

सूची के प्रत्येक स्तंभ को एक **क्षेत्र** अथवा **फील्ड** कहा जाता है जिसे - एक विशिष्ट नाम दिया जाता है जो स्तंभ में अंकित सूचनाओं का परिचायक होता है। इस क्षेत्र नाम को सूची की प्रथम पंक्ति में संबंधित स्तंभ के शीर्ष पर अंकित किया जाता है।

यदि सूचना संगृह अति विशाल है तो इसे एक ही सूची में अंकित करना असुविधाजनक हो सकता है। इसके लिये अभिलक्षित वस्तुओं को वर्गीकृत करके प्रत्येक वर्ग की पृथक सूची निर्मित की जाती है तथा प्रत्येक सूची को एक संचिका नाम से सुरक्षित किया जाता है। जैसे व्यक्तियों को छात्र, श्रमिक, अध्यापक, व्यापारी आदि वर्गों में विभाजित किया जा सकता है। इससे दूसरा बड़ा लाभ यह है कि प्रत्येक वर्ग के सदस्यों की पहचान के लिये पृथक क्षेत्र निर्धारित किये जा सकते हैं जो वर्ग की विशिष्टताओं पर आधारित हों। इससे पहचान में सुविधा तथा क्षेत्रों की संख्या में कमी हो सकती है। विश्व की प्रत्येक सूचना का अर्थ संदिग्धता को समाप्त कर निश्चयता प्रदान करना होता है अतः कम्प्यटरी डेटा में भी केवल उन्ही क्षेत्रों को चुना जाता है जो अभिलक्ष्य को सुनिश्चित रूप से इंगित कर सकें।

उपरोक्त विवरण को संक्षेप में इस प्रकार कहा जा सकता है - संपूर्ण सूचनाओं को अभिलक्ष्यों के आधार पर वर्गीकरण करके प्रत्येक वर्ग की एक संचिका बनाई जाती है। प्रत्येक संचिका अनेक पंक्तियों तथा स्तंभों की तालिका होती है। प्रत्येक स्तंभ का एक शीर्षक होता है जिसे डेटा का एक क्षेत्र कहते हैं। तालिका की प्रत्येक पंक्ति में एक विशेष अस्ति की वांछित सूचनाएँ होती हैं जिन्हें संयुक्त रूप से एक रिकॉर्ड अथवा **प्रतिसार** कहा

जाता है। प्रत्येक **प्रतिसार** को क्षेत्रों में विभाजित होता है। प्रत्येक क्षेत्र में अस्तियों की समकक्षी सूचनाएँ होती हैं। इसके अनुसार डेटा की एक सूची उदाहरण स्वरूप आगे दी गई है।

इस प्रकार की डेटा संचिकाओं के निर्माण तथा उनकी सूचनाओं के परिष्कारण के लिये उपादयन प्रोग्राम उपलब्ध हैं जिनमें डीबेस, फोक्सप्रो तथा एक्सैस प्रमुख हैं। डीबेस तथा फॉक्सप्रो डॉस तथा विन्डोज आधारित दोनों प्रकार के परिष्करणों में उपलब्ध हैं जबकि एक्सैस केवल विण्डोज पर आधारित है। आगे हम डॉस आधारित फॉक्सप्रो के माध्यम से डेटा संरचना, संगृहण तथा परिष्कारण की चर्चा करेगें।

उपादयन प्रोग्राम

कम्प्यूटर अपने समस्त कार्य प्रोग्रामों के माध्यम से तथा उन्हीं के कारण कर पाता है। इसके सी.पी.यू. के परिचारक, कुंजीपटल तथा मॉनीटर से सभी संपर्क प्रोग्रामों के माध्यम से ही होते हैं जैसा कि नीचे के चित्र में दिखाया गया है। कम्प्यूटर परिचारण प्रणाली के बारे में हम पहले ही पढ़ चुके हैं। यहाँ कम्प्यूटर उपयोग में सबसे अधिक उपयोग किये जाने वाले उपादयन प्रोग्रामों के बारे में पढ़ेंगे।

व्यावसायिक रूप से उपलब्ध उन प्रचलित प्रोग्रामों को अविद्यन प्रोग्राम कहते हैं जिनके माध्यम से कम्प्यूटर उपयोक्ता कम्प्यूटर का अपने हित में उपयोग कर सकता हो। इस प्रकार का प्रत्येक प्रोग्राम किसी एक प्रमुख उद्देश्य, जैसे पाठ्य परिष्कारण, लेखांकन, आदि, के लिये निर्मित होता है। ये प्रोग्राम उपयोक्ता को सुविधाएँ प्रदान करते हुए उसका कम्प्यूटर हार्डवेयर तथा इसकी परिचारण प्रणाली से संपर्क कराता है। प्रत्येक उपादयन प्रोग्राम की दो प्रमुख विशिष्टियाँ होती हैं :-

क. **आधारिक परिचारण प्रणाली :** प्रत्येक उपादयन प्रोग्राम किसी एक या अधिक परिचारण प्रणालियों पर आधारित होता है। अतः किसी कम्प्यूटर पर किसी उपादयन प्रोग्राम के उपयोग के लिये यह आवश्यक है कि कम्प्यूटर उसकी आधारिक परिचारण प्रणाली से ही संयमित किया जा रहा हो। वैयक्तिक कम्प्यूटरों के लिये एम एस डॉस तथा विण्डोज़ सर्वाधिक प्रचलित प्रोग्राम हैं। एम एस डॉस परिचारण प्रणाली है तथा विण्डोज़ के प्रारंभिक परिष्करण माध्यमिक प्रोग्राम कहे जाते हैं क्योंकि ये डॉस तथा उपादयन प्रोग्रामों में मध्यस्थ का काम करते हैं। विण्डोज़ के आधुनिक परिष्करण - विण्डोज़-95, विण्डोज़-98 तथा विण्डोज़-एन.टी. - स्वयं ही परिचारण प्रणालियाँ हैं। विण्डोज प्रोग्राम डॉस की तुलना में बहुत अधिक सुविधासंपन्न है इसलिये इस पर आधारित प्रोग्राम अधिक लोकप्रिय हैं।

प्रत्येक उपादयी प्रोग्राम किसी विशिष्ट उद्देश्य के लिये निर्मित होता है। जैसे लेखन के लिये वर्डस्टार, पेजमेकर, आदि, लेखांकन के लिये टैली, एक्स आदि, डेटा परिष्कारण के लिये डीबेस, एक्सैस आदि। कुछ उपादयन प्रोग्राम अपने मुख्य उद्देश्य के अतिरिक्त कुछ

अन्य कार्यों को भी कर सकते हैं, किन्तु इन अन्य कार्यों में इनकी दक्षता प्राय: अच्छी नहीं रहती।

उपादयन प्रोग्राम कम्प्यूटर की परिचारण प्रणाली तथा परिचारक में मध्यस्थ का कार्य करते हैं। दूसरे शब्दों में, ये प्रोग्राम परिचारक के सामने कम्प्यूटर सुविधाओं को सुगम रूप में प्रस्तुत करते हैं ताकि वह उनका उपयोग सरलता से कर सके। कम्प्यूटर उपयोक्ता को अपने उद्देश्य तथा परिचारण प्रणाली के अनुसार ही उपादयन प्रोग्राम का चुनाव करना चाहिये। नीचे की तालिका में कुछ प्रमुख उपादयन प्रोग्राम, उनकी आधारिक परिचारण प्रणालियाँ तथा उनके मुख्य उपयोग दर्शाये गये हैं।

उपादयन प्रोग्राम	आधारिक परिचारण प्रणाली	प्रमुख कार्य क्षेत्र
अक्षर	एम एस डॉस	हिन्दी, आँग्ली पाठ्य परिष्कारण
एक्स	विण्डोज़	आँग्ली लेखांकन
एक्सैल	विण्डोज़	हिन्दी, आँग्ली सारणी
एक्सैस	विण्डोज़	हिन्दी, आँग्ली डेटा परिष्कारण
कोरलड्रॉ	विण्डोज़	हिन्दी, आँग्ली चित्रांकन
टैली	एम एस डॉस, विण्डोज़	आँग्ली लेखांकन
डीबेस	एम एस डॉस, विण्डोज़	आँग्ली डेटा परिष्कारण
देवबेस	एम एस डॉस	हिन्दी, आँग्ली डेटा परिष्कारण
प्रोफैशनल राइट	एम एस डॉस	आँग्ली पाठ्य परिष्कारण
पेज़मेकर	विण्डोज़	हिन्दी, आँग्ली पाठ्य परिष्कारण
लोटस	एम एस डॉस, विण्डोज़	आँग्ली सारणी
वर्ड	विण्डोज़	आँग्ली पाठ्य परिष्कारण
वर्डपरफैक्ट	एम एस डॉस, विण्डोज़	आँग्ली पाठ्य परिष्कारण
वर्डस्टार	एम एस डॉस	आँग्ली पाठ्य परिष्कारण
विण्डोज़ पेण्टब्रुश	विण्डोज़	हिन्दी, आँग्ली चित्रांकन
हार्वर्ड ग्राफिक्स	एम एस डॉस, विण्डोज़	आँग्ली चित्रांकन

परिचारणीय मार्गदर्शन

प्रोग्राम

उपादयन प्रोग्राम में कार्य करने के लिये कम्प्यूटर को बूट करके उस प्रोग्राम को चालू करें जिसमें कार्य करना हो। डेटा परिष्करण, लेखांकन एवं पाठ्य लेखन के लिये यह कार्य

उपादयन प्रोग्राम अथवा उपयोक्ता प्रोग्राम हो सकता है। प्रोग्रामिंग के लिये यह कोई भाषा प्रोग्राम होगा। प्रोग्राम चालू करने के लिये प्रोग्राम की निदेशिका से सम्पर्क आवश्यक हो सकता है।

संचिका

इसके बाद यह निर्धारित करें कि कार्य किसी नई संचिका में सुरक्षित करना है अथवा किसी पुरानी संचिका में कार्य को जारी रखना है। नई संचिका में एक नये नाम से सुरक्षित कर देना चाहिये । संचिका नाम कार्य की प्रकृति से मिलता जुलता हो ताकि याद रखने में सुविधा हो। अनेक उपादयन प्रोग्राम संचिका उपनाम का निर्धारण स्वयं करते हैं। इससे संचिका की पहचान करना सरल हो जाता है और उसके उपयोग के लिये आवश्यक प्रोग्राम का पता चल जाता है। जो प्रोग्राम अपना उपनाम प्रदान नहीं करते, उनकी संचिकाओं को परिचारक द्वारा एक जैसा ही कोई उपनाम निर्धारित करना चाहिये।

कार्य को छोटी-छोटी संचिकाओं में बाँट कर रखना लाभकर रहता है जिससे कि संचिका में कोई दोष आने पर अधिक कार्य की हानि न हो। कार्य करते समय प्रत्येक 15-20 मिनट पर कार्य को सुरक्षित कर देना चाहिये।

कुंजीउपयोग

कम्प्यूटर उपयोग में कुंजियों के उपयोग का बहुत महत्त्व है। इस क्रिया को आँग्ली में कीस्ट्रोक अथवा कीप्रैस तथा हिन्दी में कुंजीदोल अथवा कुंजीउपयोग कहते हैं। कुंजीउपयोग का अर्थ कुंजी को मात्र 30 मिलीसैकण्ड लगभग तक दबाकर छोड़ देना है। अधिक समय तक दबाने से कुंजी प्रभाव बार-बार होता रहता है।

समापन

कार्य समाप्ति पर सबसे पहले संचिका बन्द करनी चाहिये, इसके बाद प्रोग्राम बन्द करना चाहिये। इसके बाद ही कम्प्यूटर का मुख्य स्विच बन्द किया जाना चाहिये। संचिका अथवा प्रोग्राम की खुली अवस्था में कम्प्यूटर बन्द करने से संचिका अथवा प्रोग्राम के भृष्ट होने का भय होता है।

आगे के अध्ययन में हम उपादयन प्रोग्रामों के उपयोग की विधि एक सरल उपादयन प्रोग्राम के उदाहरण से स्पष्ट करेंगे। प्रत्येक प्रोग्राम के उपयोग के अपने नियम व विधियाँ होती हैं जो दूसरों से भिन्न ही होती है, इस लिये किसी भी एक प्रोग्राम के उपयोग को जानना अन्य प्रोग्रामों के उपयोग में महत्त्व नहीं रखता। अत: प्रत्येक प्रोग्राम के उपयोग हेतु उसमें दी गई सहायता तथा प्रोग्राम के साथ की अन्य सूचना सामग्री का उपयोग आवश्यक हो जाता है।

6

उपादयन दृष्टान्त
(Application Demonstrations)

शब्द सम्पदा :

उपादयन (Application)	दृष्टान्त (Demonstration)
पाठ्य (Text)	हस्तिका (Handle)
रचना (Creation)	संकलन (Editing)
सम्पादन (Compilation)	संचयन (Collection)
प्रारूप (Proforma)	अभिरूप (Format)
दृश्यध(Screen)	अभ्यादर्श (Exhbit)
अभिदर्श (Display)	संवाद आयत (Dialog box)
दृष्टागम (Browse)	सारिणी (Catalogue)

क – प्रोफैशनल राइट प्रोग्राम : शब्द परिष्कारक

प्रोफैशनल राइट प्रोग्राम एम एस डॉस पर आधारित आँग्ली पाठ्य परिष्कारण का एक सरल प्रोग्राम है। इसके उपयोग से हम लिखने के कार्य कर सकते हैं जिनमें पत्र लेखन, निबन्ध लेखन, आदि सम्मिलित हैं। हम उदाहरण स्वरूप इसी का उपयोग करेंगे। सबसे पहले इसकी सभी संचिकाओं को, जो एक फ्लॉपी चकती पर आ जाती हैं हम सी: चकती पर अंकित करेंगे। मान लीजिये कि हमारी प्रोग्राम फ्लॉपी चकती 5.25 इंच वाली है। इस चकती संचाली का नाम हमारे कम्प्यूटर प्रणाली में मान लीजिये कि ए: है। प्रोग्राम चकती को चकती संचाली ए: में लगाकर इसकी हस्तिका घुमाकर इसे तैयार कर दीजिये।

प्रोग्राम की संचिकाओं को सी: चकती पर सीधे

```
C>\COPY A:\*.*
```

अधिदेश देकर अंकित किया जा सकता है। इससे हमारे प्रोग्राम की संचिकाएँ सीः चकती पर अन्य प्रांग्राम संचिकाओं के साथ ही अंकित हो जायेंगी। इससे दो कठिनाइयाँ होंगी -

1. चकती सीः पर संचिकाओं की सूची बहुत लम्बी हो सकती है।
2. चकती पर इस प्रोग्राम की संचिकाओं की कोई अलग से पहचान नहीं होगी। यदि बाद में हमें चकती पर से यह प्रोग्राम हटाना हो अथवा इसकी संचिकाओं को किसी अन्य चकती पर अंकित करना हो तो बहुत असुविधा होगी।

इस प्रोग्राम की एक प्रथक निदेशिका बनाने से इन कठिनाइयों से बचा जा सकता है। प्रोग्राम निदेशिका का नाम संचिका नाम नियमों के अनुसार कुछ भी रखा जा सकता है, जैसे

RAMDEV, DYNAMITE, COMPUTER, DIRECTOR

किन्तु प्रोग्राम के संदर्भ में इसे याद रखने की सुविधा के लिये प्रोग्राम के नाम का संक्षेप पी डब्ल्यू इसकी निदेशिका के लिये उचित नाम रहेगा।

मान लीजिये कि हमारे कम्प्यूटर की परिचारण प्रणाली एम एस डॉस सीः चकती पर है। इससे कम्प्यूटर बूट होने पर डॉस प्रॉम्प्ट चिन्ह का स्वरूप ऐसा हो सकता है -

C>\

सीः चकती पर नई निदेशिका बनाने के लिये हमें अधिदेश देना होगा -

C>\MD PW

जिसके उत्तर में कम्प्यूटर नई निदेशिका बनाकर पुनः डॉस प्रॉम्प्ट चिन्ह दर्शायेगा। प्रोग्राम निदेशिका से संपर्क के लिये हमें अधिदेश देना होगा -

C>\CD PW

जिसके उत्तर में कम्प्यूटर नई निदेशिका के संपर्क में पुनः डॉस प्रॉम्प्ट चिन्ह दर्शायेगा जिसका स्वरूप ऐसा होगा

C\PW>

इस निदेशिका में एः चकती पर अंकित सभी प्रोग्राम संचिकाओं की प्रतिलिपि अंकित करने के लिये हमें अधिदेश देना होगा -

C\PW>\COPY A:*.*

इसके बाद कम्प्यूटर अपना काम प्रारंभ कर देगा जिसकी प्रगति की सूचना हमें मॉनीटर पर प्राप्त होगी रहेगी तथा अन्त में पुनः डॉस प्रॉम्प्ट चिन्ह दर्शायेगा। अब हमारा कम्प्यूटर प्रोफैशनल राइट प्रोग्राम के उपयोग के लिये पूरी तरह तैयार है। अभ्यास के लिये एक साथ तीन कुंजियाँ कण्ट्रोल-एल्ट-डिलीट

दबाकर छोड़ दीजिये। कम्प्यूटर एक बार बन्द होकर पुनः बूट होगा तथा अन्त में डॉस प्रॉम्प्ट चिन्ह दर्शायेगा। प्रोफैशनल राइट प्रोग्राम के उपयोग के लिये पहले हमें इसकी निदेशिका से संपर्क करना होगा जिसके लिये हमारा अधिदेश होगा –

C>\CD PW

जिसके उत्तर में कम्प्यूटर नई निदेशिका के संपर्क में पुनः डॉस प्रॉम्प्ट चिन्ह दर्शायेगा जिसका स्वरूप ऐसा होगा –

C\PW>

इस निदेशिका में एः चकती पर अंकित सभी प्रोग्राम संचिकाओं की प्रतिलिपि अंकित हैं जिन्हें हम अधिदेश –

C\PW>\DIR

द्वारा मॉनीटर पर देख सकते हैं। इस सूची में से हमें अपने प्रोग्राम की अधिदेशिक संचिका का नाम जानने की आवश्यकता है। हम जानते हैं कि सभी अधिदेशिक संचिकाओं के उपनाम –

.BAT, .EXE, .COM

ही होते हैं। सूची में केवल एक संचिका अधिदेशिक संचिका है जिसका नाम

PW.EXE

है। अतः इस प्रोग्राम को प्रारंभ करने के लिये हमारा अधिदेश

C\PW>\PW

```
PROFESSIONAL WRITE

▶1. Create/Edit
 2. Setup
 E. Exit
```

होगा। यह अधिदेश तभी प्रभावी होगा जब हम इस प्रोग्राम निदेशिका के संपर्क में होंगे। इस अधिदेश को अंकित कर प्रवेश से हमें प्रोग्राम का प्रथम परदा दिखाई देगा जिसका स्वरूप ऊपर के चित्र जैसा होगा। इसमें तीन ऐक्ष्य हैं जिनमें से एक का चुनाव बाँई ओर बने तीरशीर्ष चिन्ह द्वारा किया जाता है। इस चिन्ह को करसर कुंजियों से ऊपर या नीचे ले जाया जाता है। चुनाव का दूसरी विधि ऐक्ष्य के पहले दर्शाये गये अंक अथवा अक्षर – 1, 2, अथवा ई – को अंकित करके किया जा सकता है।

प्रथम ऐक्ष्य नये कार्य को प्रारंभ करने के लिये तथा पुरानी संचिका में कार्य करने के लिये है। दूसरा ऐक्ष्य प्रोग्राम को कम्प्यूटर प्रणाली की व्यवस्थाओं के बारे में सूचनाएँ जैसे मुद्रक का प्रकार, आदि प्रदान करने के लिये है। सामान्यतः ये सूचनाएँ प्रोग्राम को परिचारण

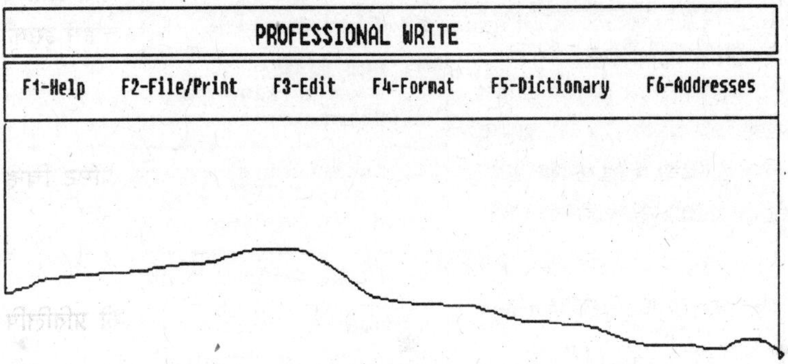

प्रणाली से प्राप्त हो जाती हैं। तीसरा ऐक्ष्य प्रोग्राम को बन्द करने के लिये है।

प्रथम ऐक्ष्य को चुनकर प्रवेश करने से प्रोग्राम का मुख्य कार्य दृश्यध उपस्थित होता है जिसका स्वरूप आगे दिये गये प्रकार का होता है। इस अभिदर्श की दूसरी पंक्ति, जिसमें 6 ऐक्ष्य दिये गये हैं, को मेन्यूबार अथवा विकल्प पट्टिका कहते हैं। मेन्यूबार के नीचे कार्य करने के लिये पृष्ठ है जिसपर नई संचिका का कार्य किया जाता है। किसी अन्य कार्य के लिये परिचारक अपनी आवश्यकतानुसार मेन्यूबार के किसी एक ऐक्ष्य को चुन कर सक्रिय कर सकता है। सक्रिय करने की कुंजी का नाम ऐक्ष्य के साथ अंकित है। इन ऐक्ष्यों के कार्य इस प्रकार हैं -

ऐक्ष्य	सक्रियण कुंजी	कार्य
हैल्प - सहायता	एफ-1	प्रोग्राम के उपयोग सम्बद्ध सहायता प्रदान करना।
फाइल, प्रिण्ट, मुद्रण	एफ-2	किसी संचिका में कार्य करने, सुरक्षित एवं मुद्रण हेतु खोलना।
एडिट - संपादन	एफ-3	लिखे गये पाठ्य को संपादित करने हेतु
फॉर्मेट - स्वरूप	एफ-4	लिखे गये पाठ्य के स्वरूप में परिवर्तन करने हेतु
डिक्शनरी-शब्दकोश	एफ-5	लिखे गये पाठ्य के शब्दों की वर्तनी की पुष्टि करने हेतु
एड्रैसिज-पते	एफ-6	संबंधित व्यक्तियों के पतों के संगृहण हेतु

इनमें से किसी के भी सक्रिय करने वाली कुंजी दबाने से ऐक्ष्य के नीचे उसके उपऐक्ष्यों की सूची दिखाई देती है। इस प्रकार की सूची को ड्रॉपडाउन मेन्यू अर्थात अधोस्थ विकल्प सूची कहा जाता है। कुछ प्रोग्रामों में यह सूची मुख्य ऐक्ष्य के ऊपर खुलती है। ऐसी ऐक्ष्य सूची को पॉपअप मेन्यू अर्थात उपरिस्थ विकल्प सूची कहा जाता है। प्रोग्राम प्रोफैशनल राइट की तीन अधोस्थ विकल्प सूचियाँ दर्शाई गई हैं। इनमें से प्रत्येक ऐक्ष्य को सक्रिय करने के दो या तीन विधियाँ हैं।

प्रत्येक सूची के प्रथम ऐक्ष्य पर एक तीरशीर्ष चिन्ह उपलब्ध है। यह कर्सर कुंजियों द्वारा ऊपर नाचे किया जा सकता है। इसे वांछित ऐक्ष्य पर लाकर प्रवेश कुंजी उपयोग से वह ऐक्ष्य सक्रिय हो जाता है।

दूसरी विधि में ऐक्ष्य से पूर्व दिये गये अंक की कुंजी के उपयोग से ऐक्ष्य को सक्रिय किया जाता है। इनके अतिरिक्त कुछ ऐक्ष्यों के सामने कुंजियों के नाम दिये गये हैं। इन ऐक्ष्यों को दी गई कुंजियों के एक साथ उपयोग से भी सक्रिय किया जा सकता है। ये कुंजी उपयोग दोनों दिशाओं में कार्य करते हैं अर्थात इनके एक उपयोग से क्रिया सक्रिय होती है तथा पुनः उपयोग से क्रिया अक्रिय हो जाती है। इस प्रकार की क्रिया को टॉगल क्रिया कहते हैं।

```
F2-File/Print

▶1. Get File                 Ctrl-G
 2. Save Working Copy        Ctrl-S
 3. Delete File

 4. Insert File

 5. Print Working Copy

 6. Erase Working Copy

 7. Use Macros               Alt-0
```

```
F3-Edit

▶1. Insert blank line Ctrl-I
 2. Delete word       Ctrl-W
 3. Delete line       Ctrl-L

 4. Mark text         Ctrl-T
 5. Paste             Ctrl-P

 6. Boldface word     Ctrl-B
 7. Underline word    Ctrl-U

 8. Draw line         Ctrl-Y

 9. Find & replace    Ctrl-F
```

इस प्रोग्राम उपयोग से किये जा सकने वाले मुख्य कार्य एवं उनकी विधियाँ इस प्रकार हैं –

नयी संचिका में कार्य विधि

1. नयी संचिका में कार्य करने के लिये प्रथम प्रत्यक्षण से क्रिएट-एडिट चुनकर प्रवेश काजिये।
2. मुख्य मेन्यूबार के नीचे जो रिक्त स्थान प्रस्तुत होता है, वही नई संचिका में कार्य करने का स्थान है। इस पर जो भी अंकित करना हो कीजिये।
3. पाठ्य के अंकित किये जाने के साथ साथ ही इसका

```
F4-Format

▶1. Set margin & Page length
 2. Set
 3. Set tabs

 4. Turn indent on/off          Ctrl-N
 5. Turn double-space on/off Ctrl-D

 6. Center line                 Ctrl-X
 7. Left justify line
 8. Right justify line
```

संपादन किया जा सकता है जिसके लिये एफ-3 कुंजी उपयोग से मार्गदर्शन पाया जा सकता है।

4. पाठ्य की सामग्री तैयार होने पर इसकी सुरूचिपूर्ण प्रस्तुति के लिये कुंजी एफ-4 उपयोग से प्राप्त मेन्यू से अधिदेश दिये जाते हैं।

5. कार्य के सुरक्षण के लिये तीन प्रकार से अधिदेश दिया जा सकता है-

   क. एफ-2 कुंजी से फाइल मेन्यू खोलकर, कर्सर कुंजी से तीरशीर्ष को एक स्थान नीचे लाइये तथा प्रवेश कुंजी दबाइये।

   ख. एफ-2 कुंजी से फाइल मेन्यू खोलकर, कुंजीपटल से अंक 2 की कुंजी दबाइये। अथवा

   ग. कुंजियाँ कण्ट्रोल तथा एस को एक साथ दबाइये।

उपरोक्त में से कोइ भी विधि अपनाने पर प्रोग्राम का एक अन्य दृश्यध उपस्थित होता है जिसमें नई संचिका को नाम देने का आग्रह होता है। इसमें संचिका नाम प्रदान करके प्रवेश करने पर किया गये कार्य का नई संचिका नाम से सुरक्षण हो जाता है। इस में संचिका का पूरा पथ प्रदान करना चाहिये जिसमें चकती नाम, निदे शिका एवं उपनिदेशिका नाम के साथ संचिका नाम होता है। इस प्रकार के प्रत्यक्षण को, जिसमें प्रोग्राम तथा परिचारक के मध्य सूचना अन्तरण होता है, को प्रोग्राम का संवाद-आयत अथवा डायलॉग बाक्स कहा जाता है।

पुरानी संचिका में कार्यविधि

पुरानी संचिका में कार्य के लिये प्रोग्राम को चालू करके प्रथम दृश्यध से क्रिएट-एडिट चुनकर एफ-2 से संचिका मेन्यू खोलकर ऐक्ष्य-1 : गैट फाइल को चुना जाता है। इससे प्रोग्राम का एक संवाद-आयत प्रस्तुत होता है जिसमें खोली जाने वाली संचिका के नाम देने का आग्रह होता है। इसमें संचिका पथ के साथ संचिका नाम प्रदान करने से वांछित संचिका खुलकर सामने आ जाती है।

यदि सही संचिका नाम ज्ञात न हो तो केवल चकती नाम प्रदान करने से प्रोग्राम चकती पर अंकित निदेशिकाओं एवं संचिकाओं की सूची प्रस्तुत करता है जिसमें से निदेशिका अथवा संचिका नाम चुना जा सकता है। निदेशिका नाम के चुनाव से प्रोग्राम निदेशिका के अन्तर्गत उपनिदेशिकाओं एवं संचिकाओं की सूची प्रदान करता है जिसमे से वांछित मद को चुना जा सकता है। इस प्रकार सही संचिका को चुना व खोला जा सकता है।

संचिका में कार्य करने के बाद इसे उसी संचिका नाम से अथवा किसी नये नाम से सुरक्षित किया जा सकता है।

ख. फॉक्सप्रो : धृति परिष्कारक

फॉक्सप्रो डेटा परिष्कारण का एक समर्थ एवं लोकप्रिय प्रोग्राम है, साथ ही यह एक प्रोग्रामिंग भाषा भी है। इसे सामान्यत: इसी नाम की निदेशिका में संस्थापित किया जाता है तथा इसकी मुख्य कार्यकारी संचिका का नाम भी यही होने के कारण प्रोग्राम का सकर्मण अधिदेश भी यही है।

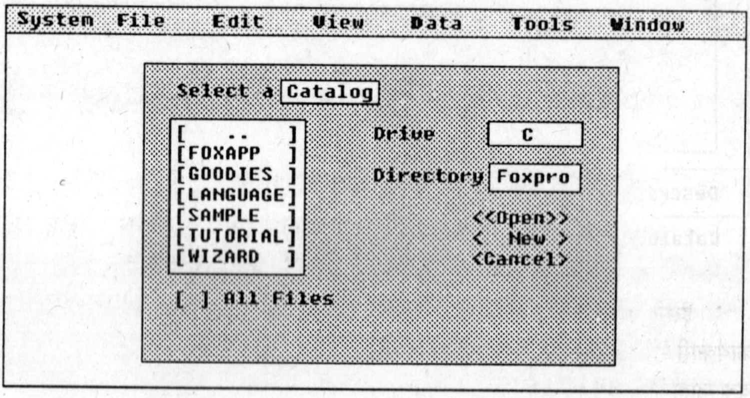

इसमें डेटा संरचना को **टेबिल** अथवा **तालिका** तथा संबन्धित तालिकाओं की समष्टि को **कैटालॉग** अर्थात **सारिणी** कहा जाता है। प्रोग्राम को चालू करने पर कुछ क्षण के प्रोग्राम बैनर के बाद अगले पृष्ठ पर ऊपर दिखाये चित्र के अनुसार दृश्यध उपस्थित होता है। यह दृश्यध परिचारक को दो ऐक्ष्य प्रस्तुत करता है। इसकी प्रथम पंक्ति में मुख्य **मेन्यू बार** है जिसकी सहायता से परिचारक अपना कार्य प्रारंभ कर सकता है, अथवा नीचे दिये गये आयत की सहायता से उस **कैटालॉग** को चुन सकता है जिसमें परिचारक को कार्य करना हो, अथवा नया **कैटालॉग** बना सकता है। हम दूसरे ऐक्ष्य का उपयोग करेंगे।

इसके बाँये भाग में दिये गये आयत में प्रोग्राम चुनी गई संचाली तथा निदेशिका की निदेशिकाओं तथा संचिकाओं की सूची प्रस्तुत करता है। दाँये सबसे ऊपर के आयत में क्लिक करने से संचाली का चुनाव होता है, तथा उसके नीचे के आयत से निदेशिका चुनी जाती है। इससे बाँये आयत में वर्तमान कैटालॉगों की सूची प्रस्तुत होती है जिसमें से वांछित कैटालॉग को चुना जाता है। इसके बाद दाँये नीचे के ऐक्ष्यों में से **ओपन** को चुनकर चुने गये कैटालॉग को सक्रिय किया जाता है। यदि नये कैटालॉग में कार्य प्रारंभ करना हो तो न्यू अधिदेश को चुना जाता है। इसके बाद एक अन्य दृश्यधउपस्थित होता है जिसे **कैटालॉग मैनेजर** नाम दिया गया है। इसका स्वरूप अगले पृष्ठ पर ऊपर दिये गये प्रकार का होता है।

```
System  File   Edit   View   Data   Tools   Window
                  Catalog Manager
<Browse> Active Table/Query : <filename>        <Help>

                         <Auto Screen><Auto Report>

 Table   Query   Screen   Report   Language   Program

                                     < Add   >
                                     < New   >
                                     <Modify>
                                     < Use   >

 Description :
 Catalog : <CatalogName>
```

इसमें सबसे नीचे पिछले चरण में चुने गये कैटालॉग का नाम होता है तथा इससे कार्यकारी संचिका का चुनाव किया जाता है। डेटा संचिका के लिये इसके ऐक्ष्य **टेबिल** को चुना जाता है। इससे कैटालॉग के अन्तर्गत संचिकाओं की सूची आयत में उपस्थित हो जाती है। यदि कार्य इनमें से किसी संचिका में करना हो तो उस संचिका को चुना जाता है। इसके बाद अधिदेशात्मक ऐक्ष्य का चुनाव किया जाता है, इन चार उपलब्ध ऐक्ष्यों के उपयोग इस प्रकार हैं -

ऐड आयत में से चुनी गई संचिका को किसी अन्य निदेशिका में प्रेषित करने हेतु,

न्यू नई संचिका में कार्य करने के लिये,

मॉडिफाई चुनी गई संचिका की संरचना में विशोधन करने हेतु,

यूज़ चुनी गई संचिका में कार्य करने हेतु।

इनमें से ऐक्ष्य **न्यू** को चुनने पर एक संवाद आयत प्रस्तुत होता है जिसका रूवरूप पार्श्व में दिया गया है। इसमें दो ऐक्ष्य हैं -

```
------ Create Table ------
   <Table Wizard>
    <New Table>

     <Cancel>
```

टेबिल विजार्ड : फॉक्सप्रो के **करामाती प्रोग्राम विजार्ड** की सहायता से तालिका संरचित करने के लिये,

न्यू टेबिल : अपने प्रयास से तालिका संरचना के लिये

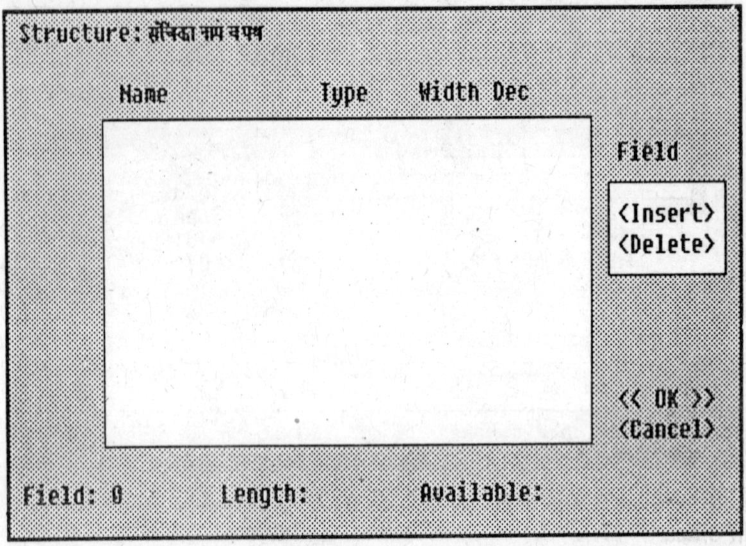

इसके द्वितीय ऐक्ष को चुनने पर संचिका पथ - चकती, निदेशिका नाम, तथा संचिकानाम - नियतन हेतु दृश्यध उपस्थित होता है। इसका स्वरूप इस अध्ययन के प्रथम स्वरूप जैसा ही होता है, बस सबसे नीचें संचिकानाम अंकित करने के लिये एक अतिरिक्त पंक्ति होती है जिसमें परिचारक को संचिका पथ सहित नाम प्रदान करना होता है। संचिका का उपनाम .**डीबीएफ** फॉक्सप्रो द्वारा पूर्वनियत होता है। उपरोक्त ऐक्ष्यों में से **न्यू टेबिल** चुनने पर तालिका संरचना का प्रमुख दृश्यध प्रस्तुत होता है जो निम्नांकित प्रकार का होता है

इस के मध्य में बने आयत में प्रस्तावित डेटा तालिका के क्षेत्रों के नाम तथा अन्य विवरण देने होते हैं। इसके लिये नियम इस प्रकार हैं -

1. क्षेत्र नाम में अधिकतम 10 अक्षर हो सकते हैं, नाम के मध्य में कोई रिक्तस्थल नहीं होना चाहिये।
2. क्षेत्र तीन प्रकार के होते हैं - **अक्षर, सांख्यिक, तथा दिनांक।**
3. अक्षर प्रकार के क्षेत्र वे होते हैं जिन्हें किसी **गणितीय अनुकलन** के उपयोग में नही लेना होता। ये पूरी तरह वर्णात्मक, पूरी तर ह संख्यात्मक अथवा मिश्रित हो सकते हैं। प्रोग्राम इन्हें सरलतम क्षेत्र मानता है। इनमें अधिकतम अक्षर हो सकते हैं।
4. प्रोग्राम के लिये केवल वे क्षेत्र संख्यात्मक हाते हैं जिन्हें किसी अनुकलन में उपयोग

Name	Type	Width	Dec
STUNAME	Character	25	
STUCLASS	Numeric	2	0
STUDBIRTH	Date	8	
STUHEIGHT	Numeric	3	1

किया जाना हो। ऐसे क्षेत्रों में दशमलव संख्या भी प्रदान करनी होती है। सांख्यिक क्षेत्र में 1 से 20 अंक तक हो सकते है।

5. दिनांक क्षेत्र का पूर्व नियत स्वरूप होता है जिसमें 8 अक्षर होते हैं। दिनांक का उपयोग **गणितीय अनुकलन** में किया जा सकता है।

ऊपर के चित्र में चार क्षेत्रों के विवरण भरकर दिखाये गये हैं। किसी क्षेत्र की प्रविष्टि के पूर्व में यदि कोई क्षेत्र प्रविष्ट किया जाना हो तो करसर को क्षेत्र का पंक्ति में लाकर दाँयी ओर अंकित **इन्सर्ट** को चुनने से क्षेत्र के ऊपर एक रिक्त पंक्ति बन जाती है, इसमें नये क्षेत्र की प्रविष्टि की जा सकती है।

Input Data Records Now ?

<<Yes>> <<No>>

STUNAME	STUCLASS	STUDBIRTH	STUDHT
Menaka Chauhan	11	12/30/75	150.50
Surabhi Sahgal	12	03/06/74	165.00
Tulika Prasad	10	11/25/76	155.50
Gargi Vatsayan	12	01/01/74	170.00
Saraswati Vidushi	12	12/15/75	167.00
Bharati Acharya	10	03/10/76	150.50

जब सब क्षेत्र सूचनाएँ सटीक प्रतीत हों तब **ओ के** को चुनने से तालिका प्रोग्राम द्वारा स्वीकार कर ली जाती है। इस पर प्रोग्राम एक अन्य संवाद आयत प्रस्तुत करता है –

डेटा की प्रविष्टि हेतु **यस** को चुनने से डेटा प्रविष्टि के **रूपपत्र** प्रस्तुत होता है जिसमें बाँयी ओर एक स्तंभ में क्षेत्रों के नाम अंकित होते हैं जिनमें से प्रत्येक के समक्ष निर्दिष्ट चरित संख्या के अनुसार स्थल आकृत होता है जिसमें परिचारक सूचनाओं की प्रविष्टि कर सकता है। उपरोक्त तालिका संरचना के लिये प्रविष्ट डेटा को मेन्यूबार से **ब्राउज** को चुनकर सुविधापूर्वक देखा जा सकता है, तथा ईक्षायित किया जा सकता है। **ब्राउज** दृश्यध का स्वरूप पिछले पृष्ठ पर दिये गये प्रकार का होता है। इस डेटा को क्षात्रनाम वर्ण, कक्षा, जन्मतिथि, अथवा ऊँचाई के सापेक्ष बढ़ते अथवा घटते क्रम में व्यवस्थित किया जा सकता है, किसी विशेप प्रकार की प्रविष्टियों को प्रथक किया जा सकता है, अथवा किसी क्षेत्र की सूचनाओं के आधार पर नये क्षेत्र की सूचनाएँ निर्मित की जा सकती हैं।

7

प्रक्रमण तत्त्व

(Elements of Programming)

शब्द सम्पदा :

प्रक्रम (Program)	अभीष्ट (Standard)
सुखण्ड (Module)	सुखण्डन (Modularization)
सम्बन्ध (Condition)	सम्बद्ध (Connection)
प्रतिबद्धन (Relation)	प्रतिबन्ध (Restriction)
क्रम (Sequence)	व्यवस्था (Office)
निर्णय (Decision)	पुनरावृतन (Reiteration)
परिष्कृति (Process)	पाश (Loop)
पद्यति (Procedure)	अन्वेषण (Analysis)
अभिकेतन (Design)	अभिकल्पन (Conception)
विश्लेषण (Anthesis)	संश्लेषण (Synthesis)
स्रोत (Source)	कथन (Statement)
व्याख्या (Definition)	सम्पादन (Compilation)
भाष्यकार (Interpretter)	भाष्य (Interpretation)
विकार (Bug)	निर्विकारण (Debugging)
लग्नक (Linker)	अभिभारक (Loader)
पीढ़ी (Generation)	स्तर (Level)
अभियोजक (Assembler)	विगणक (Counter)

यदि किसी कार्य की क्रिया-उपक्रियाओं में विविधता न्यून हो, अर्थात पुनरावृत्ति अधिक हो, तो इसे कम्प्यूटर मनुष्य की तुलना में अधिक अच्छे ढंग से कर सकता है। यदि संपूर्ण कार्य ही बार-बार किया जाना हो तो कम्प्यूटर से कार्य कराना और भी अधिक लाभप्रद रहता है। कम्प्यूटर से कार्य कराने के लिये उसे विस्तृत एवं क्रमबद्ध निर्देश देने होते हैं। एक सार्थक कर्म के लिये कम्प्यूटर को दिये गये निर्देशों को कम्प्यूटर का एक **प्रोग्राम** अथवा प्रक्रम कहते हैं।

मान लीजिये आपको एक सरल कार्य अपने छोटे भाई से कराना है। इसके लिये आपको उसे बहुत संक्षिप्त निर्देश देने होंगे और वह आपका मन्तव्य समझकर आपका काम कर देगा। यदि आपको यही कार्य किसी अपरिचित बालक से कराना हो तो आपको उसे अधिक विस्तृत निर्देश देने होते हैं, तभी वह आपका वही कार्य कर पाता है। निर्देशों का यह अन्तर इसलिये होता है क्योंकि आपका भाई आपकी शैली, व्यवहार एवं आचार-विचार से परिचित होने के कारण आपके संक्षिप्त निर्देशों का विस्तार स्वयं कर लेता है। दूसरे बालक को आपको यही विस्तार प्रदान करना पड़ता है। कम्प्यूटरी भाषा में कहा जायेगा कि आपका छोटा भाई आपके लिये पहले से **प्रोग्राम्ड** अथवा **प्रक्रमित** है, जबकि दूसरे बालक को आपने अब प्रक्रमित किया है।

कम्प्यूटर के प्रोग्राम बनाते समय यह ध्यान रखना होता है कि कम्प्यूटर आपके लिये शून्य स्तर पर प्रोग्रामित होता है, अत: आपको इसे शत प्रतिशत प्रोग्रामित करना होता है। वह आपके मन की बात बिल्कुल नहीं समझता, वह केवल वही समझता है जो उसे प्रोग्रामों के माध्यम से समझाया किया जाता है। अत: कम्प्यूटर को पहुँचने वाले प्रोग्राम बहुत अधिक विस्तार वाले होते हैं। विस्तार का कुछ कार्य भाषा प्रोग्राम भी करते हैं। भाषा का स्तर जितना अधिक ऊँचा होगा उतने ही संक्षिप्त प्रोग्राम आपको कम्प्यूटर को देने होंगे क्योंकि भाषा प्रोग्राम उनका अधिक विस्तार कर पायेंगे।

उच्चस्तरीय भाषाओं में प्रोग्राम लिखने का लाभ यह है कि प्रोग्रामर एक कथन में अपना मन्तव्य स्पष्ट करता है और भाषा प्रोग्राम उसे कम्प्यूटर के योग्य विस्तार प्रदान कर देता है। अर्थात भाषा प्रोग्राम वही काम करता है जो आपके भाई के आपकी शैली एवं आचार-विचार से परिचित होने ने किया था। अत: कहा जा सकता है कि भाषा प्रोग्राम कम्प्यूटर को पहले से ही आपके संक्षिप्त निर्देशों को समझने के लिये प्रोग्राम्ड करते हैं।

अभीष्ट प्रक्रम गुट

प्रोग्रामों पर अनुसंधान से पाया गया है कि सभी प्रोग्रामों में केवल तीन प्रकार के कथन गुट होते हैं, केवल उनके क्रम बदलते रहते हैं। ये गुट इस प्रकार हैं -

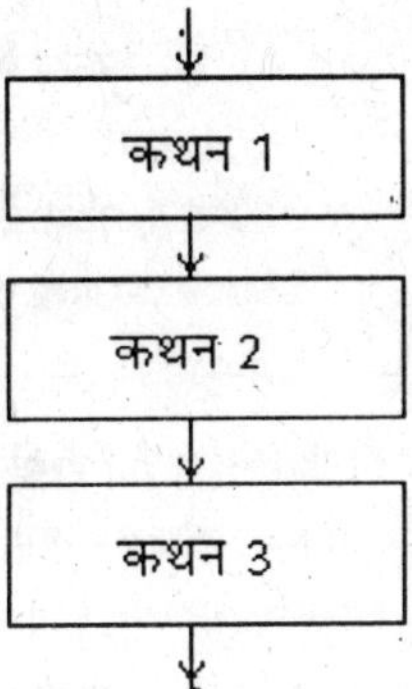

क- क्रमित गुट

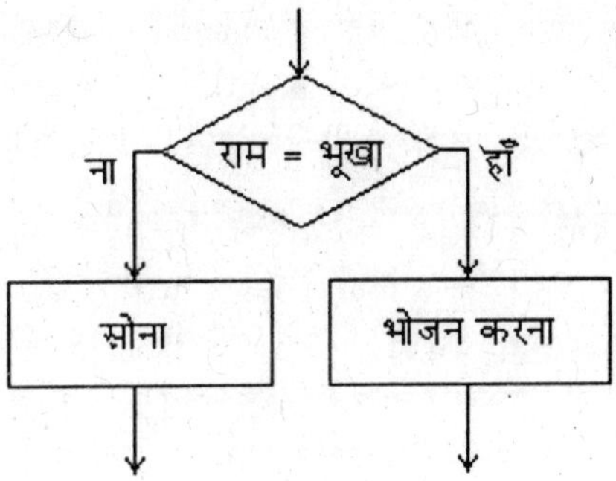

ख- निर्णय गुट

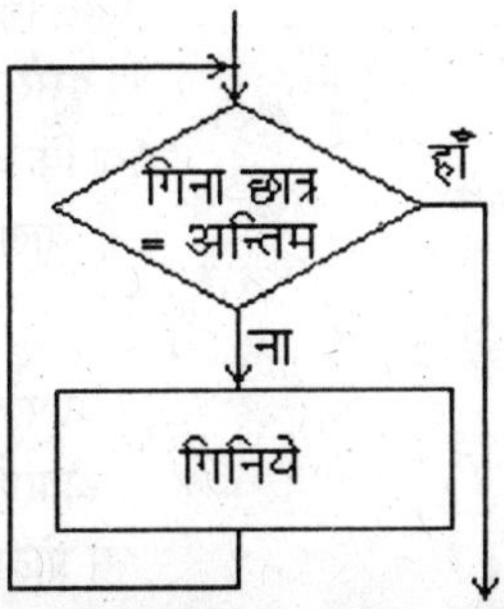

ग- आवर्ती गुट जबतक-कीजिये

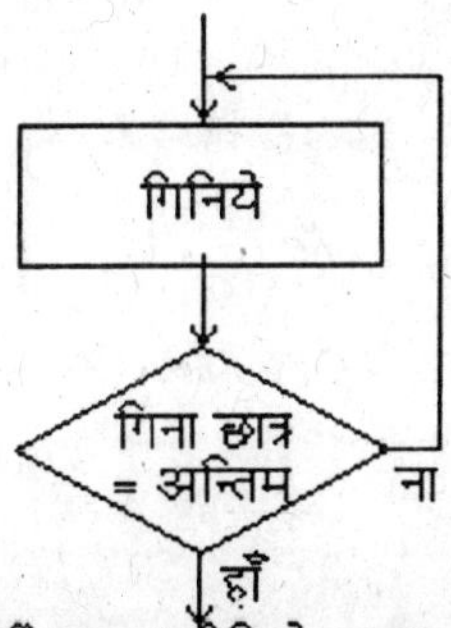

घ- आवर्ती गुट : कीजिये-जबतक

1. क्रमित गुट - सीक्वैन्स्ड ब्लॉक

अनेक क्रियाओं का सुनिश्चित क्रम में एक के बाद एक होने से इस प्रकार का गुट बनता है। इसे ऊपर के चित्र क में दिखाया गया है।

2. निर्णय गुट - डिसीज़न ब्लॉक

किसी दी गई दशा के परीक्षण पर उसका मान एक दिये मान के समान पाये जाने पर एक अनुक्रिया तथा असमान पाये जाने पर अन्य अनुक्रिया होना, इस प्रकार के गुट के द्योतक हैं। इस प्रकार के गुट में **यदि-तब-अन्यथा** अथवा **इफ-दैन-ऐल्स** कथनों का उपयोग किया जाता है। जैसे -

यदि राम की **दशा** = **भूखा** सत्य है, **तब** वह भोजन करता है,
अन्यथा वह सो जाता है।

इस कथन में राम की **दशा** का परीक्षण होता है, यदि इसका मान **भूखा** पाया जाता

है, तो एक अनुक्रिया भोजन करना होती है, तथा भूखा न पाये जाने पर अन्य अनुक्रिया सोना की जाती है। दूसरे शब्दों में, समदर्श - राम की **दशा** = **भूखा** - का परीक्षण होता है, सत्य पाये जाने पर एक क्रिया अन्यथा अन्य क्रिया होती है। इसे चित्र ख में दर्शाया गया है।

3. पुनरावृतन गुट - रिइटरेशन ब्लॉक

इस गुट में परिष्कृति तब तक बार-बार होती रहती है जब तक कि एक दिया गया **सम्बन्ध** सत्य नहीं होता, इस पद्यति में प्रोग्राम में एक बन्द परिपथ बन जाता है जो इस प्रकार के गुट का द्योतक है। जैसे - किसी कक्षा के क्षात्रों की गिनती करने के लिये इस शास्त्र का उपयोग किया जा सकता है-

जब तक गिना गया **क्षात्र** = **अन्तिम क्षात्र** सम्बन्ध सत्य नहीं होता,

गिनती **करते रहिये**।

इससे क्रियाओं से बने बन्द परिपथ को **पाश** कहा जाता है, जिससे सभी क्षात्रों को गिनने तक क्रियाएँ बार बार होती रहती हैं। इस प्रकार के पाश को **जब तक - करते रहिये पाश** अथवा **व्हाइल-डू लूप** कहा जाता है। इसे चित्र ग में दिखाया गया है। इसी परिष्कृति को **करते रहिये-जब तक** पाश से भी दर्शाया जा सकता है जैसा कि चित्र घ में दर्शाया गया है।

सॉफ्टवेयर, प्रोग्राम तथा मॉड्यूल

कम्प्यूटरों का उपयोग बड़े-बड़े कामों के लिये किया जाता है। इस कारण साफ्टवेयर भी बहुत बड़े-बड़े होते हैं। यदि किसी विशाल **प्रणाली** का एक ही प्रोग्राम बनाया जाये तो यह भी अधिक बड़ा होगा, इतना बड़ा कि इसे समझना बहुत कठिन होगा। इसे सरल बनाने के लिये पूरे सूचना प्रणाली को परिष्कृतिओं के गुटों में विभाजित किया जाता है। इन गुटों को प्रोग्राम मॉड्यूल कहते हैं। इसके बाद प्रत्येक प्रोग्राम मॉड्यूल को पृथक-पृथक पद्यतियों के अनुसार उपगुटों में विभाजित किया जाता है। प्रत्येक उपगुट को एक पद्यति कहते हैं। इसके बाद प्रत्येक पद्यति का एक प्रोग्राम बना लिया जाता है। इन पद्यति प्रोग्रामों को जोड़कर मॉड्यूल प्रोग्राम तथा मॉड्यूल प्रोग्रामों को जोड़कर पूरे प्रणाली के लिये सॉफ्टवेयर तैयार किया जाता है। यह कार्य सामान्यत: दो चरणों में किया जाता है किन्तु प्रणाली का आकार अति विशाल होने से ये स्तर और भी अधिक हो सकते हैं।

पहले पूरे प्रणाली को अलग-अलग ऐसे विभागों में बाँटा जाता है जिनके आपसी संबन्ध कुछ कम हों अर्थात प्रत्येक एक सकल तथा स्वतन्त्र **उपप्रणाली** हो। उदाहरण के लिये एक विद्यालय की सम्पूर्ण व्यवस्था के लिये यदि सॉफ्टवेयर विकसित करना हो तो इसके विभाग ये हो सकते हैं -

1. क्षात्र प्रवेश एवं शिक्षण,
2. अध्यापक उपयोग,

3. परीक्षा एवं परिणाम,   4. आय व्यय लेखांकन

5. क्रय एवं भण्डार

इस विभाजन का यह अर्थ नहीं है कि इन विभागों के परस्पर संबन्ध नहीं हैं। इसका अर्थ केवल यह है कि ये विभाग एक दूसरे से कुछ सूचनाओं का आदान प्रदान करते रहकर भी स्वतन्त्र रूप से व्यवस्थित किये जा सकते हैं। इस प्रकार के प्रत्येक विभाग के सॉफ्टवेयर को एक **प्रोग्राम मॉड्यूल** अथवा **प्रक्रम सुखण्ड** कहा जाता है।

विभाजन के दूसरे चरण में प्रत्येक प्रोग्राम मॉड्यूल को फिर से बाँटा जाता है। इस बाँटने में कार्य **पद्यतियों** को आधार बनाया जाता है, अर्थात विभाग के अन्तर्गत ऐसे कार्य खोजे जाते हैं जिनके लिये अलग अलग पद्यतियाँ अपनाई जाती हों। जैसे उपरोक्त क्षात्र प्रवेश एवं शिक्षण विभाग में ये पद्यतियाँ मानी जा सकती हैं -

1-क. प्रवेश आवेदन छँटाई एवं प्रवेश

1-ख. क्षात्र, कक्षाएँ एवं विषय विवरण

1-ग. कक्षावार शिक्षण समय तालिका

1-घ. विषय पाठ्यक्रम एवं मासिक शिक्षण प्रगति

इसी प्रकार दूसरे प्रोग्राम की पद्यतियाँ ये हो सकती हैं -

2-क. अध्यापक कक्षा एवं विषय

2-ख. अध्यापकवार अध्यापन समय तालिका

2-ग. अध्यापकवार मासिक अध्यापन प्रगति

इसी प्रकार परीक्षा एवं परिणाम प्रोग्राम में ये विधियाँ हो सकती हैं -

3-क. प्रश्नपत्र व्यवस्था

3-ख. परीक्षा समय तालिका एवं पर्यवेक्षण

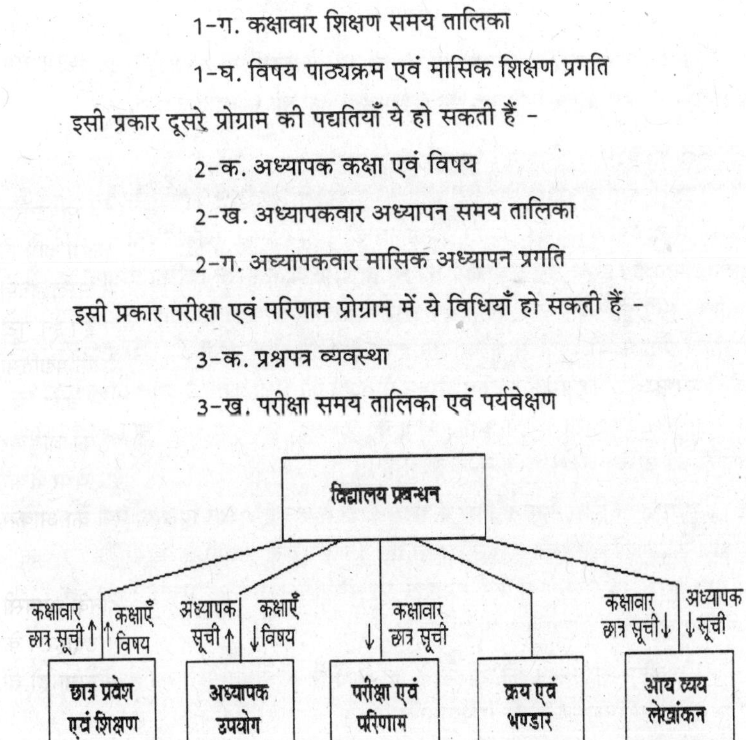

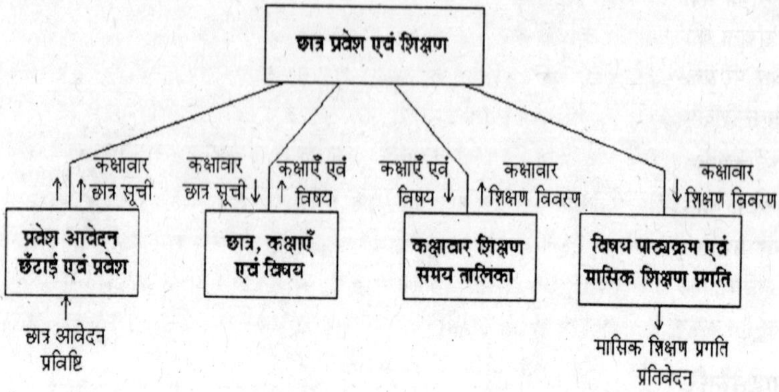

3-ग. उत्तरपुस्तिका मानांकन व्यवस्था

3-घ. परीक्षा परिणाम

इसी प्रकार अन्य प्रोग्राम मॉड्यूलों की भी **पद्यतियाँ** निर्धारित की जा सकती हैं। सॉफ्टवेयर के इस प्रकार विभाजन को **सुखण्डन** कहा जा सकता है।

संरचित प्रोग्राम

इस प्रकार के सॉफ्टवेयर विभाजन को **संरचना तूलचित्र** अर्थात **स्ट्रक्चर चार्ट** के माध्यम से दर्शाया जाता है। उपरोक्त विद्यालय के उदाहरण का एक संरचना तूलचित्र नीचे दिखाया गया है। इसमें उन सूचनाओं को भी दिखाया जाता है जो विभिन्न प्रोग्रामों के बीच प्रवाहित होती हैं। जैसे क्षात्र प्रवेश एवं शिक्षण प्रोग्राम से कक्षावार क्षात्र सूची आय व्यय लेखांकन प्रोग्राम को क्षात्रों से शुल्क प्राप्त करने के लिये भेजी जाती है। इसी प्रकार कक्षाएँ एवं विषय सूचना अध्यापक उपयोग प्रोग्राम मॉड्यूल को भेजी जाती है ताकि अध्यापकों की समय तालिका निर्धारित की जा सके। क्षात्रों की कक्षावार सूची परीक्षा विभाग को भी भेजी जाती है जो परीक्षा व्यवस्था के काम आती है।

सुविधा के लिये उपरोक्त चित्र में संरचना का केवल एक स्तर दिखाया गया है जबकि वास्तव में प्रणाली विभाजन के दोनों स्तरों को उनके सूचना प्रवाहों के साथ दिखाया जाता है। क्षात्र प्रवेश एवं शिक्षण प्रोग्राम मॉड्यूल की पद्यतियों को उनके सूचना प्रवाहों के साथ आगे के तूलचित्र में दिखाया गया है।

प्रणाली में सूचनाओं की प्रविष्टि केवल क्षात्रों के अभ्यर्थना पत्रों की होती है। पद्यति प्रोग्राम इनको परिष्कारित करके दिये गये नियमों के अनुसार सुयोग्य क्षात्रों का प्रवेश करके क्षात्रों की कक्षावार सूची बनाता है। इस सूची को क्षात्र, कक्षाएँ तथा विषय नामक पद्यति

प्रोग्राम को भेजा जाता है। यह क्षात्रों तथा कक्षाओं के अध्ययन विषयों का निर्धारण करता है। इस सूचना को कक्षावार शिक्षण समयतालिका पद्यति प्रोग्राम को भेजी जाती है जो इसके आधार पर प्रत्येक कक्षा की समयतालिका बनाता है। इन विवरणों को विषय पाठ्यक्रम एवं मासिक शिक्षण प्रगति नामक पद्यति प्रोग्राम को भेजा जाता है।

इस प्रकार पूरे सॉफ्टवेयर के मॉड्यूल तथा पद्यतियाँ आवश्यकतानुसार एक दूसरे से सूचनाओं का आदान प्रदान करते हैं तथा अपने अपने निर्धारित कार्यों को संपन्न करते हैं। प्रत्येक पद्यति प्रोग्राम सूचनाओं की संचिकाएँ भी बनाता है या किसी संचिका से सूचना प्राप्त कर परिष्कारित कर किसी अन्य संचिका को भेजता है। संचिकाओं का निर्धारण प्रोग्रामर करता है। ऊपर वर्णित पूरा कार्य **प्रणाली अन्वेषण एवं अभिकेतन** के अन्तर्गत आता है।

प्रवाहतूलचित्र अथवा फ्लोचार्ट

प्रोग्राम के निर्माण में सुविधा के लिये उसके द्वारा संपन्न की जाने वाली पद्यति को समझा जाना आवश्यक होता है। इसके लिये पद्यति को शास्तसंगत क्रियाओं तथा उपक्रियाओं में विभक्त करके उनके अन्तर्संबन्ध स्थपित किये जाते हैं। इस कार्य में पद्यति को प्रवाहतूलचित्र के माध्यम से दर्शाया जाता है। प्रवाहतूलचित्र निर्माण में दक्षता प्राप्त करने के लिए अभ्यास की आवश्यकता है। प्रवाहतूलचित्र के बिना भी प्रोग्रामिंग संभव है, किन्तु लंबे व जटिल प्रोग्रामों में कठिनाई आती है। ऐसे कार्यो के लिए प्रवाहतूलचित्र बनाने में जो समय लगता है उससे कहीं अधिक बचत प्रोग्रामिंग में हो जाती है।

एक **मॉड्यूल** द्वारा किये जाने वाले कार्य के लिये संपूर्ण विधि अनेक **पद्यतियाँ** अथवा **प्रोसीजर** होते हैं। प्रत्येक पद्यति में अनेक कदम होते हैं। प्रत्येक कदम एक संपूर्ण सार्थक क्रिया होता है, जिसे **परिष्कृति** अथवा **प्रोसैस** कहा जाता है।

प्रवाहतूलचित्र में कार्य पद्यति को छोटे-छोटे गुटों व उपगुटों मे विभाजित करके परिष्कृतिओं में विभाजित किया जाता है। प्रत्येक परिष्कृति को एक ज्यामितीय आकार से

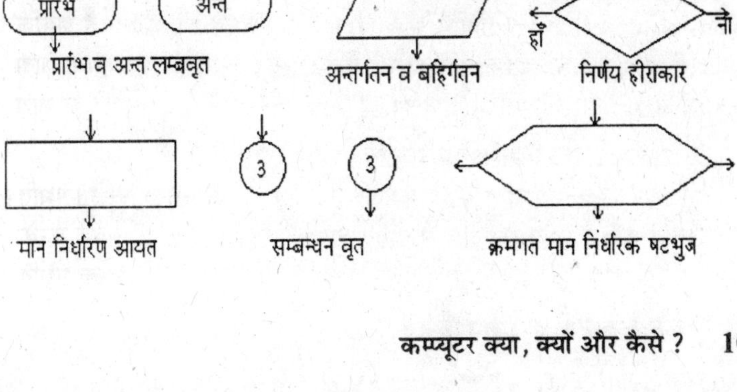

इंगित किया जाता है। फिर सभी आकारों को उनके कार्यों के क्रमानुसार एक-दूसरे से तीर चिन्हों द्वारा जोड़ दिया जाता है। तीर चिन्हों की दिशा कार्य प्रगति के अनुसार रखी जाती है। इससे एक दृष्टि में ही कार्यक्रम की रूपरेखा स्पष्ट हो जाती है। प्रवाहतूलचित्रों के अभीष्टीकरण के उद्देश्य से परिष्कृतियों के लिये उनके प्रकार के अनुसार ही ज्यामितीय आकारों को चुना गया है, जिनमें से प्रमुख निम्नांकित हैं –

1. **आरंभ परिष्कृति व अन्त परिष्कृति**– कार्यक्रम का प्रारंभ व अन्त दर्शाने के लिए लंबवृत का उपयोग किया जाता है। आकृति के अन्दर प्रारंभ अथवा अन्त शब्द अंकित किया जाता है।

2. **अन्तर्पातन परिष्कृति व बहिर्पातन परिष्कृति** – एक समालम्बित चतुर्भुज का उपयोग प्रोग्राम की उन क्रियाओं को दर्शाने हेतु किया जाता है जिनके द्वारा प्रोग्राम को सूचनाएँ दी जाती है अथवा इससे सूचनाएँ ली जाती हैं। दी जानेवाली सूचनाओं को इनपुट तथा ली जाने वाली सूचनाओं को आउटपुट कहा जाता है। प्रोग्राम को दी जाने वाली सूचनाओं में डेटा आदि आते हैं तथा ली जाने वाली सूचनाओं मे प्रोग्राम द्वारा उत्पन्न परिणाम आते हैं।

3. **निर्णय परिष्कृति**– प्रोग्राम में निर्णय क्रिया को दर्शाने के लिये हीराकार चतुर्भुज का उपयोग किया जाता है। इसका उन स्थानों पर उपयोग किया जाता है, जहाँ प्रोग्राम को दो उपलब्ध ऐक्ष्यों में से स्थिति के अनुसार एक का चुनाव करना होता है। इस आकृति में उन स्थितियों अथवा प्रश्नों को अंकित किया जाता है जिनके उत्तर हाँ या न में हों। प्रोग्राम चतुर्भुज के एक कोने से इस निर्णायक चतुर्भुज में प्रवेश करता है और उत्तर यदि हाँ हो तो एक कोने की दिशा की ओर अग्रसर होता है और उत्तर यदि ना हो तो प्रोग्राम एक अन्य कोने की दिशा में जाता है।

4. **मान निर्धारण परिष्कृति**– प्रोग्राम में प्रयुक्त घटकों को मान प्रदान करने के लिए एक आयत का उपयोग किया जाता है।

5. **सम्बद्धन परिष्कृति**– जब कोई प्रोग्राम एक ही पृष्ठ अथवा श्रृंखला में न दर्शाया जा सके तो प्रोग्राम के सिरों पर एक वृत चिन्ह का उपयोग कर उसके अंदर एक संख्या अंकित कर दी जाती है, जो प्रोग्राम खंडों के परस्पर संबंधन को दर्शाती है अर्थात् एक श्रृंखला के अन्त में स्थित वृत के अंदर लिखी संख्या दर्शाती है कि प्रोग्राम यहाँ से आगे इसी संख्या से अंकित दूसरे वृत सें आगे चलेगा।

6. **क्रमगत मान निर्धारण परिष्कृति**– प्रोग्रामों में धृतियों की श्रृंखलाओं पर कार्य करने हेतु इनमें प्रयुक्त एक ही चर्य को क्रमशः एक-एक कर क्रमशः अनेक मान दिए जाते है। ऐसी परिष्कृति को एक षटकोण से दर्शाया जाता है।

उदाहरण 1 :-

मान लीजिए कि हमें अपने कम्प्यूटर से $38 \times 35 \div 6$ का मान ज्ञात करना है तथा परिणाम प्राप्त करना है। इस परिष्कृति का प्रवाहतूलचित्र इस प्रकार बनाया जा सकता है -

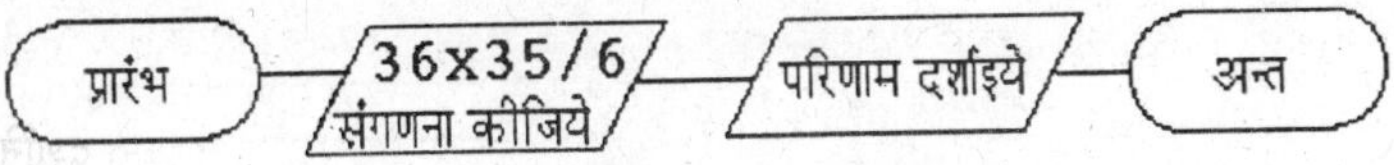

उदाहरण 2 :-

दो संख्याओं क तथा ख में से

यदि क ख से बड़ी हो तो *क -ख* दर्शाना है,

यदि ख क से बड़ी हो तो दोनों का *योग* दर्शाना है, और

यदि क तथा ख समान हैं तो *दोनों संख्याएँ समान हैं* दर्शाना है।

इस पद्यति का प्रवाहतूलचित्र इसप्रकार है -

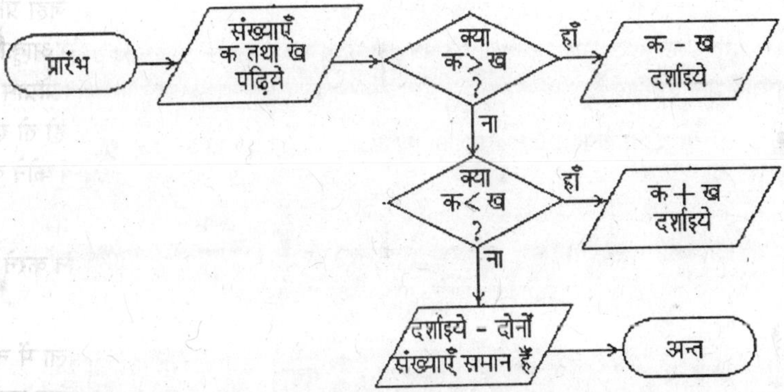

इस उदाहरण में केवल परिष्कृतियाँ दर्शाई गई हैं, उनकी कार्यविधि नहीं दर्शाई गई है। इस उदाहरण का उद्देश्य केवल प्रवाहतूलचित्रण है। आगे के उदाहरणों में क्रमशः परिष्कृति विस्तार दर्शाये जायेंगे।

उदाहरण 3 :-

दी गई अनेक संख्याओं के व्यासों के वृतों के क्षेत्रफल निकालिए। यदि क्षेंत्रफल 1000 से अधिक है तो - वृत *बहुत बड़ा है* - दर्शाइये। यदि क्षेत्रफल 100 से कम है तो -

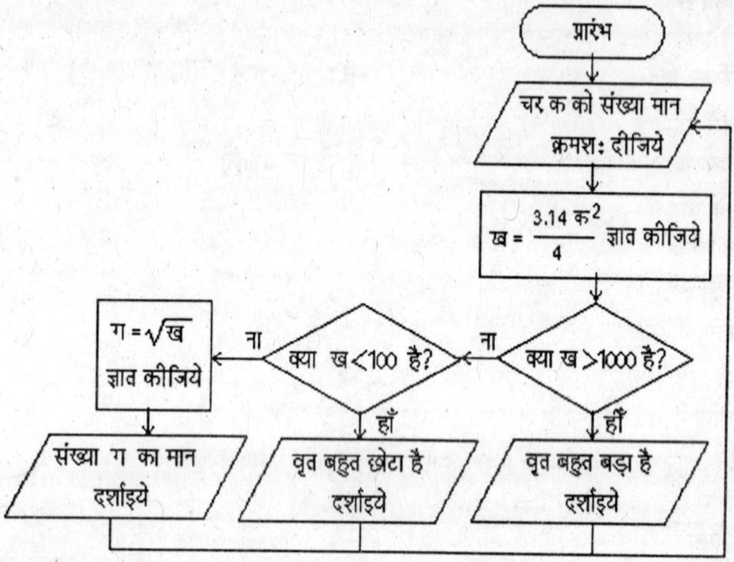

वृत बहुत छोटा है दर्शाइए। अन्यथा इस क्षेत्रफल के समान क्षेत्रफल के वर्ग की एक भुजा की लम्बाई ज्ञात कीजिए।

मान लीजिये वृत का व्यास = क, वृत का क्षेत्रफल = ख

आपको ज्ञात होगा कि वृत का क्षेत्रफल ख = $\frac{3.14 क^2}{4}$ होता है।

तथा ख क्षेत्रफल के वर्ग की एक भुजा की लम्बाई ग = $\sqrt{ख}$ होती है।

इस पद्यति में प्रोग्राम तीन काल्पनिक बीजगणितीय संख्याओं क, ख तथा ग का उपयोग करता है। इस प्रकार की काल्पनिक संख्याओं को **चर्य** अर्थात **वैरियेबिल** कहा जाता है क्योंकि इनके मान स्थिर न रहकर प्रोग्राम के निर्देशों के अनुसार परिवर्तित होते रहते हैं। प्रोग्राम अपनी परिष्कृतियों से इन चर्यों के मान ज्ञात करता है।

प्रत्येक चर्य को उसके प्रोग्राम में उपयोग के पहले व्याख्यित करना आवश्यक होता है। इन व्याख्याओं से प्रोग्राम कम्प्यूटर स्मृति में प्रत्येक चर्य के लिये एक स्थान निर्धारित करता है। प्रोग्राम को जब भी किसी चर्य मान की आवश्यकता होती है, उसके नियत स्थान

पर अंकित संख्या को पढ़ लेता है। जब प्रोग्राम किसी चर्य को नया मान प्रदान करता है, नये मान को इसके लिये नियत स्थल पर अंकित कर देता है। इस पद्यति की परिष्कृतियाँ इस प्रकार हैं -

1- सबसे पहले दी गई संख्याओं में से एक संख्या को पढ़ता है तथा अपने चर्य क को इस संख्या का मान प्रदान करता है।

2- इसके बाद इस चर्य के मान को एक वृत का व्यास मानकर इसका उपयोग करते हुए इस वृत का क्षेत्रफल ज्ञात करता है तथा इस मान को अपने दूसरे चर्य ख को प्रदान करता है।

3- अगले कदम में प्रोग्राम अपने चर्य ख की तुलना संख्या 1000 से तुलना करता है। इस तुलना के परिणाम के अनुसार ही प्रोग्राम अगली परिष्कृति निर्धारित करता है।

4- यदि चर्य ख का मान 1000 से अधिक पाया जाता है तो प्रोग्राम - *वृत बहुत बड़ा है* दर्शाता है - तथा वापिस प्रोग्राम के प्रारंभ पर पहुँच कर फिर से अपना कार्य करता है।

5- यदि उपरोक्त कदम 3 में चर्य ख का मान 1000 से कम पाया जाता है तो प्रोग्राम अगले निर्णय कदम पर जाता है। इस कदम में प्रोग्राम अपने चर्य ख के मान की तुलना संख्या 100 से करता है। इस तुलना के परिणाम के आधार पर ही प्रोंग्राम की अगली परिष्कृति का चुनाव निर्भर करता है।

6- यदि चर्य ख का मान 100 से कम पाया जाता है तो प्रोग्राम - *वृत बहुत छोटा है* - दर्शाता है तथा वापिस प्रोग्राम के प्रारंभ पर पहुँच कर फिर से अपना कार्य करता है।

7- यदि उपरोक्त कदम 5 में चर्य ख का मान 100 से अधिक पाया जाता है तो प्रोग्राम चर्य

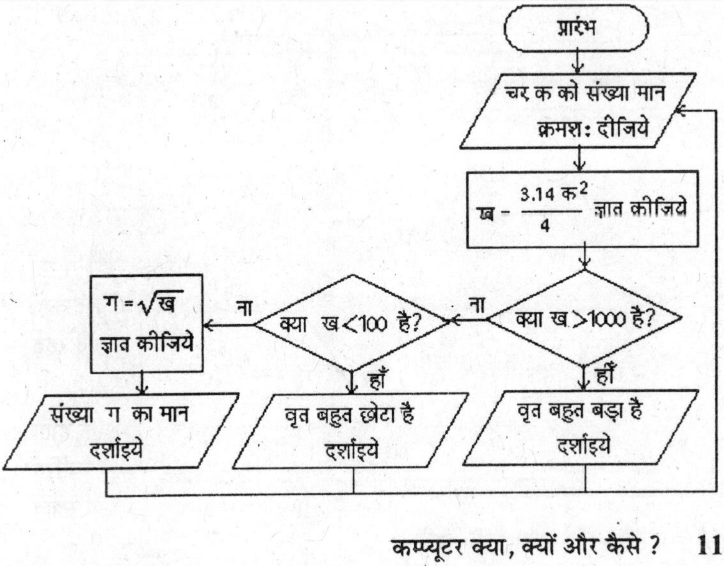

ख के मान का वर्गमूल ज्ञात करता है तथा इस मान को अपने चर्य ग को प्रदान करता है।

8- प्रोग्राम ग का मान दर्शाकर वापिस प्रोग्राम के प्रारंभ पर पहुँचता है।

ध्यान दीजिए कि इस उदाहरण में प्रक्रम का अन्त नहीं दर्शाया गया है, क्योंकि समस्या में ही प्रक्रम के अन्त का कोई प्रावधान नहीं है जो इसका एक दोष है। इसके लिए समस्या मे दी गई संख्याओं की गिनती दी जानी चाहिए थी, जिससे कि कार्यक्रम उतनी संख्याओं को परिष्कारित कर अन्त हो जाता, अन्यथा प्रोग्रामर अपनी ओर से प्रोग्राम के अन्त का कोई प्रावधान करता । इस प्रोग्राम में संख्याएँ समाप्त हो जाने पर कम्प्यूटर संख्या समाप्ति का संकेत देगा, जो प्रोग्राम का प्राकृत अन्त नहीं है। अगले दो उदाहरणों में इस प्रकार के प्रोग्रामों का अन्त करने हेतु दो अलग-अलग प्रावधान करेंगे।

उदाहरण 4 :- विधि -1

दी गई अनेक संख्याओं अ, ब, स, द आदि की श्रृंखला बढते क्रम में है अथवा नहीं? इसे ज्ञात करने के लिये एक पद्यति का प्रवाहतूलचित्र बनाइये।

संख्याओं की गिनती न दिए जाने के कारण इस प्रोग्राम का अन्त करने के लिए हम अपनी ओर से संख्या-श्रृंखला के अन्त में एक ऐसी काल्पनिक संख्या ह रख देते हैं जो दी

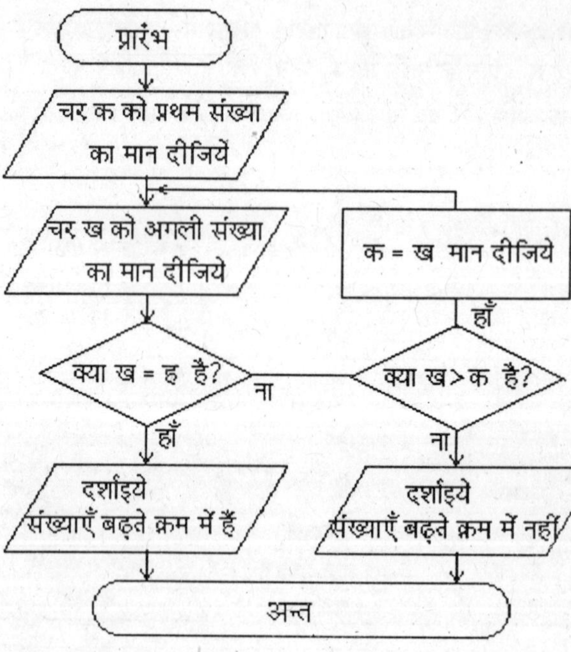

गई संख्याओं से बिल्कुल भिन्न हो - इनसे बहुत बड़ी, या उनसे बहुत छोटी, अथवा ऋणात्मक अथवा शून्य आदि प्रकार की। संख्याओं के क्रमगत पठन में जब यह संख्या ह आती है तभी प्रोग्राम के अन्त कर दिया जाता है। इस उदाहरण में संख्याएँ एक-एक करके पढ़ी गई हैं और प्रोग्राम जब भी अगली संख्या को पिछली संख्या से बड़ी पाता है तभी संख्याएँ *बढते क्रम में नहीं है* दर्शाता है और प्रोग्राम का अन्त हो जाता है। इस परिष्कृति में यदि प्रोग्राम काल्पनिक संख्या ह पर पहुँचता है तो *संख्याएँ बढ़ते क्रम में है* दर्शाया जाता है तथा प्रोग्राम का अन्त हो जाता है। इस परिष्कृति को नीचे दर्शाया गया है।

विधि - 2

इसी पद्यति को एक अन्य प्रकार से भी सम्पन्न किया जा सकता है जिसका प्रवाहतूलचित्र नीचे दिखाया गया है -

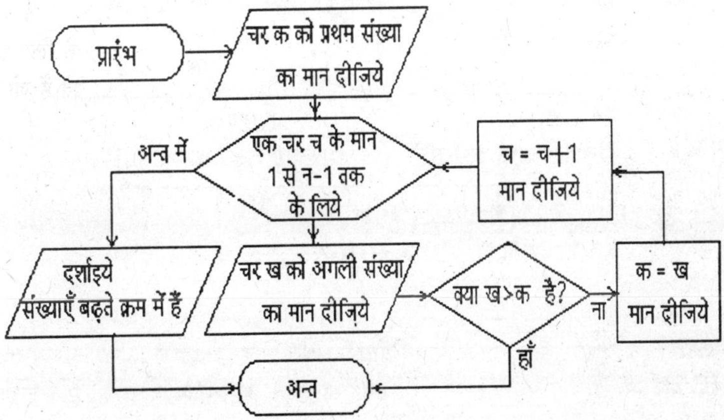

मान लीजिए कि हमें दी गई संख्याओं की गिनती ज्ञात है जो न है। ऐसी स्थिति में प्रोग्राम में संख्याओं का दी गई गिनती तक पठन का अधिदेश दिया जाता है। संख्याओं की गिनती पूर्ण हो जाने पर प्रोग्राम परिणाम दर्शाता है और अन्त पर पहुँच जाता है।

विधि -3

इसी परिष्कृति को एक तीसरी विधि से भी सम्पन्न किया जा सकता है, जिसमें प्रोग्राम में एक **विगणक** अथवा **काउण्टर** स्थापित कर दिया जाता है, जो पढ़ी गई संख्याओं को गिनता रहता है तथा अंतिम संख्या आने पर अन्त का संकेत देता है।

इस पद्यति का प्रवाहतूलचित्र पार्श्व में दिखाया गया है जिसमें चर्य ग गणक का कार्य

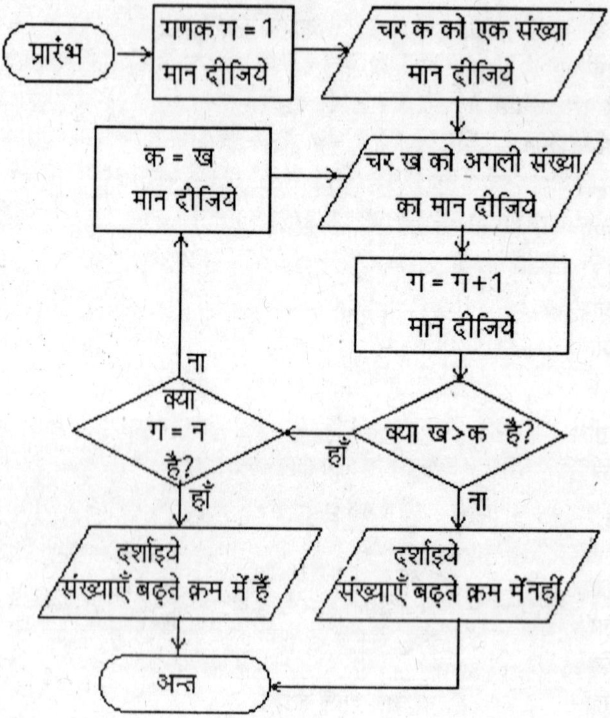

करता है। इसका प्रारंभिक मान 1 है जब प्रोग्राम प्रथम संख्या पढ़ता है। दूसरी संख्या तथा इसके बाद की प्रत्येक संख्या पढ़ने पर इसका मान एक बढ़ा दिया जाता है। एक निर्णय परिष्कृति इसके मान पर दृष्टि रखती है। जब यह मान संख्याओं की संख्या न के समान हो जाता है, तब प्रोग्राम निर्दिष्ट अभिदर्शन कर अन्त हो जाता है।

दिए गये उपरोक्त प्रवाहतूलचित्रों से स्पष्ट है कि प्रोग्रामों में बहुधा कुछ परिष्कृतिएँ बार-बार दोहराई जाती हैं तथा इनके लिए प्रवाहतूलचित्रों में बंद परिपथ बन जाते हैं। इसके लिए परिष्कृति के अन्त में प्रोग्राम को परिष्कृति के प्रारंभ में जाने का अधिदेश दिया जाता है, जहाँ से परिष्कृति पुनः प्रारंभ हो जाती है। इस प्रकार के बंद परिपथ को **पाश** अथवा **लूप** कहा जाता है। एक प्रक्रम में एक या अनेक पाश हो सकते है। कभी-कभी कार्य की आवश्यकतानुसार प्रोग्राम में एक पाश के अन्दर दूसरा पाश स्थित हो सकता है।

प्रोग्रामिंग भाषाएँ

कम्प्यूटर मूलत: केवल **बाइनरी भाषा** समझते हैं, इसलिये बाइनरी भाषा को **मशीनी भाषा** भी कहते हैं। जब प्रोग्राम मशीनी भाषा में लिखा जाता है तो माइक्रोप्रोसैसर उसे सीधे स्वीकार कर सकता है। किन्तु मशीनी भाषा में प्रोग्राम लिखना बहुत कठिन तथा विशेषज्ञों का कार्य है।

दूसरे प्रकार की भाषा को **एसेम्बली लेंग्वेज** अथवा **अभियोजन भाषा** कहते हैं। इसमें प्रोग्राम लिखना कुछ सरल है किन्तु इसके लिये कम्प्यूटर हार्डवेयर की कार्य प्रणाली का ज्ञान होना आवश्यक है। अत: यह भी विशेषज्ञों का ही कार्य है। एसेम्बली भाषा में लिखे गये प्रोग्राम को कम्प्यूटर द्वारा उपयोग किये जाने के लिये इसे मशीनी भाषा में परिवर्तित करना आवश्यक होता है। इस कार्य के लिये भी विशेष भाषा प्रोग्रामों का उपयोग किया जाता है जिन्हें **अभियोजक प्रक्रम** अथवा **एसेम्बलर प्रोग्राम** कहते हैं।

तीसरे प्रकार की भाषाएँ, जो प्रोग्रामिंग के लिये सुविधाजनक एवं सर्वाधिक प्रचलन में हैं, को **उच्चस्तरीय भाषाएँ** अथवा **हाईलेवल लेंग्वेज** कहा जाता है। इन भाषाओं में बेसिक, सी, फोरट्रान, कोबोल, ऐडा, लिस्प आदि प्रमुख हैं। इन भाषाओं में लिखे गये प्रोग्रामों को मशीनी भाषा में परिवर्तित करने के लिये इन भाषाओं के विशेष प्रोग्रामों का उपयोग किया जाता है। जो **इण्टरप्रैटर** अथवा **कम्पाइलर** वर्गों के हो सकते हैं। इनमें से कम्पाइलर प्रोग्राम अधिक प्रचलित हैं। इसके अतिरिक्त कुछ विशेष भाषाएँ और भी विकसित हुई हैं जिन्हें **चतुर्थ पीढ़ी की भाषाएँ** अथवा **फोर्थ जेनेरेशन लेंग्वेज - फोर जी. एल.** कहा जाता है। इन भाषाओं के प्रोग्राम अति संक्षिप्त होते हैं।

अत: प्रोग्रामिंग के लिये भाषा प्रोग्राम चुनने से पूर्व को इस भाषा का चुनाव करना होता है जिसमें वह अपने प्रोग्राम लिखना चाहता है, इसी के अनुसार भाषा प्रोग्राम का चुनाव करना होता है। इस अध्ययन में हम केवल उच्च स्तरीय भाषा प्रोग्रामों के बारे में चर्चा करेंगे क्योंकि इन भाषाओं में प्रोग्राम तैयार करना प्रोग्रामर के लिये सरलतम होता है।

भाषा प्रोग्राम

भाषा प्रोग्राम प्रोग्रामर को प्रोग्राम लिखने के लिये सुविधाएँ प्रदान करते हैं तथा तैयार किये गये प्रोग्राम को कम्प्यूटर के उपयुक्त बनाते हैं। अत: प्रत्येक भाषा प्रोग्राम में अनिवार्य रूप से एक पाठ्य परिष्कारक अथवा संपादक होता है। इसके अतिरिक्त इनमें तैयार प्रोग्राम के परीक्षण तथा इसे मशीनी भाषा में संपरिवर्त्तत करने के लिये एक प्रोग्राम होता है। इनके अतिरिक्त कुछ अन्य सुविधाएँ भी इनमें हो सकती हैं। इन्हें नीचे तालिका में दर्शाया गया है :-

अनिवार्य **पाठ्य संकलक - पाठ्य परिष्कारक**

अनिवार्य **भाष्यकार अथवा इण्टरप्रैटर**, या

सम्पादक अथवा **कम्पाइलर**

ऐच्छिक डिबगर, लिंकर, लोडर

प्रोग्रामर द्वारा तैयार गये प्रोग्राम में भाषा द्वारा निर्धारित आँग्ली के शब्द ही होते हैं, इससे प्रोग्राम लेखन सरल होता है किन्तु कम्प्यूटर इनका सीधे उपयोग नहीं कर सकता। इस प्रोग्राम को **स्त्रोत प्रोग्राम** कहते हैं। इस प्रोग्राम की एक पंक्ति में एक ही अधिदेश होता है। प्रत्येक पंक्ति को एक **कथन** अथवा **स्टेटमेण्ट** कहा जाता है।

कम्प्यूटर द्वारा उपयोग किये जाने के लिये इस प्रोग्राम को **मशीनी भाषा** अर्थात बाइनरी अंकों में परिवर्तित करने की आवश्यकता होती है। इस कार्य को दो प्रकार से किया जा सकता है। एक विधि में प्रोग्राम के एक कथन को चुनकर उसे मशीनी भाषा में संपरिवर्तित करके इसका क्रियान्वित किया जाता है। इसके बाद अगले कथन पर यही परिष्कृति अपनाई जाती है। इस प्रकार पूरे प्रोग्राम का उपयोग किया जाता है। इस परिष्कृति को प्रोग्राम का **इण्टरप्रेटेशन** अथवा **भाषण** कहा जाता है जो **भाष्यकार प्रक्रम** द्वारा संपन्न की जाती है। इस परिष्कृति में प्रोग्राम के प्रत्येक क्रियान्वयन हेतु स्त्रोत प्रोग्राम तथा भाष्यकार प्रोग्राम दोनों की आवश्यकता होती है।

दूसरी विधि, जिसे प्रोग्राम का **कम्पाइलेशन** अथवा **सम्पादन** कहते हैं, **सम्पादन प्रोग्राम** द्वारा सम्पन्न की जाती है। इसमें पूरे स्त्रोत प्रोग्राम को एक साथ ही बाइनरी कूट में संपरिवर्तित कर दिया जाता है। प्रोग्राम के इस नये स्वरूप को **ऑब्जैक्ट प्रोग्राम** अथवा **अरि प्रक्रम** कहते हैं। प्रोग्राम के क्रियान्वयन के लिये केवल अरि प्रक्रम की आवश्यकता होती है। इससे क्रियान्वयन तीव्र गति से होता है। इस परिष्कृति में चकती पर प्रक्रम भाषण परिष्कृति की तुलना में अधिक स्थान की आवश्यकता होती है। वर्तमान में सभी प्रचलित भाषा प्रोग्राम इसी विधि को अपना रहे हैं। भाष्यकार प्रक्रम केवल ऐतिहासिक अवशेष के रूप में प्रचलित हैं।

प्रमुख प्रोग्रामिंग भाषाएँ

वर्तमान में अधिकांश प्रचलित भाषाओं के दो स्वरूप प्रचलित हैं - डॉस आधार के लिये मूल स्वरूप तथा विण्डोज़ के लिये इसका विज़ुअल अर्थात दृष्टीय स्वरूप - जैसे बेसिक तथा विज़ुअल बेसिक, सी तथा विज़ुअल सी आदि। कुछ प्रचलित उच्च स्तरीय भाषाओं को उनके अन्य विवरणों के साथ दिया गया है :-

बेसिक : इस भाषा का यह नाम **बिगनर्स ऑल-परपज़ सिम्बौलिक इन्स्ट्रकशन कोड** का संक्षेप है जिसका अर्थ **नवप्रशुक्षुओं के लिये सर्व-उद्देश्यीय सांकेतिक शिक्षि कूट** है। कम्प्यूटर की प्रथम उच्च स्तरीय भाषाओं मे से यह एक है जो अति सरल है

तथा कभी बहुत लोकप्रिय थी। अनेक नई एवं विशिष्ट उद्देश्यों के लिये अधिक सुविधासंपन्न भाषाओं के विकास ने इसके महत्त्व को कम कर दिया है। इस भाषा में प्रोग्राम निर्माण के लिये केवल भाष्यकार प्रोग्राम ही उपलब्ध हैं, अधिक प्रचलन में न होने के कारण किसी व्यावसायिक संगठन ने इसके लिये सम्पादन प्रोग्राम नहीं बनाया है। प्रोग्रामिंग की विधाओं में प्रशिक्षण के लिये अब भी इसका उपयोग किया जाता है। आगे के एक पाठ में हम इस भाषा में प्रोग्रामिंग करेंगे। इसका एक स्वरूप **क्यूबेसिक** है जो एम एस डॉस में सम्मिलित है।

फोर्ट्रान : उच्चस्तरीय भाषाओं में प्रथम लोकप्रिय यह भाषा 40 वर्षों से अधिक पुरानी है। यह वैज्ञानिक एवं अभियांत्रिकी संगणनाओं के लिये विशेष उपयोगी भाषा है। अपने लम्बे इतिहास में यह कई बार अप्रचलित हुई है, तथा कई बार विकसित हुई है। **फोर्ट्रान** 77 इसका वर्तमान में बहुप्रचलित स्वरूप है। इसके बाद के स्वरूप **फोर्ट्रान** 90 में इस भाषा का कायाकल्प हुआ है।

सी तथा सी डबल-प्लस : इस भाषा का प्रारंभिक नाम बी था। बाद में इसके विकसित रूप को सन 1972 में सी नाम दिया गया। अब इसका और भी अधिक संवर्धित स्वरूप सी डबल-प्लस है। यह भाषा सर्वांग उपयोगिता वाले प्रोग्रामों के लिये तो उपयुक्त है ही, परिचारण प्रणाली के विकास के लिये विशेष रूप से उपयोगी है। यह एक अति शक्तिशाली भाषा सिद्ध हुई है जिसने कम्प्यूटरी भाषा शास्त्र को नई परिभाषाएँ दी हैं। विश्व में इस भाषा का सर्वाधिक प्रचलन है।

इस भाषा के प्रमुख अंग सी भाषा, सी प्रपरिष्कारक अथवा प्रिप्रोसैसर, सी इण्टरफेस कन्वैन्शन, तथा सी लाइब्रेरी हैं। इसमें स्रोत प्रोग्राम का पहले प्रपरिष्कारण किया जाता है। उसके बाद उसका सम्पादन होता है।

पास्कल : फ्रान्स के गणितविद् ब्लेज़ पास्कल, जिन्होंने 1642 में अंकीय संगणक विकसित किया था, के सम्मान में नाम पाने वाली यह भाषा सन् 1968-70 में **निकलॉस विर्थ** द्वारा विकसित की गई थी। 80 के दशक में शैक्षणिक भाषा के रूप में प्रसिद्ध यह भाषा एक मात्र ऐसी भाषा है जिसका सम्पादक प्रोग्राम इसी भाषा में लिखा गया था। असंभव प्रतीत होने वाला यह कार्य इस भाषा के एक विशेष अंग **पी-कोड इण्टरप्रैटर** के माध्यम से संभव हो सका। सर्वोपयोगी प्रोग्रामों के विकास के लिये उपयुक्त यह भाषा अब सी की तुलना में अप्रचलित होती जा रही है।

ऐडा : प्रारंभिक कम्प्यूटर विकास के एक स्तंभ **ऐडा लवलेस** के सम्मान में नामित यह भाषा अमेरिकी सैन्य उपयोगों के लिये विशेष रूप से विकसित की गई थी। इसका विकास एक प्रतियोगिता के माध्यम से कराया गया था जिसमें 17 प्रस्ताव आये थे एवं चार पर अन्तिम चुनाव के लिये विचार किया गया था। इनमें से फ्रान्स के जीन

इक्बियाह का अभिकल्प प्रथम माना गया। यह सन् 1979 की बात है किन्तु इस भाषा का उपयोग 1987 से ही प्रारंभ हो सका।

लिस्प : मैसाशूट्स इन्स्टीट्यूट ऑफ टैक्नोलॉजी के **जॉन मैकार्थी** द्वारा सन् 1960 में विकसित यह भाषा कम्प्यूटर विज्ञान एवं अनुसंधान के विषयों, जैसे रोबोटिकी, कृत्रिम बुद्धि, तथा बुद्धियुक्त प्रणाली, आदि के लिये विशेप उपयोगी है। इसके अनेक विकास हुए हैं तथा अनेक परिष्करण प्रचलित हैं। इसकी सबसे बड़ी विशेषता यह है कि यह अधिदेशों को डेटा की तरह तथा डेटा को अधिदेशों की तरह परिष्कारित कर सकती है।

8

प्रक्रमण दृष्टान्त

(Programming Demonstrations)

शब्द सम्पदा :

ऐक्ष (Option)	प्रतिकेत (Sign)
परिचारक (Operator)	परिचार्य (Operand)
आवृत्त (Version)	वृत (Circle)
वृत्त (Journal)	वृत्तिका (Magazine)
व्यक्तव (Expression)	धावन (Running)
आसन्न (Adjascent)	टिप्पणी (Remark)
कर्त्यन (Function)	अधोबट (Underscore)
प्रतिमान (Assignment)	विमर्यादक (Delimiter)
घुंघर कोष्ठक (Curly brackets)	प्रतिसार (Record)
समागृही (Comprehensive)	उद्योत (Prompt)
सम्बन्ध (Condition)	अन्वीक्षा (Scan)

प्रोग्रामिंग भाषा - बेसिक

पद्यति प्रवाहतूलचित्र के ज्ञान के बाद अब हम **प्रोग्रामिंग लेंगवेज - बेसिक** अर्थात **प्रक्रमण भाषा - बेसिक** पर आते हैं। जैसाकि पूर्व में कहा जा चुका है, अधिदेशों को क्रमबद्ध अंकित करने को प्रक्रमण कहते हैं।

कम्प्यूटरी भाषा बेसिक अंग्रेजी को आधार बनाकर निर्मित की गई है अत: इसके सभी अधिदेशों को अंग्रेजी शब्दों में इंगित किया गया है और ये अधिदेश इस भाषा की रोमन लिपि में ही स्वीकार्य है। कम्प्यूटर केवल उसे प्रदत्त भाषा लिपि एवं उनमें अंकित अधिदेशों

से ही परिचित होता हे। इसलिये कम्प्यूटरी भाषा के अधिदेशों अथवा संकेतों में कोई परिवर्तन करना संभव नहीं होता। तदनुसार पुस्तक में आगे सभी अधिदेशों को रोमन लिपि में ही अंकित किया जाएगा। प्रक्रमण कर्म शुरू करने से पूर्व कुछ आधारभूत तथ्यों का अवलोकन करना इस में सहायक होगा।

जैसाकि पहले कहा जा चुका है कि कम्प्यूटर को कोई अधिदेश देने से पूर्व उसे दिए गये अधिदेश की भाषा से अवगत कराना होता है। यहाँ हम कम्प्यूटर को बेसिक भाषा में प्रक्रमों के रूप में अधिदेश देने का अध्ययन कर रहे हैं इसलिए इन प्रक्रमों को कम्प्यूटर पर चलाने के पूर्व कम्प्यूटर को बेसिक भाषा का ज्ञान कराना आवश्यक है, जिसका अर्थ है कम्प्यूटर प्रणाली में बेसिक भाषा के **भाष्यकार प्रक्रम** को स्थापित करना। यह प्रक्रम कम्प्यूटर की हार्डडिस्क पर अथवा फ्लॉपी डिस्क में स्थापित किया जा सकता है क्योंकि एह एक संक्षिप्त प्रक्रम है जिसके लिये एक अपनेयी चकती पर्याप्त होती है।

अपने कम्प्यूटर को चालू करने के बाद बेसिक निदेशिका जहाँ कहीं है, उस ड्राइव पर जाइए, जो एः, बीः अथवा सीः चकती पर होगी। निर्धारित ड्राइव पर जाने के बाद बेसिक निदेशिका पर जाइए तथा DIR अधिदेश दीजिए। आपके कम्प्यूटर के परदे पर बेसिक निदेशिका में उपस्थित फाइलों की सूची अंकित हो जाएगी। इस सूचीमें EXE अथवा COM उपनाम की फाइल खोजिए, यह BASIC अथवा BASICA के नाम से होगी। किन्तु इसका नाम बदला हुआ भी हो सकता है। इस फाइल का नाम तथा वर्तनी अच्छी तरह से याद कर लीजिये। कम्प्यूटर अधिदेशों में वर्तनी की भूलें क्षमा नहीं करता है, अतः प्रत्येक अधिदेश की अक्षरक्षः सही वर्तनी ही अंकित की जानी चाहिए।

डॉस प्रॉम्प्ट पर बेसिक की अधिदेशिक संचिका नाम का उपयोग करते हुए बेसिक संपादक-भाष्यकार प्रोग्राम को सक्रिय कीजिये। कुछ ही क्षणों में अभिदर्श पर इस प्रकार का दृश्य प्रस्तुत होगा –

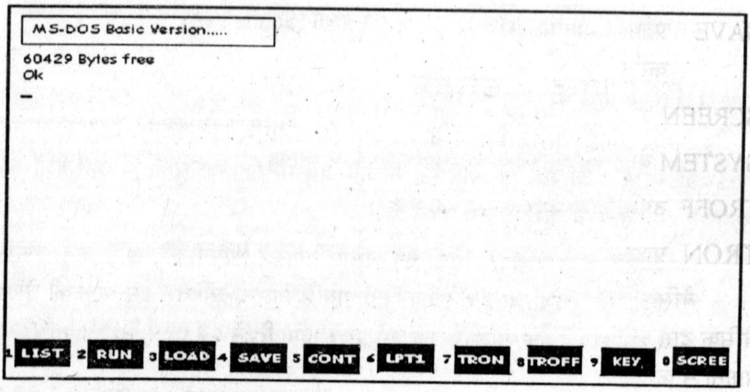

इसमें सबसे ऊपर प्रोग्राम की वृत्तसंख्या के पश्चात नये प्रोग्राम के लिये उपलब्ध स्मृति का आकार दिया गया है। इसके बाद नये प्रोग्राम के संकलन का क्षेत्र है। सबसे नीचे की पंक्ति में कर्त्यन कुंजियों के अंकों के साथ उनके द्वारा की जाने वाली परिष्कृतियाँ दी गई हैं।

कथन व अधिदेश

कथन तथा अधिदेश शब्दों में कोई विशेष अन्तर नहीं है, दोनों का अर्थ बेसिक भाषा में पूर्वनिर्धारित अधिदेश है। किन्तु किसी शब्द समूह का स्वतन्त्र उपयोग यदि बेसिक में स्वीकार्य है तो वह अधिदेश कहलाता है। अधिदेश यदि कियी प्रक्रम का अंग हो तो वह उस प्रक्रम का कथन कहलाता है। बेसिक में प्रत्येक कथन के प्रारंभ में कथन संख्या की उपस्थिति आवश्यक है, अन्यथा वह मुक्त अधिदेश के रूप में गृहण किया जाता है।

अधिदेशों को दो श्रेणियों में विभक्त किया जा सकता है - प्रणालीय अधिदेश तथा बेसिक कथन। प्रणाली अधिदेश बेसिक के वे अधिदेश है, जो कम्प्यूटर प्रणाली को संयमित करते है, जैसे - RUN, SAVE, आदि। प्रक्रमण में इनका उपयोग वर्जित है। विभिन्न प्रणालीय अधिदेश, जिनका बेसिक में बहुधा उपयोग होता है, निम्नांकित हैं। प्रत्येक अधिदेश के आगे उसके उपयोग का प्रभाव वर्णित है -

अधिदेश	उपयोग
AUTO	प्रक्रम निर्माण में कथन संयाओं के स्वत: अंकन के लिये,
FILES	उपयोग की जा रही निदेशिका में सभी संचित प्रक्रमों की सूची प्रस्तुत करना,
LIST	प्रक्रमण को अन्तिम स्वरूप में परदे पर दर्शाना
LOAD	पुराने संचित प्रक्रम को सक्रिय करना
NEW	नए प्रक्रम पर कार्य प्रारंभ करना
RUN	प्रक्रमण का क्रियान्वयन
SAVE	प्रक्रमण अथवा सूचनाओं को कम्प्यूटर की स्मृति में नियत स्थान पर संचित करना
SCREEN	कम्प्यूटर के परदे को खाली करना
SYSTEM	बेसिक से बाहर आकर मूल प्रणाली में आना
TROFF	उपरोक्त अधिदेश को रद्द करना
TRON	प्रक्रम के आउटपुट के साथ उसके कारणों की कथन संख्या भी प्रदर्शित करना

बेसिक के विभिन्न आवृत्तों में इनमें कुछ विविधता भी संभव है। इनके अतिरिक्त बेसिक द्वारा स्वीकार्य अन्य अधिदेश, जिनके विवरण प्रोग्रामिंग करने में स्पष्ट होंगे, को प्रक्रमों में कथनों के रूप में उपयोग किया जाता है। इन अधिदेशों को विशेष परिस्थितियों में

ही मुक्त रूप मे भी प्रयुक्त किया जा सकता है। कथनों में प्रयुक्त अधिदेशों की बड़ी विशेषता यह है कि इस प्रकार के सभी अधिदेश परस्पर संबंधित हैं एवं उनका कोई स्वतन्त्र प्रभाव संभव नहीं होता है। जबकि, जैसाकि पूर्व में कहा जा चुका है, अपना स्वतन्त्र प्रभाव रखने वाले शब्द अथवा शब्द श्रृंखला ही अधिदेश कहे जा सकते हैं। यदि प्रभावी होने लिए किसी अन्य अधिदेश की आवश्यकता होती है तो वे दोनों ही कथन कहे जाते हैं।

बेसिक कथनों में प्राय: तीन अनिवार्य भाग होते हैं - कथन संख्या, परिचारक (Operator) तथा परिचार्य (Operand)। किन्तु इसके कुछ अपवाद है, जैसे - End परिचारक का काई परिचार्य नहीं होता है, इसी प्रकार Return परिचारक भी परिचार्यविहीन ही होता है। कथन संख्या सभी कथनों का अनिवार्य अंग होती है।

कथन संख्या (STATEMENT NUMBER)

प्रक्रम की प्रत्येक पंक्ति में एक और केवल एक ही कथन अंकित किया जाता है तथा प्रत्येक कथन का प्रारंभ कथन संख्या से होता है। कथन संख्या के बारे में सामान्य नियम इस प्रकार हैं -

1. कथन संख्या प्रक्रम के अन्तिम स्वरूप में बढते क्रम में ही होने चाहिए। यदि किसी कारणवश एक कथन संख्या अपने से पूर्व की किसी भी कथन संख्या से कम अंकित की गई है तो बेसिक कथन संख्याओं के बढते क्रम में ही स्वीकार करेगी। इसका तात्पर्य यह भी है कि यदि भूल से कोई कथन अंकित होने से छूट गया है तो उसे उसकी सही क्रमानुगत कथन संख्या के साथ प्रक्रम में किसी भी स्थान पर अंकित किया जा सकता है। बेसिक भाष्यकार स्वमेव उसे उसके यथास्थान पर ही पढ़ेगा।
2. प्रक्रम में कोई एक कथन संख्या दो बार उपयुक्त नहीं की जा सकती। यदि ऐसा किया गया है तो बेसिक अन्त में अंकित कथन को ही सही मानेगी। उससे पूर्व के उसी कथन संख्या वालें सभी कथन स्वमेव ही निरस्त माने जाएंगे। इसका लाभ यह भी है कि यदि किसी कथन के अंकन में कोई त्रुटि हो गई हो तो उस कथन को कथन संख्या सहित पुन: अंकित किया जा सकता है, जो पूर्व के त्रुटिपूर्ण कथन का स्थान ग्रहण कर लेगा।
3. कथन संख्या का मान 1 से 99999 तक हो सकता है। इस आसार में कथन संख्या कहीं से भी प्रारंभ होकर कहीं पर भी समाप्त हो सकती है, केवल उनका बढ़ते क्रम में होना आवश्यक है।
4. किन्ही भी दो सन्निकट कथनों की कथन संख्या में अन्तर कुछ भी रखा जा सकता है, केवल उनका बढ़ते क्रम में होना आवश्यक है।

प्रक्रम में परिवर्तन (CHANGES IN PROGRAM)

उपरोक्त नियमानुसार बेसिक भाषा के प्रक्रमण में भूल सुधार करने की भी नियत

पद्यतियाँ हैं। यदि किसी कथन के अंकन में कोई भूल हो गई है तो कथन को प्रवेश कराने के बाद उसमें त्रुटि को सही करने से काई लाभ नहीं होता। यद्यपि परदे पर त्रुटि सही की जाती दिखेगी, किन्तु बेसिक उस कथन को उसके मूल स्वरूप में ही स्वीकार करती है। इसलिए भूल सुधार के लिए सर्वोतम विधि यही है कि कथन को कथन संख्या सहित दोबारा अंकित कर दिया जाए,जैसाकि उपरोक्त नियम 2 में वर्णित है।

इन नियमों के अन्तर्गत ही यदि कोई कथन प्रक्रम से हटाना हो तो उसकी कथन संख्या मात्र अंकित कर प्रवेश कराने से कथन अप्रभावी हो जाता है, यद्यपि कथन परदे पर उस समय प्रदर्शित होता रहेगा। प्रक्रम में भूल से छोड़ दिए गये कथनों को नियम 1 में वर्णित व्यवस्थानुसार प्रक्रम में सही कथन संख्या सहित कहीं भी अंकित किया जा सकता है।

कथन संख्याओं की उपरोक्त व्यवस्थाओं का लाभ उठाते हुए उनके निर्धारण में निम्नलिखित बातों को अपनाना लाभप्रद रहता है –

1. कथन संख्या 1 से आरंभ न करके किसी अन्य संख्या जैसे 5,10... आदि संख्या से आरंभ करनी चाहिए। इससे लाभ यह होता है कि यदि बाद में प्रक्रम के आरंभ में कोई कथन अंकित करने की आवश्यकता लगे तो प्रक्रम के सभी कथनों के क्रमांक बदलने नहीं होंगे। केवल प्रथम कथन के अंक से कम अंक की कथन संख्या के साथ कथन अंकित करना पर्याप्त होगा।
2. सन्निकट कथनों की कथन संख्याओं में पर्याप्त, जैसे 5 या 10 का अन्तर रखना चाहिये। यह इसलिए लाभप्रद रहता है ताकि किन्ही भी दो कथनों के मध्य कभी नए कथन के स्थापन की आवश्यकता हो नए कथन को, दोनों कथनों की संख्या के मध्य की कोई भी संख्या प्रदान की जा सकती है।

आरंभ में ऐसा लग सकता है कि कथन संख्या अंकित करने में व्यर्थ मे ही समय नष्ट किया जा रहा है, किन्तु उपरोक्त बिंदुओं से एवं अभ्यास से स्पष्ट हो जाता है कि कथन संख्या अंकित करना बेसिक प्रक्रमण में अत्यन्त लाभकारी क्रिया है। यद्यपि बहुत सी अन्य भाषाएँ कथन संख्या को आवश्यक नहीं मानती, किन्तु बेसिक इसे आवश्यक मानती है।

अंकगणितीय प्रतिकेत

बेसिक में अंकगणितीय क्रियाओं के लिये निम्नांकित प्रतिकेत निर्धारित हैं –

योग करना	+
घटाना	–
गुणन करना	*
भाग करना	/

घात लगाना ^

कोष्ठक ( )

इन प्रतिकेतों के संख्याओं के साथ उपयोग से बने संयुक्त रूप को **गणितीय व्यक्तव** कहते हैं। गणितीय व्यक्तवों की रचना में निम्नलिखित नियम उपादेय हैं -

1- कोष्ठक के अतिरिक्त कोई प्रतिकेत किसी अन्य प्रतिकेत के आसन्न नहीं हो सकता।

2- कोष्ठक व्यक्तव के भाग को प्रथक अस्तित्त्व प्रदान करते हैं तथा अन्दर की संख्याओं का बाहर की संख्याओं से सीधा संसर्ग निषिद्ध करते हैं। इनका उपयोग सदैव युगल में होता है।

3- अभिव्यंजन के सरलीकरण में सर्वप्रथम कोष्ठित भागों को प्रथक व्यक्तवों के रूप में सरलीकृत करके कोष्ठकों को समाप्त किया जाता है।

4- गणितीय प्रतिकेतों की उपादेयता का क्रम इस प्रकार है : -

घात,

गुणन एवं अथवा भाग,

योग एवं अथवा घटाना

ये नियम साधारण गणित के नियमों जैसे ही हैं।

प्रस्तुति कथन PRINT

यह कथन प्रक्रम के बहिर्गतन अर्थात् परिणाम को दर्शाने का कार्य करता है। चूँकि बिना परिणाम का कोई प्रक्रम बनाया ही नहीं जाता, इसलिए इस कथन की प्रत्येक व्यवहारिक प्रक्रम को आवश्यकता होती है। बेसिक प्रक्रमों में प्रयुक्त कथनों के परिणामस्वरूप यदि कुछ बहिर्गतन कम्प्यूटर के परदे पर प्रदर्शित होना है तो वह इस कथन से होगा। इसके अतिरिक्त इस कथन को विभिन्न उपयोगों के लिए प्रयुक्त किया जा सकता है, जैसे -

1. इसी कथन में उपयुक्त व्यंजन मानों को संगणित करने तथा परिणाम को दर्शाने हेतु।
2. अन्य कथनों द्वारा की गई संगणनाओं के परिणाम को दर्शाने हेतु।
3. कम्प्यूटर के परदे पर किसी संदेश को दर्शाने हेतु।
4. कम्प्यूटर क्रमशय द्वारा प्रदर्शित किसी अभिलेख तालिका के दर्शाने हेतु, तथा
5. प्रक्रम के परिणामों में रिक्त पंक्ति छोड़ने हेतु।

इस कथन का स्वरूप निम्नांकित प्रकार का होता है -

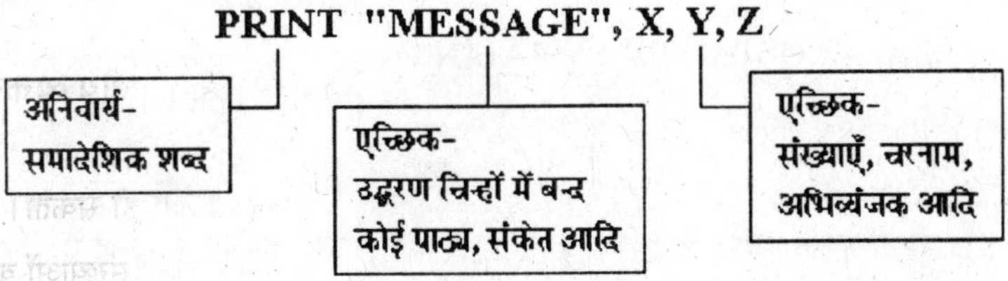

बेसिक के इस कथन का उपयोग निम्नलिखित नियमों के अनुसार किया जा सकता है -

1. प्रत्येक PRINT कथन का परिणाम सामान्यत: एक नई पंक्ति में ही होता है, किन्तु परिणाम यदि लम्बा है तो यह एक से अधिक पंक्तियों में अभिदर्शित हो सकता है।

2. कथन के आगे उद्धरण प्रतिकेतों के अन्दर कुछ भी अंकित किया जा सकता है। यह कथन उद्धरण प्रतिकेतों के अन्तर्गत प्रत्येक शब्द अथवा संकेत आदि को यथावत् अभिदर्शित करता है, यहाँ तक कि उद्धरण प्रतिकेतों के मध्य रिक्त स्थान भी ज्यों-के-त्यों अभिदर्शित किए जाते हैं। जैसे प्रक्रम कथन -

    15 PRINT "SUSHILA goes TO   sCHoL"

    का परिणाम यह होगा - **SUSHILA goes TO   sCHoL**

3. बेसिक इस कथन में सम्मिलित बिना उद्धरण प्रतिकेत के व्यक्तवों की संगणना करती है तथा यह कथन परिणाम दर्शाता है।

जैसे प्रक्रम कथन -	20 PRINT 2x6/8
का परिणाम यह होगा -	1.5
किन्तु प्रक्रम कथन -	20 PRINT SUSHILA
का परिणाम यह होगा -	

क्योंकि बेसिक SUSHILA का अर्थ नहीं जानती।

1. कथन में यदि PRINT शब्द के उपरान्त कुछ न लिखा जाए तो यह कथन एक रिक्त पंक्ति छोड़ता है। जैसे प्रक्रम -

```
10 PRINT "MARKS OBTAINED BY RAJANI"
20 PRINT
30 PRINT 4 + 6 + 12 + 8
40 END
```

का परिणाम यह होगा –

MARKS OBTAINED BY RAJANI

30

4. एक ही कथन में अभिदर्शित किए जाने हेतु एक या अनेक अवयव हो सकते हैं, किन्तु प्रत्येक दो अवयवों के मध्य एक अल्पविराम अर्थात कोमा अथवा एक अर्धविराम अर्थात सेमीकोलन अंकित होना चाहिये। ये प्रतिकेत परिणाम में अभिदर्शित नहीं होते।

5. उपरोक्त में वर्णित अवयवों के मध्य यदि अल्पविरामों का उपयोग किया गया है तो बेसिक परदे की चौड़ाई को 5 भागों में विभाजित करती है, जिनमें से प्रत्येक भाग 15 अक्षरों की चौड़ाई का होता है। इस स्थिति में परिणाम इन्हीं स्थानों पर अभिदर्शित होते है – अर्थात एक पंक्ति में पाँच अस्तियाँ। जैसे प्रक्रम कथन –

```
24 PRINT "RAJANI",  6, 12, "=",  6 + 12, "PASSED"
```

का परिणाम यह होगा –

```
RAJANI    6         12        =         18        PASSED
```

ध्यान दीजिये कथन में अभिदर्शन के लिये छः अस्तियाँ होने के कारण अन्तिम अस्ति नीचे की पंक्ति में अभिदर्शित हुई है। संख्याएँ जहाँ भी उद्धरण के बिना दी गई हैं, प्रोग्राम ने उनके मान ज्ञात करके उपलब्ध कराये हैं। यह भी ध्यान देने योगय है कि दूसरी पंक्ति में शब्द को प्रथन स्तंभ में अंकित किया गया है। इसे यदि किसी अन्य स्तंभ मे लिखे जाने के लिये हमें कुछ स्तंभों का रिक्त छोड़ना होगा। यह कार्य कुछ अतिरिक्त अल्पविराम कर सकते हैं। जैसे प्रोग्राम कथन –

```
24 PRINT "RAJANI",  6, 12, "=",  6 + 12,,,, "PASSED"
```

का परिणाम यह होगा –

```
RAJANI    6         12        =         18

                    PASSED
```

इसमें तीन अतिरिक्त अल्पविराम होने के कारण दूसरी पंक्ति के शब्द को तीन स्तंभ आगे अंकित किया गया है।

6. उपरोक्त नियम 4 में वर्णित अवयवों के मध्य यदि अर्धविरामों PRINT का उपयोग किया गया है तो परिणाम एक ही पंक्ति में अंकित हो सकते है। जैसे प्रक्रम कथन –

```
24 PRINT "RAJANI";  6; 12; "=";  6 + 12; "PASSED"
```

का परिणाम यह होगा -

RAJANI 6 12 = 18 PASSED

चर्य तथा मान प्रदत्तन कथन

बेसिक प्रकरण में ही नहीं, सभी प्रकार के प्रक्रमों में **चर्य** नामों का उपयोग बहुतायत में होता है। अज्ञात परिणामों को प्रारंभ में कोई चर्य नाम देकर समीकरण बनाया जाना और समीकरणों को हल करके चर्यों के मान ज्ञात किया जाना - बीजगणित का मूल मंत्र है, जिसका उपयोग प्रक्रमण में भी किया जाता है।

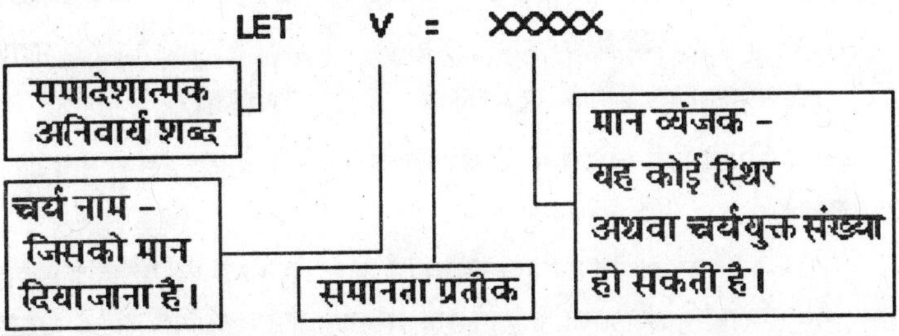

यदि प्रक्रम में कोई चर्य उपस्थित होता है तो उसके मान निर्धारण की परिष्कृति भी आवश्यक रूप से उपस्थित होगी। अनेक बार एक चर्य का मान निर्धारित भी किया जा सकता है। मान निर्धारण के उद्देश्य को सम्पन्न करने के लिए उपयुक्त कथन को मान निर्धारण कथन कहा जाता है। मान निर्धारण कथन के स्वरूप के आवश्यक अंगों को ऊपर के चित्रानुसार दर्शाया जाता है।

उपरोक्त कथन स्वरूप में सर्वाधिक महत्त्वपूर्ण तथ्य यह है कि इसमें उपयुक्त बराबर के निन्ह का अर्थ बराबर कदापि नहीं है। इसका अंर्थ **विस्थापित करना** होता है, अर्थात् उपरोक्त कथन द्वारा चर्य को व्यंजक के मान से विस्थापित किया गया है। मान निर्धारण कथन के बारे में निम्नलिखित नियमों का ध्यान रखना आवश्यक है-

1. चर्य नाम कोई एक रोमन अक्षर अथवा रोमन अक्षर के साथ कोई एक संख्या हो सकता है, जैसे - A, B, C, D, ... अथवा A1, B5, C10, D300, ... आदि। बेसिक में इसके अतिरिक्त कोई अन्य चर्य स्वरूप मान्य नहीं है। जैसे प्रक्रम -

```
22 LET A = 5
23 LET B100 = 10
24 PRINT "RAJANI", A+B100, "PASSED"
25 END
```

का परिणाम यह होगा - RAJANI15 PASSED

2. प्रक्रम में जिस स्थान पर मान निर्धारण कथन प्रयुक्त किया जा रहा है, उससे पूर्व मान व्यंजक में उपयुक्त सभी चर्यों के मान किसी कथन द्वारा निर्धारित होने आवश्यक होते हैं, अन्यथा मान निर्धारण कथन निरर्थक हो जाता है। मान व्यंजक में उपयुक्त चर्यों के मान यदि कथन के बाद निर्धारित किए जाते हैं तो कथन में उनका उपयोग नहीं होता। जैसे प्रक्रम -

```
22 LET A = 5
23 LET B100 = 10
24 PRINT "RAJANI", A + B100 + C, "PASSED"
25 END
```

का परिणाम यह होगा - RAJANI PASSED

क्योंकि प्रोग्राम दिये व्यक्तव में C का मान न जानने के कारण उसका मान ज्ञात न कर सका।

चर्य नामों के उपयोग का एक महत्त्वपूर्ण लाभ यह भी है कि गणितीय व्यंजकों को बार-बार अंकित करने से बचने के लिये उन्हें चर्य नाम प्रदान कर दिये जाते हैं एवं व्यंजकों के स्थान पर उन नामों का उपयोग ही पर्याप्त होता है। जैसे 35.4706 सेमी की एक भुजा के वर्ग अन्दर बने इसी व्यास का एक वृत बना है जैसा कि चित्र में दिखाया गया है। वृत के बाहर तथा वर्ग के अन्दर के क्षेत्रफल जिसे चित्र में रंगीन दिखाया गया है, का मान ज्ञात करने के लिये प्रक्रम इस प्रकार बनाया जा सकता है -

उदाहरण - 1

```
10 LET S = 35.4706^2
20 LET C = 3.14*35.4706^2/4
30 PRINT S - C
40 END
```

अथवा इस प्रकार -

```
10 LET A = 35.4706
20 LET S = A^2
30 LET C = 3.14*A/4
40 PRINT S - C
50 END
```

स्पष्ट है कि दूसरी विधि अधिक सुविधाजनक है।

इसके अतिरिक्त भी अनके उपयोगों में चर्य नामों के उपयोग की आवश्यकता होती है। जो परिणाम प्रक्रम में बार-बार बदलते हैं, उन्हें भी चर्य नाम प्रदान किए जाते हैं और चर्य का मान प्रक्रम में आवश्यकतानुसार परिवर्तित होता रहता है। जैसे कि उपरोक्त चित्र की भुजा का मान यदि क्रमशः 3, 5, 7 तथा 9 होता हो तो रंगीन क्षेत्रफल के चार मान ज्ञात करने के लिये प्रक्रम इस प्रकार का हो सकता है -

उदाहरण - 2

```
10 LET A = 3
20 LET B = A^2 - 3.14*A/4
50 PRINT B
60 LET A = 5
70 PRINT B
80 LET A = 7
90 PRINT B
100 LET A = 9
110 PRINT B
120 END
```

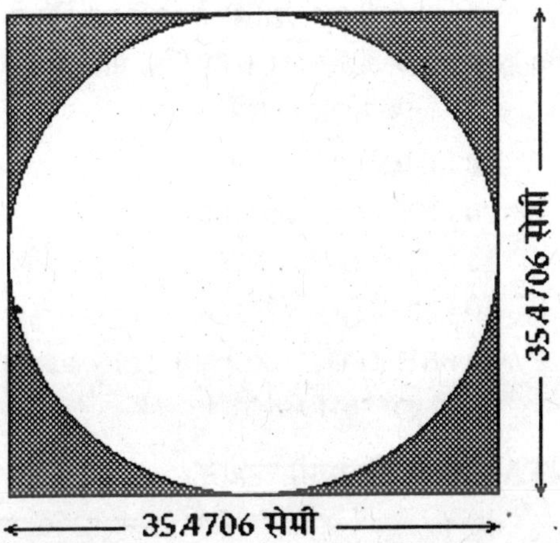

इस प्रोग्राम में चर्य ए तथा बी से बहुत सुविधा हुई है।

उपरोक्त दो कथनों के विवरणों के बाद यह स्पष्ट करना आवश्यक है कि बेसिक में गणितीय संगणनाओं अथवा कर्त्यनों के प्रयोग के लिए कोई अलग से कथन नहीं है। सभी संगणनाएँ आदि मान निर्धारण कथन लैट अथवा प्रिण्ट कथन द्वारा ही सम्पन्न होती हैं। प्रक्रमक को अपना मंतव्य मान निर्धारण इन कथनों में ही व्यक्तवों को यथावत् अंकित कर देने से ही स्पष्ट करना होता है। इन कथनों में जो व्यक्तव उपयुक्त होते हैं, बेसिक उनका परिणाम ज्ञात करके ही आगे की कार्यवाही करती है।

उदाहरण - 3 : 4 तथा 10 सेमी की त्रिज्या के गोलों के आयतन व प्रत्येक आयतन के समतुल्य आयतन के घन की एक भुजा का मान निकालिए तथा परिणामों को RADIUS, VOLUME तथा CUBEARM शीर्षकों की तालिका मे दर्शाइए।

उपयुक्त सूत्र - $V = \frac{4}{3}\pi R^3$ $\qquad$ $A = \sqrt[3]{V}$

```
10 PRINT "RADIUS", "VOLUME", "CUBEARM"
20 LET R = 4
30 LET V = (4/3)*3.14*R^3
40 LET A = V^(1/3)
50 PRINT R, V, A
60 LET R = 10
70 PRINT R, V, A
80 END
```

उदाहरण - 4 : जयपुर तथा जोधपुर के अक्षांश एवं देशांतर अक्षांश क्रमशः लगभग (75.8X26.9) तथा (73X26.3) है। यदि इस क्षेत्र मे एक अक्षांश का मान 90 कि. मी. तथा 1 देशांतर अक्षांश का मान 100 कि. मी. हो तो दोनों नगरों के मध्य सरल रेखा दूरी निकालने के लिये प्रोग्राम बनाइये।

```
10 LET X1 = 75.8*90
20 LET Y1 = 26.9*100
30 LET X2 = 73*90
40 LET Y2 = 26.3*100
50 PRINT ((X1 - X2)^2 + (Y1 - Y2)^2)^(1/2)
60 END
```

REMARK टिप्पणी कथन

विस्तृत प्रक्रमों के निर्माण में कभी-कभी लंबा समय लग सकता है जिससे प्रारंभ में विकसित सूचनाएँ अन्त तक विस्मृत हो सकती हैं। साथ ही एक ही प्रक्रम पर विभिन्न लोगों को भी कार्य करना पड़ सकता है। अत: प्रक्रमण परिष्कृति में तारतम्य की सुविधा के लिये यह आवश्यक है कि प्रक्रमण में उपयुक्त मान्यताएँ व अवधारणाएँ प्रक्रम में ही उपलब्ध हों। इससे प्रक्रम के संशोधन में भी सुविधा होगी।

बेसिक में इस प्रकार की टिप्पणियों को अंकित करने की व्यवस्था है। प्रक्रम में किसी भी पंक्ति में REM कथन रखा जा सकता है जो प्रक्रम में टिप्पणियाँ अंकित करने का करता है। इस कथन में कथन संख्या के बाद REM शब्द तथा उसके बाद टिप्पणी स्वरूप कुछ भी अंकित किया जा सकता है। टिप्पणी कितनी भी पंक्तियों की हो सकती है, किन्तु प्रत्येक पंक्ति के प्रारंभ में शब्द REM अंकित होना चाहिए। एक ही प्रक्रम में टिप्पणियाँ एक या अनेक स्थानों पर हो सकती हैं।

बेसिक भाष्यकार जिस पंक्ति के आंरभ में REM शब्द पाता है, प्रक्रम के उपयोग के समय उस पंक्ति को अनदेखा कर देता है।

उदाहरण -

```
10 REM This program is to display the applicatiion
20 REM of Remark Statement. We answer to Reader's querries.
30 PRINT"WHAT IS THE PURPOSE OF THIS BOOK?"
40 PRINT"THE PURPOSE OF THIS BOOK IS TO MOVE A STEP
50 PRINT "AHEAD TOWARDS OUR OBJECTIVE OF
60 PRINT "DEVELOPING A COMPUTER LANGUAGE IN HINDI"
70 REM People generally ignore Hindi Readers and feel that
80 REM They are not fit for Computer Education. We feel that
90 REM Commputers are for everybody and from every body's
100 REM point of view, easy to leam material should be
110 REM made available to all.
120 LET A = "IT IS A GOOD IDEA"
130 PRINT A
140 LET B = "KEEP ON SMILING, IT PAYS"
150 PRINT B; A
160 PRINT A;",",B
170 END
```

प्रोग्रामिंग भाषा - फॉक्सप्रो

फॉक्सप्रो डेटा-परिष्कारण का एक सशक्त साधन होने के साथ-साथ एक समर्थ उच्चस्तरीय कम्प्यूटर भाषा भी है जिसमें मूलत: उन्ही अधिदेशों का उपयोग होता है जो फॉक्सप्रो द्वारा डेटा परिष्कारण में उपयोग किये जाते हैं। फॉक्सप्रो भाषा अधिदेशों की लम्बी श्रृंखला है जिन सभी पर इस पुस्तक में चर्चा संभव नहीं है। इसके लिये फॉक्सप्रो उपग्रन्थ से प्रसंग प्राप्त किये जा सकते हैं। फॉक्सप्रो का सहायता प्रोग्राम भी इसके लिये उपादेयी सिद्ध होता है।

स्मृति चर्य - मेमोरी वैरियेबिल

फॉक्सप्रो अधिदेशों में स्मृति चर्यो के उपयोग से जटिल स्थितियों को सुलझाने में सुविधा होती है। आवश्यक सूचनाएँ यद्यपि चकतियों पर सुरक्षित रहती हैं किन्तु इन्हें वहाँ से बार-बार प्राप्त करने में बहुत समय लगता है। इसलिये जिन सूचना तत्त्वों का प्रोग्राम में बार बार उपयोग होना हो, उन्हें संक्षिप्त नाम देकर कम्प्यूटर स्मृतिपटल पर अंकित कर लिया जाता है। इन नामों को चर्य कहते हैं क्योंकि इनके मान प्रोग्राम के धावन में परिवर्तित होते रहते हैं।

फॉक्सप्रो में चर्य नाम क्षेत्र नामों की तरह ही अधिकतम 10 अक्षरों तक के हो सकते

हैं, इनका आरंभ किसी वर्ण से ही होना चाहिये, तथा इनमें अधोबट संकेत (_) के अतिरिक्त किसी अन्य चिन्ह का उपयोग नहीं किया जा सकता और न ही कोई रिक्ति छोड़ी जा सकती है।

फॉक्सप्रो में चर्यों को दो वर्गों में रखा जाता है - प्राइवेट तथा पब्लिक। प्राइवेट चर्य केवल उसी प्रोग्राम में उपयोज्य होते हैं जिनमें उन्हें घोषित किया जाता है। पब्लिक चर्य अन्य प्रोग्रामों द्वारा भी उपयोज्य होते हैं। इन चर्यों की घोषणा निम्नलिखित प्रकार से की जाती है -

```
PRIVATE var1, var_2, raj_hans4
PUBLIC a40, b_75, debit, raj_kamal
```

इस प्रकार की घोषणा के पश्चात ही घोषित चर्य को मान प्रदान किया जा सकता है। फॉक्सप्रो में चर्य मान प्रदान करन के दो उपाय हैं। एक में इस लिये **स्टोर** अधिदेश का उपयोग किया जाता है, तथा दूसरे में बराबर के चिन्ह का, जैसे

```
STORE 25 TO raj_kamal
raj_kamal = 25
```

अधिदेश राज कमल नामित स्मृतिस्थल में 25 संख्या को अंकित करेंगे। इस मान को

```
?raj_kamal
```

अधिदेश से ज्ञात किया जा सकता है। स्मृति चर्यों को प्रोग्राम में किसी भी स्थान पर प्रतिमानित व पुनर्प्रतिमानित किया जा सकता है। एक बार का प्रतिमान तब तक पराभवी रहता है जब तक कि उसे पुनः प्रतिमानित नहीं किया जाता। स्मृति चर्यों को तीन प्रकार के मान प्रदान किये जाते हैं :- सांख्यिक - जिनपर अनुकलन किया जा सके, वर्णसांख्यिक - जिन्हें यथावत उपयुक्त किया जाना हो, तथा दिनांकीय - इन्हें भी अनुकलन में उपयोग किया जा सकता है। सांख्यिक मानों को मूल स्वरूप में ही अंकित किया जाता है। वर्णसांख्यिक मानों को **विधिमित्यकों - डिलिमिटर्स** के मध्य रखा जाता है। इसी प्रकार दिनांकीय मान को इसके नियत स्वरूप में घुंघर कोष्ठकों में रखा जाता है, जैसे -

```
raj_kamal = 25
raj_kamal = "Om Namoh Shivaya"
raj_kamal = {09/28/99}
```

उपप्रोग्राम

उपप्रोग्रामों का उपयोग मुख्य प्रोग्राम द्वारा तीन उद्देश्यों के लिये किया जा सकता है -

- आकार बड़ा होने पर खण्डित करने के लिये,
- किसी एक या अनेक बार बार उपयोग मे आने वाली पद्यतियों के लिये, तथा
- विशेष क्रियाओं, जैसे गणितीय क्रियाओं, के लिये।

तीनों स्थितियों के लिये फॉक्सप्रो में चार प्रावधान हैं जिनकी कार्यप्रणाली में कोई विशेष अन्तर नहीं है, केवल नामकरण का अन्तर है।

कः प्रोग्राम – किसी भी फॉक्सप्रो प्रोग्राम को एक प्रोग्राम संचिका के रूप में सुरक्षित करके उसका उपयोग किसी अन्य प्रोग्राम में डू अधिदेश से किया जा सकता है। इस प्रकार की एक संचिका में एक ही प्रोग्राम होना चाहिये।

खः पद्यति – प्रोसीजर – पद्यतियाँ भी प्रोग्राम की ही तरह होती हैं बस उनका स्वरूप इस प्रकार का होता है –

```
PROCEDURE <procedure name>
        [PARAMETERS <parameter list>]
        commands
RETURN
```

इस प्रकार की पद्यति को एक प्रोग्राम संचिका में संगृहित किया जाता है। इसे

```
SET PROCEDURE TO <procedure file>
```

अधिदेश से खोला जाता है तथा

```
DO <procedure name>
```

अधिदेश से उपयोग किया जाता है। उपयोग के पश्चात पद्यति को

```
        SET PROCEDURE TO
अथवा    CLOSE PROCEDURE <procedure file>
```

बन्द किया जाता है अन्यथा यह अनावश्यक रूप से स्मृतिपटल पर स्थान घेरे रहती है।

गः पद्यति कोश – प्रोसीजर लाइब्रेरी – पद्यति कोश भी पद्यति की तरह ही संगृहित किया जाता है किन्तु इसमें अनेक पद्यतियाँ हो सकती हैं। प्रत्येक पद्यति का स्वरूप प्रथक होता है तथा प्रथक नाम होता है। पद्यतिकोश संचिका को

```
SET LIBRARY TO <library file name>
```

से खोला जाता है तथा इसकी पद्यतियों को

```
DO <procedure name>
```

अधिदेश से उपयोग किया जाता है। उपयोग के पश्चात पद्यति कोश को

SET LIBRARY TO से बन्द किया जाता है।

घः कर्त्यन - फंक्शन - नित्यप्रति की भाँति ही कम्प्यूटर प्रोग्रामों में अनेक छोटी-छोटी परिष्कृतियों की बहुधा आवश्यकता होती है। ऐसी प्रत्येक परिष्कृति के लिये एक पृथक प्रोग्राम बना लिया जाता है तथा इसे एक सुविधाजनक नाम दे दिया जाता है। ऐसे प्रत्येक प्रोग्राम को एक कर्त्यन अथवा फंक्शन कहा जाता है तथा नाम के बाद एक कोष्ठक युगल से दर्शाया जाता है। प्रोग्राम में जहाँ ऐसी किसी परिष्कृति की आवश्यकता होती है, वहाँ समतुल्य कर्त्यन का उपयोग कर लिया जाता है। फॉक्सप्रो में भी इस प्रकार के एक सौ से अधिक कर्त्यन परिभाषित हैं। साथ ही उपयोक्ता द्वारा अपने लिये उपयोगी कर्त्यन परिभाषित करने एवं उनके उपयोग की सुविधा है। कत्यनों को भी पद्यतिकोश में संगृहित किया जाता है।

संचिका अधिदेश

संचिकाएँ दो प्रकार की होती हैं - अधिदेशीय संचिका अथवा प्रोग्राम, तथा धृतीय संचिका अथवा डेटा। फॉक्सप्रो प्रोग्रामों में अधिदेशीय संचिकाओं के नाम से पूर्व कमाण्ड शब्द लगाया जाता है। संचिकाओं के उपयोग संबन्धी फॉक्सप्रो अधिदेश निम्नांकित हैं -

CREATE COMMAND <program filename> नई प्रोग्राम संचिका निर्माण हेतु,

MODIFY COMMAND <program filename> अस्तित्वी प्रोग्राम संचिका के संशोधन हेतु,

DO <program filename> प्रोग्राम संचिका के क्रियान्वयन हेतु,

CREATE <datafile> नई डेटा संचिका के निर्माण हेतु,

MODIFY FILE <datafile> डेटा संचिका में संशोधन हेतु,

USE <datafile> डेटा संचिका को उपयोग में लेने हेतु,

OPEN <datafile> डेटा संचिका को खोलने हेतु

EDIT <datafile> डेटा संचिका के ईक्षायन हेतु,

अनेक संचिका उपयोग

डेटा परिष्कारण में बहुधा एक साथ अनेक संचिकाओं की आवश्यकता होती है। इसके लिये प्रत्येक संचिका को एक नामांकित कार्यक्षेत्र नियत किया जाता है तथा इसमें संचिका को **सेलेक्ट** अधिदेश से स्थापित किया जाता है। जैसे तीन संचिकाओं को एक साथ सक्रिय करने हेतु - SELECT A

USE <file1>

```
SELECT B
USE <file2>
SELECT C
USE <file3>
```

इसके बाद किसी भी संचिका के उपयोग के लिये -

```
SELECT A, SELECT B, SELECT C
```

अथवा SELECT <file1>, SELECT <file2>, SELECT <file3>

आदि अधिदेश दिया जाता है जो अधिदेशों

```
USE <file1>, USE <file2>, USE <file3>
```

आदि की तरह कार्य करते हैं।

डेटा रिकॉर्ड - धृति प्रतिसार अधिदेश

किसी विशेष डेटा प्रतिसार को लक्षित करने हेतु फॉक्सप्रो के निम्नांकित अधिदेश उपयोगी हैं -

GO/GOTO/GO TO <record no.> दी गयी संख्या के प्रतिसार को लक्षित करने हेतु,

SKIP <number> दी गयी संख्या में प्रतिसारों को छोड़कर आगे के प्रतिसार को लक्षित करने हेतु, यदि कोई संख्या न दी हो तो एक प्रतिसार को छोड़ा जाता है।

LIST [<fields list>][<scope>][FOR <condition>][TO <destination>]

यह एक समागृही अर्थात कम्प्रहेन्सिव अधिदेश है जिसमें चार ऐक्ष हैं जो इसे विस्तार

STUNAME	STUCLASS	STUDBIRTH	STUDHT
Menaka Chauhan	11	12/30/75	150.50
Surabhi Sahgal	12	03/06/74	165.00
Tulika Prasad	10	11/25/76	155.50
Gargi Vatsayan	12	01/01/74	170.00
Saraswati Vidushi	12	12/15/75	167.00
Bharati Acharya	10	03/10/76	150.50

तथा विवेक शक्ति प्रदान करते हैं। यह सूची से स्कोप द्वारा निर्धारित प्रतिसारों में से दी गयी कसौटी के अनुसार प्रतिसारों का चयन कर फील्ड लिस्ट के अनुसार वांछित क्षेत्रों को डेस्टीनेशन उपचय को प्रेषित करता है। जैसे निम्नांकित STUDENTS सूची के लिये इस अधिदेश को अनेक रूपों में उपयुक्त किया जा सकता है -

STUDENTS

USE STUDENTS

LIST FIELD STUNAME, STUDHT

- पूरी सूची के केवल दो क्षेत्रों को प्रदर्शित करने हेतु,

LIST STUNAME, RECORD 1 TO 4

- प्रथम चार प्रतिसारों के क्षात्रनामों को दर्शाने हेतु,

LIST STUCLASS, STUDHT FOR STUDBIRTH < {12/31/76}

- पूरी सूची से उन क्षात्रों की कक्षा तथा ऊँचाई दर्शाने के लिये जिनकी जन्मतिथि 31 दिसम्बर 76 से कम है,

LIST "TULIKA PRASAD" TO PRINTER

- क्षात्र तूलिका प्रसाद के पूरे विवरण मुद्रित करने हेतु,

LIST STUCLASS > 11 AND STUDHT < = 165

- पूरी सूची से उन क्षात्रों के पूरे विवरण दर्शाने के लिये जो कक्षा 11 से बड़ी कक्षा में हैं तथा जिनकी ऊँचाई 165 के बराबर अथवा कम है।

उपयोक्ता संवप्राक्ष - यूज़र इण्टरफेस

फॉक्सप्रो में प्रोग्राम के क्रियान्वयन में उपयोक्ता के साथ संवाद स्थापित करने के पर्याप्त उपाय हैं। इनके विवरण इस प्रकार हैं -

एक्सैप्ट अधिदेश : उपयोक्ता से पूछे जाने वाले प्रश्न को तथा बाद में उसके उत्तर को एक स्मृति चर्य में संचित कराने के लिये इस अधिदंश का उपयोग किया जाता है। इ..का स्वरूप निम्नांकित है -

ACCEPT [<prompt>] TO <memvar>

ACCEPT TO <memvar>

इसमें प्रॉम्प्ट के स्थान पर उपयोक्ता से पूछे जाने वाले प्रश्न को तथा मेमवार के स्थान पर उस चर्य नाम को लिखा जाता है जिसमें प्रश्न तथा उत्तर को संगृहित करना हो। इसमें प्राप्त उत्तर को वार्णिक वर्ग का माना जाता है जिससे उसे किसी अनुकलन में उपयुक्त

नहीं किया जा सकता। इसमें प्रश्न का अंकित किया जाना प्रतिबद्ध नहीं है, इसे रिक्त रखा जा सकता है। ऐसी स्थिति में उपयोक्ता से बिना उद्योत के ही प्रविष्टि की आशा की जाती है। जैसे –

ACCEPT what is your name? TO name

अधिदेश प्राप्तनाम को नेम नामक स्मृति चर्य में संगृहित करेगा।

इनपुट अधिदेश : यह अधिदेश एक्सैप्ट की तरह ही कार्य करता है किन्तु उत्तर को वर्णात्मक वर्ग में न रखा जाकर उसे समुचित वर्ग में रखा जाता है जिससे उसका उपयोग अनुकलन में किया जा सकता है।

वेट अधिदेश WAIT : यह अधिदेश भी उपरोक्त दो अधिदेशों की तरह हा है किन्तु इसकी दो विशेषताएँ हैं – इसमें स्मृति चर्य नाम देने की भी प्रतिबद्धता नहीं है, तथा इसमें उपयोक्ता केवल एक कुंजीदोल से ही अपना उत्तर दे सकता है। इस अधिदेश को उपयोक्ता से ऐसे प्रश्न किये जाते हैं जिनके उत्तर हाँ, ना में दिये जा सकें। इस कारण से यदि प्रक्रमक प्रश्न न अंकित करे तो फॉक्सप्रो अपनी ओर से यह अभीष्ट निर्देश देता है

PRESS ANY KEY TO CONTINUE......

इस प्रकार इस अधिदेश का विन्यास इस तरह का होता है –

WAIT [<prompt>] TO [<memvar>]

WAIT do you want to quit this program?

निर्णयात्मक अधिदेश

फॉक्सप्रो में दो निर्णयात्मक अधिदेश हैं, एक दो ऐक्षों में से एक को चुनने के काम आता है जबकि दूसरा अनेकों में से एक ऐक्ष्य को चुनने का कार्य करता है।

यदि.....तब........अन्यथा.......यद्यान्त IF.....THEN......ELSE......ENDIF

इस अधिदेश के उपयोग के लिये एक कसौटी चुनी जाती है, तथा स्थिति को इस कसौटी पर परखा जाता है। स्थिति के अनुकूल पाये जाने पर एक ऐक्ष को अन्यथा अन्य ऐक्ष को चुना जाता है। उदाहरण के लिये, पूर्व में दी गयी स्टूडेण्ट्स सूची को वर्णमालानुसार करने के लिये हम एक प्रोग्राम इस प्रकार का बना सकते हैं –

```
USE STUDENTS
GOTO RECORD 1
STORE ASC(STUNAME) TO MEMVAR1
SKIP
IF ASC(STUNAME) < MEMVAR1
```

```
        THEN
                        TRANSPOSE RECORDS (1 AND 2)
    ENDIF
    STORE ASC(STUNAME) TO MEMVAR1
    SKIP
    IF ASC(STUNAME) < MEMVAR1
        THEN
                        TRANSPOSE RECORDS (2 AND 3)
    ENDIF
    STORE ASC(STUNAME) TO MEMVAR1
    SKIP
    IF ASC(STUNAME) < MEMVAR1
        THEN
                        TRANSPOSE RECORDS (3 AND 4)
    ENDIF
    ................
```

जहाँ **एएससी** फाक्सप्रो का अभीष्ट **कर्त्यन** है जो लक्षित शब्द के प्रथम वर्ण का आस्की मान प्रदान करता है, तथा ट्रान्सपोज़ एक उपयोक्ता द्वारा परिभाषित **कर्त्यन** - फंक्शन है जो लक्षित प्रतिसारों की अदला-बदली करता है। इस प्रकार हम प्रत्येक दो प्रतिसारों के लिये इसी प्रकार के कदमों से आगे बढ़ते जाते हैं जब तक कि हम अन्तिम प्रतिसार पर नहीं पहुँच जाते। दी गई सूची में 9 प्रतिसार होने के कारण हमें एक ही प्रकार के कदमों को आठ बार दोहराना पड़ता है। इसलिये यह प्रोग्राम व्यावहारिक नहीं है, केवल उदाहरण के लिये चुना गया है। इस प्रकार के अव्यवहारिक उदाहरण का महत्त्व आगे स्पष्ट होगा।

इस प्रोग्राम के प्रत्येक चरण में निम्नलिखित क्रियाएँ की जाती हैं -

-प्रोग्राम एक प्रतिसार पर जाता है,

-इस प्रतिसार से क्षात्रनाम के प्रथम वर्ण का आस्की मान ज्ञात करके स्मृति चर्य में संगृहित करता है,

-अगले प्रतिसार पर जाता है,

-इस प्रतिसार से क्षात्रनाम के प्रथम वर्ण का आस्की मान ज्ञात करके स्मृति चर्य मान से तुलना करता है,

-यदि यह मान न्यून पाया जाता है, तब वर्तमान तथा इसके पूर्ववर्ती प्रतिसारों की स्थितियों की अदला-अदली करता है,

-अन्यथा कुछ न करके कसौटी परीक्षण का बन्द करता है,

-वर्तमान प्रतिसार के क्षात्रनाम का आस्की मान ज्ञात कर इसे स्मृति चर्य में संगृहित करता है,

-अगले प्रतिसार पर जाता है,

इन क्रियाओं को प्रत्येक प्रतिसार-युगल पर उपादित करने के बाद पुनः-पुनः संपूर्ण प्रोग्राम को सूची पर क्रियान्वित करने की आवश्यकता होती है, तभी सूची वर्णमालानुसार व्यवस्थित हो पाती है।

कथा क्रिया ..... कथा अन्त DO CASE........END CASE

जहाँ कसौटी परीक्षण के परिणाम दो होते हैं वहाँ यदि....तब......अन्यथा शास्त सरलता से उपादयित किया जा सकता है किन्तु कसौटी परिणाम दो से अधिक होने पर यदि...तब...अन्यथा शास्त को बार बार उपादयित करने की आवश्यकता होती है। इससे बचने के लिये DO CASE........END CASE अधिदेश समूह उपयोगी सिद्ध होता है। इसमें कथा के अनेक मानों के प्रति भिन्न क्रियाओं का प्रावधान होता है। इस अधिदेश का स्वरूप निम्नलिखित प्रकार का होता है -

```
DO CASE
   CASE <condition1>
            statements1
   [CASE <condition2>
            statements2]
   .......
   [CASE <conditionN>
            statementsN]
   [OTHERWISE
            statements]
END CASE
```

इस प्रकार इस अधिदेश में सभी संभव ऐक्यों की कसौटियाँ नियत की जा सकती हैं। इसमें DO CASE., END CASE के अतिरिक्त केवल एक कसौटी तथा उससे संबद्ध क्रियाएँ देने की प्रतिबद्धता होती है, अन्य कसौटियाँ तथा उनसे संबद्ध क्रियाएँ ऐच्छिक हैं।

पाश क्रियाएँ - LOOPING ACTIONS

हम जानते ही हैं कि पाश क्रियाओं का उपयोग किसी एक क्रिया अथवा क्रियासमूह के बार बार किये जाने हेतु किया जाता है। फॉक्सप्रो में इसके लिये दो अधिदेश हैं -

जबतक क्रिया.....अन्त DO WHILE.....ENDDO

इस अधिदेश का सामान्य स्वरूप इस प्रकार है -

```
DO WHILE <condition>
        commands
  [LOOP]
  [EXIT]
ENDDO
```

इसमें सम्बन्ध के सत्य पाये जाने पर इसके बाद दिये गये अधिदेशों का क्रियान्वयन होता है तथा ऐसा तब तक होता रहता है जब तक कि सम्बन्ध सत्य रहता है। अत: अधिदेशों के क्रियान्वयन के बाद प्रोग्राम पीछे लौटता है तथा सम्बन्ध का परीक्षण करता है। जब सम्बन्ध असत्य पाया जाता है तब प्रोग्राम **ऐण्डडू** के बाद के कथन पर चलाजाता है। इस क्रियान्वयन को एण्डडू से पूर्व **लूप** अधिदेश देकर प्रोग्राम को वापिस **डू व्हाइल** पर भेजा जा सकता है अथवा **ऐक्जिट** अधिदेश देकर ऐण्डडू के बाद भेजा जा सकता है। यह नीचे के उदाहरण से स्पष्ट होगा।

पीछे एक उदाहरण में हमने एक सूची को वर्णमालानुसार व्यवस्थित करने हेतु एक क्रिया समूह को बार-बार दोहराया था। प्रस्तुत अधिदेश इस कार्य के लिये समुपयुक्त है। उसकी तुलना में हमारा नया प्रोग्राम इस प्रकार का होगा-

```
USE STUDENTS
GOTO TOP
STORE 1 TO N
DO WHILE NOT EOF('STUDENTS')
    GOTO N
    STORE ASC(STUNAME) TO MEMVAR1
    GOTO TOP
    DO WHILE NOT EOF('STUDENTS')
          SKIP
          IF ASC(STUNAME) < MEMVAR1
          THEN
                 TRANSPOSE RECORDS ( N+1, N)
          ENDIF
    ENDDO
    N=N+1
ENDDO
```

जिसमें एन गणित्र का कार्य करता है। यह प्रोग्राम दी गई क्रियाओं को संचिका का अन्त आने तक दोहरायेगा किन्तु इसके लिये ट्रान्सपोज कर्त्यन पूर्वपरिभाषित होना चाहिये।

अन्वीक्षा क्रिया.....अन्वीक्षान्त SCAN.....ENDSCAN

डू व्हाइल अधिदेश प्रतिसारपरक है अत: सूची के विभिन्न प्रतिसारों के परिष्कारण हेतु उसे स्किप जैसे अन्य अधिदेशों से संचालित करना होता है। इसके विपरीत अन्वीक्षा अधिदेश सूचीपरक है, यदि इसे किसी ऐक्ष्य से प्रतिबन्धित न किया जाए तो यह पूरी सूची के प्रतिसारों का एक एक करके उपचार करता है। इसका स्वरूप इस प्रकार है -

```
SCAN [<scope>][FOR <condition>][WHILE <condition>]
        commands
ENDSCAN
```

जिसमें **स्कोप**, **फॉर** तथा **व्हाइल** से प्रतिसारों का चुनाव किया जाता है। इनका उपयोग न करने से सभी प्रतिसार चुन लिये जाते हैं। जैसे

```
SCAN FOR AGE > 16 WHILE CLASS >= 10
```

अधिदेश सूची से केवल उन प्रतिसारों को चुनेगा जिनमें **एज** क्षेत्र का मान 16 से कम हो तथा **क्लास** क्षेत्र का मान 10 का बराबर अथवा इससे अधिक हो। इन पर उन सभी अधिदेशों को उपादयित किया जाएगा जो इस अधिदेश के बाद तथा **एण्डस्कैन** अधिदेश से पहले हों।

इस अध्ययन को आगे बढ़ाने के लिये हम एक उदाहरण लेंगे जो एक विद्यालय में अध्यापकों के वेतन भुगतान व्यवस्था से संबन्धित है।

DATA FILE STRUCTURES

(A) FACULTY.DBF

TNAME	Character	20
EDUCTN	Character	15
INITIALS	Character	3
SUBJECT	Character	10
JOINDT	Date	8
JOINSAL	Numeric	8
CURSAL	Numeric	8
INCREDT	Date	8
INCREAMT	Numeric	8

BIRTHDT	Date	8
RETDT	Date	8
LVGDT	Date	8

(B) SALARIES.DBF

TNAME	Character	20
SALARY	Numeric	8
WORKDAYS	Numeric	2
LEAVES	Numeric	2
DEDUCTN	Numeric	8
SALDUE	Numeric	8
PAYDATE	Date	8

(C) FACHIST.DBF

TNAME	Character	20
EDUCTN	Character	15
INITIALS	Character	3
SUBJECT	Character	10
JOINDT	Date	8
JOINSAL	Date	8
CURSAL	Numeric	8
BIRTHDT	Date	8
LVGDT	Date	8

(D) PAYHIST.DBF

TNAME	Character	20
WORKDAYS	Numeric	2
LEAVES	Numeric	2
DEDUCTN	Numeric	8
SALDUE	Numeric	8
PAYDATE	Numeric	8

डेटा प्रविष्टि पद्यति : -

वर्तमान फैकल्टी सदस्यों की सूचनाएँ **FACULTY** संचिका में रहती हैं। इसमें परिचालक केवल नये सदस्यों के विवरण तथा छोड़कर जाने वाले सदस्यों के क्षेत्र **LVGDT** जो मूलत: 0 होता है, में छोड़ने की दिनांक प्रविष्ट करता है, शेष कार्य कम्प्यूटर प्रोग्राम कर

लेते हैं। **FACUPDT** पद्यति प्रोग्राम प्रति माह वेतन अनुकलन के लिये इस संचिका में सदस्यों की नियमानुसार वेतनवृद्धि करता है। इसके बाद इन सूचनाओं को **SALARIES** संचिका को प्रेपित कर देता है, जो इससे पूर्व रिक्त होती है। इसके बाद यही पद्यति इतिहासी संचिका **FACHIST** में छोड़कर जाने वाले सदस्यों के विवरण भेजता है तथा **FACULTY** संचिका से इनके नाम मिटा देता है। इससे अगले माह से इनके वेतनों का अनुकलन नहीं होता है।

```
PROCEDURE FACUPDT
   USE FACULTY
   GO TOP
   DO WHILE .NOT. EOF()
   IF INCREDT < DATE()
            REPLACE SALARY WITH (SALARY+INCREAMT);
                    INCREDT WITH INCREDT+365
   ENDIF
   SKIP
   ENDDO
   USE SALARIES
   APPEND FROM FACULTY
   USE FACUHIST
   APPEND FROM FACULTY FOR LVGDT<>0
   USE FACULTY
   DELETE FOR LVGDT<>0
   PACK
   CLOSE DATABASES
RETURN
```

पद्यति **SALDUE** परिचालक से माह के कार्यदिवसों की सूचना प्राप्त करके सभी अध्यापकों के वेतनों का अनुकलन करती है जिसके अनुसार वेतन भुगतान किया जाता है। यह इसलिये किया जाता है क्योंकि प्रत्येक माह में अवकाशों की संख्या भिन्न होती है जिससे कार्य दिवस संख्या भी भिन्न हो जाती है, जो वेतन अनुकलन का एक महत्त्वपूर्ण अवयव है।

```
PROCEDURE SALDUE
   USE SALARIES
```

```
    GO TOP
    INPUT 'Please enter number of working days for salary month:'  TO N
    DO WHILE .NOT. EOF()
    REPLACE SALARY WITH (SALARY*(WORKDAYS+LEAVES)/N-DEDUCTIONS)
    SKIP
ENDDO
```

एक अन्य इतिहासीय महत्त्व की संचिका **PAYHIST** है जिसको वेतन भुगतान के विवरण संगृहित किये जाते हैं, यह कार्य **SALUPDT** पद्यति द्वारा किया जाता है। इसके बाद यह पद्यति **SALARIES** संचिका से सभी विवरण मिटा देती है।

```
PROCEDURE SALUPDT
    USE PAYHIST
    APPEND FROM SALARIES
    USE SALARIES
    ZAP
    CLOSE DATABASES
RETURN
```

9

कम्प्यूटरी संचार (COMPUTERIZED COMMUNICATION)

शब्द सम्पदा :

तन्त्रण (Networking)	तन्तुवाही (Cable)
रेखवाही (Line)	वाक्‌यन्त्र (Speaker)
समाक्षी (Coaxial)	प्रकाश संचारी (Fiber-optic)
दूरभाष (Telephone)	संवर्तित रेखवाही (Switched line)
सूक्ष्मतरंगें (Microwaves)	संचारी उपग्रह (Communication satelite)
धृति (Datum)	धृतिसंकुल (Database)
कालांशन (Time-sharing)	गुण्ठ (Node)
दृष्ट्य (video)	यथास्थ (Local)
नागर (Metropolitan)	वृहत् (Wide)
आचार संहिता (Protocol)	संवाही (Carrier)
सम्बद्धक (Connector)	क्रम्यता (Frequency)
चौरपाट (Broadband)	धरणपाट (Baseband)
तरीका (Technique)	तर्कीय (Technical)
सेतु (Bridge)	कपाटमार्ग (Gateway)
संप्रेषण (Transmission)	वैद्युत्यिक (Electronic)
संकालिक (Synchronous)	असंकालिक (Asynchronous)
अन्वीक्षक (Scanner)	

सूचनाएँ प्राप्त करने में इनके संचार का अतीव महत्त्व है। एकल कम्प्यूटर सूचनाओं का संगृहण, संरक्षण, एवं परिष्कारण तो कर ही सकते हैं, साथ ही इनको सुदूर कम्प्यूटरों पर उपलब्ध कराने में भी समर्थ होते हैं। इसके लिये विभिन्न कम्प्यूटरों का तन्त्रण अनिवार्य होता है। तन्त्रण के माध्यम से विभिन्न कम्प्यूटर प्रणालियाँ एक दूसरे के संसाधनों का उपयोग भी कर सकते हैं। इस प्रकार के तन्त्रण हेतु पाँच प्रकार के माध्यमों का उपयोग किया जाना संभव है –

1. समाक्षी तन्तुवाही
2. प्रकाश संचारी तन्तुवाही,
3. दूरभाष संवर्तित रेखवाही
4. सूक्ष्मतरंगें, तथा
5. संचारी उपग्रह।

इन माध्यमों से कम्प्यूटर प्रणालियाॅ निम्नांकित प्रकार की संचार सुविधाएँ उपलब्ध कराती हैं –

1. वैद्युत्यिक डाक,
2. बहुमाध्यमी सम्मेलन,
3. अभिलेख संचारण, तथा
4. सूचना प्रसार एवं व्यापार।

इनके अतिरिक्त संसाधनों के पारस्परिकउपयोग में दूरस्थ मुद्रकों का उपयोग, अन्य प्रणालियों की संगणना सक्षमताओं का उपयोग, सुदूर कम्प्यूटर प्रणालियों पर उपलब्ध धृति संकलनों का उपयोग सम्मिलित हैं।

कम्प्यूटर प्रणालियों के तन्त्रण के प्रारंभ में मेनफ्रेम कम्प्यूटरों के उपयोगार्थ टर्मिनलों को उनसे युग्मित किया जाता था। टर्मिनलों की संख्या में वृद्धि के कारण उनके स्थानीय पृथक तन्त्रण करके उनके गुण्ठ को मेनफ्रेम कम्प्यूटर से तथा इसी प्रकार के अन्य गुण्ठों से युग्मित किया जाने लगा। इस प्रकार के तन्त्रण को कालांशन अथवा टाइम-शेयरिंग कहा जाता है। बाद में इसी प्रकार के तन्त्रण माइक्रोकम्प्यूटरों के लिये भी किये जाने लगे।

इन सुविधाओं के प्रदान करने में कम्प्यूटर तन्त्र तीन विधाओं – ध्वनि, धृति तथा दृष्ट्य – में से एक अथवा अनेक विधाओं में संचारण करते हैं जिनमें से ध्वनि का अधिकांश संचारण दूरभाष सुविधाओं के मसध्यम से हो जाता है जिसमें कम्प्यूटरों के योगदान की आवश्यकता नहीं होती। कम्प्यूटरी सुविधाओं का अधिकांश उपयोग धृति संचारण में किया जा रहा है। कम्प्यूटर उपयोक्ता वृहत् स्तर पर स्थानीय एवं सुदूर कम्प्यूटर उपयोक्ताओं के साथ सूचनाओं का आदान प्रदान कर रहे हैं।

संचार सम्माप

बॉड रेट

धृति संचारण प्राय: अक्षरों पर आधारित होता है। प्रत्येक अक्षर में 10 द्विंक होते हैं

जिनमें से 7 आस्की कूट के द्विंक, एक साम्य अथवा पैरिटी द्विंक, तथा दो अक्षर का आदि एवं अन्त निर्धारक द्विंक होते हैं। ये 10 द्विंक सदा आसन्न रहते हैं।

धृति संचारण के वेग का मापन एक सैकण्ड में प्रवाहित द्विंकों की संख्या के रूप में किया जाता है। इस संख्या को बॉड दर कहा जाता है। अक्षरों की प्रवह दर के सापेक्ष यह दर एक सैकण्ड में प्रवहित अक्षरों की संख्या की दशगुणित होती है।

प्रोटोकौल अथवा आचार संहिता

धृति संचारण में सर्व प्रमुख आवश्यकता यह होती है कि सम्बद्ध की जाने वाली कम्प्यूटर प्रणालियाँ एक ही भाषा में संवाद करें। कम्प्यूटर तर्कीय भाषा में इसे **प्रोटोकौल** अथवा **आचार संहिता** कहा जाता है जिसका अर्थ यथावस्तु एवं परावस्तु सम्बद्धी उन नियमों से है जो धृतियों की समुचित सुरक्षा एवं संरक्षा करते हुए संवाद स्थापित करने में अपनाये जाते हैं। इस प्रकार की अनेक आचार संहिताएँ प्रचलन में हैं जो संचार श्रंखला के प्रत्येक अवयव जैसे तन्तुवाहियाँ, उनके सम्बद्धक, पैकेट आकार प्रकार आदि का निर्धारण करती हैं।

संकालिक एवं असंकालिक संप्रेषण

असंकालिक संप्रेषण में अक्षरों के मध्यान्तर काल स्थिर नहीं रहते। इसे प्रायः वहाँ अपनाया जाता है जहाँ धृतियों को टंकण के साथ साथ संप्रेषित करना होता है। इसमें रेखवाही के समय का सदुपयोग नहीं होता, अतः वहीं अपनाया जाता है जहाँ इसका मूल्य चुकाना नहीं पड़ता।

संकालिक संप्रेषण में धृतियों को एकत्र करके उन्हें समुचित एवं समान राशियों में विभाजित किया जाता है। प्रत्येक राशि को एक पैकेट कहा जाता है जो संचारण में पैकेट स्विचिंग एक्सचेंजों से होकर प्रवाहित होती हैं। प्रत्येक एक्सचेंज पर पैकेटों की जाँच होती है। इससे धृति संचार तीव्र होता है तथा रेखवाही के समय में बचत के कारण उसका कम मूल्य देय होता है। सिंक्रोनस डेटा लिंक कण्ट्रोल, हाई लेवल डेटा लिंक कण्ट्रोल दो बहुप्रचलित संकालिक संचार की आचार संहिताएँ हैं।

संचार दिशा सामर्थ्य

एक रेखवाही पर एक ही समय पर धृति संचार दो प्रकार से संभव है –एकदिशी तथा द्विदिशी, जिन्हें क्रमशः हाफ डुप्लेक्स तथा फुल डुप्लेक्स कहा जाता है। असंकालिक संचारण में दोनों पद्यतियाँ अपनायी जाती हैं जबकि संकालिक संचारण में मात्र एकदिशी पद्यति अपनायी जाती है।

द्विदिशी पद्यति में एक ही समय पर दोनों दिशाओं में संकेत प्रवाहित होते हैं। दोनों ओर के संकेतों का अस्तित्व पृथक बनाये रखने हेतु दोनों की संवाहक क्रम्यता भिन्न रखी जाती है। संकालिक संचारण में धृति प्रवाह वेग अति उच्च होने के कारण रेखवाही सकल

क्रम्यता पाट सामर्थ्य की आवश्यकता होती है, अत: इसमें द्विदिशी संचारण संभव नहीं हो पाता।

संचार साधन

मोडम

मोडम शब्द मोड्यूलेशन-डिमोड्यूलेशन का संक्षेप है। मोड्यूलेशन एक परिष्कृति है जिसमें अंकीय धृति संकेतों को एक संवाही तरंग पर अधिरोपित करके सतत एनालॉग तरंग में परिवर्तित किया जाता है जिससे कि उनका संचार दूरभाष के साधारण रेखवाहियों के माध्यम से हो सके। इसके विपरीत डिमोड्यूलेशन परिष्कृति एनालॉग संकेतों से अंकीय धृति संकेतों को पुन: प्राप्त करना है। अत: प्रेषक तथा प्रापक दोनों कम्प्यूटर प्रणालियों को एक एक मोडम की आवश्यकता होती है।

नेटवर्क संवप्रांक्ष पत्रक

कम्प्यूटर प्रणालियों के अन्तर्गत अंकीय संकेत समालम्बी रूप में प्रवाहित होते हैं ताकि प्रणाली शीघ्रतापूर्वक कार्य कर सके। किन्तु दूरभाष रेखवाही केवल एक चालक युगल के होते हैं अत: वे एक समय पर केवल एक संकेत को ही प्रवाहित कर सकते हैं। अत: कम्प्यूटर प्रणाली को दूरभाष तन्त्र से सम्बद्धित करने हेतु कम्प्यूटर प्रणाली में जनित संकेतों को परालम्बी रूप में व्यवस्थित करना आवश्यक होता है। संकेतो की व्यवस्था का यह परिवर्तन तन्त्र संवप्रांक्ष पत्रक पर स्थित एक चिप्पी करती है। मोडम का सम्बद्ध एक विशेष तन्तुवाही द्वारा कम्प्यूटर के मातृपटल के एक खंच में अवस्थित इसी नेटवर्क इण्टरफेस पत्रक से होता है। इस पत्रक को समुचित क्रियामाण करने हेतु कम्प्यूटर प्रणाली में इसके प्रक्रम के माध्यम से इसका संस्थापित करना होता है।

कम्प्यूटर प्रणाली का संचार संयमन एक विशेष संचार प्रक्रम द्वारा किया जाता है जिसको भी प्रणाली पर संस्थापित करना आवश्यक होता है।

आर एस-232-सी संवप्रांक्ष

यह अमेरिकन वैद्युत्यिक उद्योग की परालम्बी संकेत प्रवाह हेतु सम्बद्धन की अभीष्ट विशिष्टि है जिसके अनुसार तन्तुवाही सम्बद्धकों का अभिकेत निर्धारित है। कम्प्यूटर प्रणाली को संचार तन्त्र से सम्बद्धित करने हेतु बहुधा इसी अभीष्ट विशिष्टि का उपयोग किया जाता है। इसके सम्बद्धक में 25 कुशों का प्रावधान है।

बेसबैण्ड तथा ब्रोडबैण्ड टैक्नोलॉजीज

सरल शब्दों में 64 किलोबिटप्रति सैकण्ड की सीमा से न्यून वेग पर धृति संचारण करने वाले तर्कशास्त्र को बेसबैण्ड तथा इससे उच्च वेग पर धति संचारण कर सकने वाले

तर्कशास्त्र को ब्रोडबैण्ड कहा जाता है। तर्कीय भाषा में एक ही रेखवाही पर एक साथ अनेक चैनलों में धृति संचारण को ब्रोडबैण्ड तरीका कहा जाता है।

बेसबैण्ड

इस तरीके में छोटी दूरियों के लिये उच्च वेग से धृति संचार होता है। इसमें एक धृति बद्धनाल अर्थात चैनल में एक समय में एक ही धृतिसंकुल का संचारण होता है। किन्तु एक संकुल उच्च वेग के कारण अति न्यून अवधि के लिये ही बद्धनाल अर्थात चैनल का उपयोग करता है। इस कारण एक ही बद्धनाल के माध्यम से अनेक स्त्रोतों से धृतिसंकुलों को संचारित किया जा सकता है, प्रत्येक संकुल एक कालांश के लिये ही बद्धनाल में उपस्थित रहता है। इससे अनेक उपयोक्ताओं को उनके वांछित धृतियाँ एक साथ प्राप्त होती रहती हैं। धृति संचारण की इस विधा को कालांशन मल्टीप्लैक्सिंग अथवा टाइम शेयरिंग मल्टीप्लैक्सिंग कहा जाता है।

ब्रोडबैण्ड

इस तरीके में धृति संचारण एक अन्य संवाही संकेत को मोड्यूलेट करके किया जाता है अतः इसके लिये मोडम की आवश्यकता होती है। एक मोडम का क्रम्यता आसार विशाल होता है इससे यह एक ही समय पर विविध क्रम्यतायों के अनेक धृति संवाही संकेतों का संचारण कर सकता है जिससे अनेक धृतियों का समालम्बी संचारण संभव हो जाता है। इनमें श्रव्य, दृष्ट्य, व धृति संकेत हो सकते हैं।

ब्रोडबैण्ड तर्कशास्त्र का अभी प्रचलित साधन आई.एस.डी.एन. है। ब्रोडबैण्ड तर्कशास्त्र एकदिशी अथवा द्विदिशी हो सकते हैं। एकदिशी तरीके अति उच्च वेग पर धृति संप्रेषण करते हैं तथा प्रापक के प्रत्युत्तर हेतु कोई अन्य साधन, जैसे दूरभाष रेखवाही आदि, का उपयोग करते हैं। इन तरीकों में कृत्रिम उपग्रह सम्मिलित हैं, जबकि तन्तुवाही, तथा डिजिटल सब्सक्राइबर लाइन – डी.एस.एल. द्विदिशी संचारण के नवीनतम साधन हैं।

इण्टीग्रेटिड सर्विसिज डिजिटल नेटवर्क – आई.एस.डी.एन. व्यवस्था : दूरभाष का विकासीय इतिहास एनालॉग संकेतों पर आधारित रहा है। इसका प्रभाव बाद के विकास पर भी पड़ा जब अंकीय तर्कशास्त्र का विकास हुआ तथा इसका उपयोग दूरभाष यन्त्रों में किया जाने लगा। उस समय यन्त्र में जनित अंकीय संकेतों को संचारित करने हेतु एनालॉग संकेतों में परिवर्तित किया जाने लगा। इसी प्रभाव में अेकीय धृतियों का संचारण भी एनालाग स्वरूप में किया जाने लगा जो एक अनावश्यक गतिविधि सिद्ध हुई क्योंकि अंकीय धृतियों का संचारण उच्च गति पर अंकीय स्वरूप में भी किया जा सकता है। अंकीय संचारण की नयी पद्यति का नाम इण्टीग्रेअिड सर्विसिज डिजिटल नेटवर्क अर्थात संघ टित सेवा अंकीय तन्त्र दिया गया।

संघ टित सेवा अंकीय तन्त्र में मोडम आदि के माध्यम से सम्बद्धन की आवश्यकता नहीं रहती, इसके स्थान पर एक उच्च गति का अंकीय सम्बद्धन होता है। इस सेवा के अन्तर्गत गृहक को संचार हेतु प्रत्येक दिशा में तीन चैनल प्रदान किये जाते हैं जिनमें से दो 64 किलोबिट प्रति सै. पर स्वर तथा धृति संचारण हेतु, तथा एक 16 किलोबिट प्रति सै. का धृति संयमन हेतु होते हैं। स्वर संचार चैनल को बी1, धृति संचार चैनल को बी2, तथा धृति संयमन चैनल को डी चैनल कहा जाता है।

संचार सामग्री को अन्य फ्रेमिंग बिटों के साथ 48 बिट के पैकेटों में संगठित किया जाता है जिनमें 12 द्विंक फ्रेमिंग, क्रियवाणन, एवं डी.सी. सन्तुलन हेतु होते हैं। इसकी व्यवस्था नीचे की तालिका से स्पष्टकी गयी है –

चैनल	प्रयोजन	वेग, कि.बिट प्र. सै.	बिट संख्या प्रति पैकेट
बी1	स्वर संचार	64	16
बी2	धृति संचार	64	16
डी	धृति संयमन	16	4
फ्रेमिंग आदि बिट संख्या			12
	प्रत्येक पैकेट में कुल बिट संख्या		48

इस प्रकार का एक पैकेट प्रत्येक 250 माइक्रोसैकण्ड पर संचारित होता है तदनुसार संचारण वेग 192,000 द्विंक प्रति सैण्ड होता है।

इस व्यवस्था में स्वर संकेतों को दूरभाष यन्त्र में अवस्थित एक कोडक द्वारा 8-द्विंकीय कूटों में सम्परिवर्तित किया जाता है जिनको संचारण के बी1 बद्धवाही में उपरोक्त 48-द्विंकीय पैकेट के साथ प्रवाह हेतु प्रदान कर दिया जाता है। प्रापक केन्द्र पर पैकेट प्राप्त होने पर वहाँ पर अवस्थित कोडक – कोडर तथा डिकोडर का संयुक्त स्वरूप – बी1 चैनल से प्राप्त संकेतों को पुनः एनालॉग स्वर संकेतों में सम्परिवर्तित कर लेता है जिससे वाक्यन्त्र संचालित हो स्वर उत्पन्न करता है। इस प्रकार स्वर के अंकीय स्वरूप में संचारण के कारण इसमें शोर संकेतों का मिश्रण नहीं हो पाता। इस व्यवस्था में मोडम की आवश्यकता भी नहीं होती।

बड़ी वास्तुओं में स्थित अनेक कम्प्यूटर प्रणालियों एवं दूरभाष यन्त्रों को एक निजी शाख एक्सचेंज – पी.बी.एक्स. से सम्बद्धित कर दिया जाता है जिसको एक 2बी:1डी आई.एस.डी.एन. तन्त्र से सम्बद्धित कर दिया जाता है। धृति संचारण को उच्च वेग पर संचालित करने हेतु आई.एस.डी.एन. तन्त्र में प्रकाश संचारी तन्तुवाहियों का उपयोग किया जाता है। इससे अति न्यून मूल्य पर स्वर तथा धृति संचारण हो जाता है। संचारण सेवा उपक्रम भी गृहक सेवा हेतु इसी व्यवस्था को अपनाते हैं।

केबिल-मोडम अथवा तन्तुवाही-मोडम व्यवस्था : समाक्षी तन्तुवाही तथा मोडम के माध्यम से संवर्तित रेखवाहियों की तुलना में 5.5 गुणित दर से द्विदिशी धृति संचारण संभव है। अनेक निजी उपक्रम इस प्रकार की व्यवस्था संचारण कंन्द्रों को उपलब्ध कराती हैं। इस प्रकार की व्यवस्था से जटिल श्रव्य, दृष्ट्य, अदि धृति संचिकायें बड़े तीव्र वेग से संचारित की जा सकती हैं। आई.एस.डी.एन. तन्त्र की तुलना में यह व्यवस्था लगभग 60 गुणित वेग से धृति संचारण करती है। इण्टरनेट अभिगमन हेतु ण्ह एक उत्तम व्यवस्था है।

अंकीय उपचयी रेखवाही अथवा डिजिटल सब्सक्राइबर लाइन - डी.एस.एल. : इस व्यवस्था में उपचयी को उसके उपयोगार्थ विशाल कम्प्यूटर तन्त्र, जैसे इण्टरनेट, से धृति संचारण अपनी कम्प्यूटर प्रणाली को सम्बद्धित करने हेतु एक ताम्रतार की रेखवाही प्रदान कर दी जाती है जो दूरभाष रेखवाही के अतिरिक्त होती है। इसमें धृति संचारण अति तीव्र वेग से होता है जिससे समय तथा धन की बचत होती है। इसके साथ ही मोडम, आदि अव्यव भी उपयोग में लिये जाते हैं। यह व्यवस्था उन उपचयों को सस्ती पड़ती है जिनको अधिकांश समय धृति संचारण करना होता है। इससे उपचयी को अपनी क्रम्यतापाट अभिवृद्धित करने की भी सुविधा रहती है।

तन्त्रण वर्गीकरण

दूरी के सापेक्ष कम्प्यूटरों के तन्त्रण के तीन स्वरूप हैं - यथास्थ आक्षेत्र तन्त्रण, नागर आक्षेत्र तन्त्रण, तथा वृहत् आक्षेत्र तन्त्रण। एक ही भवन अथवा भवन समूह में स्थित कम्प्यूटरों के तन्त्रण हेतु यथास्थ आक्षेत्र तन्त्रण प्रणाली अपनायी जाती है, 50 कि.मी. के नगरीय क्षेत्र में नागर आक्षेत्र तन्त्रण प्रणाली, तथा इससे अधिक सुदूर कम्प्यूटरों के तन्त्रण हेतु वृहत् आक्षेत्र तन्त्रण प्रणाली अपनायी जाती है। तीनों की यथावस्तु तथा परावस्तु व्यवस्थाएँ पृथु प्रकार की होती हैं।

यथास्थ आक्षेत्र तन्त्र अथवा लोकल एरिया नेटवर्क - लैन

संचारण दूरी सामान्यत: 20-30 मीटर एवं अधिकतम 1 कि.मी. तक सीमित होने के कारण यथास्थ आक्षेत्र तन्त्र में धृतियों का संचारण समालम्बी होता है ताकि पर्याप्त वेग प्राप्त हो सके जो 1 से 1000 मैगाबिट प्रति सैकण्ड के मध्य रहता है। एक लैन व्यवस्था में 18 से 1000 तक की संख्या में अव्यव सम्बद्धित किये जा सकते हैं।

यथास्थ धृति संचारण में तीन प्रकार की तन्तुवाहियाँ उपयोग में ली जाती हैं - दूरभाष रेखवाहियों की भँति वेष्टित तार युगल अथवा ट्विस्टिड वायर पेयर, समाक्षी तन्तुवाही, तथा प्रकाश संचारी तन्तुवाही। इनकी संचारण **क्रम्यता पाट** तथा मूल्य भिन्न भिन्न हैं। क्रम्यता पाट अथवा **फ्रीक्रैन्सी बैण्डविड्थ** का अर्थ संचार वाहिनी का अधिकतम क्रम्यता आसार

है जिसमें वह संचार में समर्थ सिद्ध होता है। संचार वाहिनी का पाट जितना अधिक होगा वह उतना ही अधिक समर्थ माना जाता है। इसकी मापन इकाई चक्र प्रति सैकण्ड अथवा हर्ट्ज है। उपरोक्त तीनों वाहियों में प्रकाश संचारी सर्वोत्तम है किन्तु सर्वाधिक मूल्यवान है।

यथास्थ आक्षेत्र में दो प्रकार के क्रम्यता पाटों - बेसबैण्ड तथा ब्रोडबैण्ड - को धृति संचारण हेतु उपयोग किया जाता है।

वृहत् आक्षेत्र तन्त्र अथवा वाइड एरिया नेटवर्क - वैन

इस प्रकार के तन्त्रों के संचारण वेग तथा क्षमताएँ लैन की तुलना में न्यून होते हैं अत: धृति संचारण धीमी गति से होता है। ये तन्त्र आक्षेत्र की विशालता एवं अपनी आवश्यकतानुसार धृति संचारण हेतु दूरभाष संवर्त रेखवाहियों के साथ साथ सूक्ष्म तरंगों के रूप में संचारण हेतु उपग्रह केन्द्रों का भी उपयोग करते हैं जो उच्च वेग पर कार्य करते हैं। उपग्रहों के उपयोग के लिये संवर्त रेखवाहियों को रिले मीनारों से सम्बद्धित कर दिया जाता है जो संकेतों को प्राप्त करके आवृद्धित करती हैं तथा सूक्ष्म तरंगों में सम्परिवर्तित करके अन्य मीनारों को पुन: प्रेपित करती हैं। जहाँ दूरियाँ इतनी अधिक होती हैं कि पृथिवी के गोल धरातल के कारण ऋजु रेखीय संचारण से गन्तव्य तक संकेत संचारित नहीं किये जा सकते, वहाँ कृत्रिम उपग्रहों को तरंग परावर्तक के रूप में उपयोग में लाया जाता है।

विश्व, महाद्वीप, एवं राष्ट्र स्तरों पर अनेक वैन कार्यरत हैं जिनमें इण्टरनेट सर्वाधिक लोकप्रिय है। इसके अतिरिक्त विविध विषयों की सूचनाओं पर केन्द्रित अनेक वैनों का आयोजन किया गया है जो विशेषकर शिक्षण एवं अनुसंधान संस्थानों में पारस्परिक सूचना व्यापार की सुविधा प्रदान करते हैं। इसी प्रकार विश्व के वित्तीय विपणि वैनों के माध्यम से अपना व्यपार चला रहे हैं। भारत में राष्ट्रीय सूचना केन्द्र के वैन निकनेट के माध्यम से सर्वकारी प्रशासन में सुविधा हेतु सभी जनपद मुख्यालयों को सम्बद्धित कर दिया गया है।

नागर आक्षेत्र तन्त्रण अथवा मैट्रोपोलिटान एरिया नेटवर्क - मैन

यह व्यवस्था लैन एवं वैन के मध्यस्थ व्यवस्था है। इसमें भी परालम्बी धृति संचारण होता है। ब्रिज तथा गेटवे तन्त्र व्यवस्थाओं के कारण इस वर्ग का विशिष्ट विकास नहीं हुआ है।

ब्रिज तथा गेटवे नेटवर्किंग

एक जैसी आचार संहिता का पालन करने वाले यथास्थ तन्त्रों के गुण्ठों को परस्पर सम्बद्धित सरलता से किया जा सकता है, इसमें किसी प्रकार के धृति स्वरूप में सम्परिवर्तन की आवश्यकता नहीं होती। इस प्रकार के सम्बद्ध को सेतु अथवा ब्रिज कहा जाता है।

दो भिन्न आचार संहिताओं का पालन करने वाले यथास्थ आक्षेत्र तन्त्रों के पारस्परिक सम्बद्धन में सम्बद्धक गुण्ठ पर धृति स्वरूप में सम्परिवर्तन की आवश्यकता होती है। इस प्रकार के सम्बद्धन को कपाटमार्ग अथवा गेटवे कहा जाता है।

यथास्थ तन्त्र को वृहत् तन्त्र से सम्बद्धित करने हेतु भी कपाटमार्ग की आवश्यकता होती है। इसी प्रकार दो वृहत् तन्त्रों के पारस्परिक सम्बद्धन में भी कपाटमार्गों का उपयोग किया जाता है जिससे वृहत्तर तन्त्रों का निर्माण होता है।

सेतु तथा कपाटमार्ग दोनों ही व्यवस्थाओं में सम्बद्धित तन्त्रों का एक बड़ा तन्त्र बन जाता है, साथ ही एकल तन्त्रों की कार्यप्रणाली एवं स्वायत्तता यथावत् बनी रहती है।

पैकेट स्विच्ड नेटवर्क

पैकेट स्विचिंग नेटवर्क दूरभाष एक्सचेंजों की भाँति धृति संचारण हेतु कार्य करते हैं। धृति संचारण एवं स्वर संचारण में एक बड़ा अन्तर यह है कि वार्तालाप के स्वरों का आदान प्रदान तत्काल होना आवश्यक होता है जबकि धृति संचारण एक समय पर एकदिशी होने के कारण तत्काल संप्रेषण की आवश्यकता नहीं होती। इसे अन्य धृतियों के साथ गन्तव्य स्थील को संप्रेषित किया जा सकता है। इस कारण से वार्तालाप करने का मूल्य रेखवाही के व्यस्त रखने के अनुपात में होता है चाहे इस अवधि में कोई वार्तालाप हुआ हो अथवा नहीं। धृति संचारण का मूल्य धृति के आकार से निर्धारित होता है क्योंकि इसका संचारण समगति से होता है।

पैकेट स्विचिंग नेटवर्क निजी व्यवसाय के रूप में सार्वजनिक सेवा के रूप में संचालित किये जाते हैं जिनके अनेक स्थलों पर गृाहक सेवा केन्द्र कार्यरत रहते हैं। इस प्रकार के तन्त्रों का सम्बद्ध अन्य यथास्थ, राष्ट्रीय एवं संवर्राष्ट्रीय तन्त्रों से होता है जिनके माध्यम से गृाहकों की धृतियों का संचारण ऐसे स्थानों को भी करते हैं जहाँ इनकी सेवाएँ अनुपलब्ध होती हैं।

10

कम्प्यूटर उपादेयताएँ

(Computer Applications)

शब्द सम्पदा :

पारशब्द (Password)	आगणन (Accounting)
श्रमावधान (Management)	व्यवसाय (Business)
उपलभ्य (Aid)	श्रमोत्पादन (Manufacturing)
जुटिल (Complex)	मुद्रित संचार (FAX)
विपर्ण (Paper)	मापच (Parameter)
विपणि (Market)	चित्रांश (Pixel : Picture-element)
क्रमापत्त (Consequent)	प्रत्यावर्तन (Transfer)
तर्कशास्त्र (Technology)	तरीका (Technique)
बद्धनाल (Channel)	वास्तु (Building)
उपचयी (Subscriber)	क्रम्यता पाट (Frequency band)
आश्रम (Office)	

कम्प्यूटर मनुष्यों द्वारा किये जाने वाले उन कामों में अत्यधिक उपयोगी सिद्ध होता है जिनमें एक या अनेक क्रियाओं को बार-बार करना पड़ता है। वास्तव में देखा जाये तो कुछ विशिष्ट रचनात्मक कार्यो को छोडकर शेष सभी कार्य बार-बार ही किये जाते हैं, जैसे - नित्य प्रति उठना, तैयार होना, तथा पाठशाला जाना, गणित के गृह कार्य में बार-बार योग, अवयोग, गुणन तथा भाग करना, निबन्ध लिखने में वर्णमाला के अक्षरों का ही बार-बार उपयोग करना, सब्जी पकाने में नमक, मिर्च आदि मसालों को एक ही अनुपात में बार-बार डालना, कपड़े धोने मे बार-बार कपड़ों को भिगोना, साबुन लगाना, मलना, धोना तथा सुखाना, तथा पिताजी का नित्य प्रति एक ही मार्ग से तथा एक ही वाहन से कार्यालय जाना,

इत्यादि। इस प्रकार हम पाते हैं कि कम्प्यूटर हमारे लगभग सभी कार्यों में हमारा सहयोगी हो सकता है तथा हमें अपने कार्यों को करने में अधिक समर्थ बना सकता है।

अपने कार्यों में कम्प्यूटरों का उपयोग करने हेतु हमें कार्यों को दो वर्गों में विभाजित करना होगा। एक वर्ग में वे कार्य होंगे जिनके करने की विधि पहले से नियत नहीं की जा सकती है। इन कार्यों को हमें स्वयं ही करना होगा। दूसरे वर्ग में वे कार्य होंगे जिनकी विधियाँ पहले से ही नियत हैं। इन कार्यों को कम्प्यूटर को सौंपा जा सकता है। इसके लिये हमें कम्प्यूटर को कार्य करने की विधियाँ प्रदान करनी होंगी। इस प्रकार की विधियाँ कम्प्यूटरों के नियमों के अनुसार तथा उन्ही की भाषा में तैयार करके कम्प्यूटर की स्मृति में अंकित कर दी जाती हैं। इस प्रकार के विधि वर्णन को कम्प्यूटर का **प्रोग्राम** कहते हैं।

यह तो स्पष्ट ही है कि अपने कार्यो में कम्प्यूटरों का उपयोग वही मनुष्य कर सकते हैं जो इनकी कार्यप्रणाली, भाषा आदि से परिचित हों। ऐसे व्यक्ति कम्प्यूटरों को अपने सेवकों की तरह से उपयोग कर अपनी कार्य कुशलता तथा समर्थता कई गुनी बढ़ा सकते हैं। इसके विपरीत जो व्यक्ति कम्प्यूटरों का ज्ञान नहीं रखते, वे अपने कार्यों में अकुशल तो रहते ही है, कभी-कभी इनके द्वारा किये जाने वाले कार्यो को कम्प्यूटरों से शीघ्रता से तथा अधिक कौशल से करा लिया जाता है, जिससे ये व्यक्ति अपनी आजीविका से भी हाथ धो बैठते हैं।

अत: आधुनिक युग में प्रत्येक मुनष्य को कम्प्यूटरों का ज्ञान प्राप्त कर उनका अपने कार्यों में उपयोग करना चाहिये। जो ऐसा नहीं करेंगे, वे अन्यों की तुलना में पिछड़ जायेंगे। यहाँ यह भी ध्यातव्य है कि कम्प्यूटर किसी देश विशेष, किसी भाषा विशेष, किसी आयु विशेष, किसी वर्ग विशेष, आदि से कोई संबन्ध नहीं रखते हैं, जो इनका उपयोग करना जानते हैं, ये उन्ही के हो जाते हैं। कुछ प्रमुख क्षेत्र जिनमें कम्प्यूटरों का उपयोग किया जा रहा है, निम्नांकित हैं ।

एकल उपादेयताएँ

1. प्रकाशन व्यवसाय

कम्प्यूटरों के उपयोग से प्रकाशन व्यवसाय **विपर्ण** के उपयोग को कम करता जा रहा है। अब सीधे कम्प्यूटर के परदे पर लिखा जाता है, जिससे इसकी त्रुटियों का अधिक सरलता से निराकरण किया जा सकता है। कम्प्यूटर दृश्यध पर ही पुस्तकें आदि को अन्तिम स्वरूप में सज़ाया जाता है। ये सब कार्य पहले की तुलना में अब कम्प्यूटरों की सहायता से अधिक सुविधाजनक ही नहीं, शीघ्रता से भी होते हैं।

यही नहीं, पुस्तकें भी अब विपर्णों पर छपने के स्थान पर सी. डी. अर्थात संपुट चकतियों पर उपलब्ध होने लगी हैं जिनको कम्प्यूटर के माध्यम से पढ़ा जा सकता है। इन इलेक्ट्रॉनिक पुस्तकों की सबसे बड़ी विशेषता यह है कि ये बोल भी सकती हैं। चित्रों को

परदे पर दिखाते हुए सिद्धान्तों की व्याख्या पाठक को अधिक रूचिकर लगती है तथा सरलता से समझ में आती है।

2. मनोरंजन व खेल

जिस प्रकार सी.डी. पर पुस्तकों को प्रकाशित किया जाता है, उसी प्रकार इन पर चलचित्र भी अंकित किये जाते हैं जिससे आप अपने कम्प्यूटर पर ही चलचित्र का आनन्द ले सकते हैं। अनेक रोचक एवं शिक्षाप्रद खेलों के प्रोग्राम भी उपलब्ध हैं जिनके माध्यम से अकेला कम्प्यूटर परिचालक भी खेल से मन बहला सकता है। कम्प्यूटर पर शतरंज जैसे खेल खेले जा सकते हैं। कम्प्यूटर खेल की चालों का अग्रिम अनुकलन करके खिलाड़ियों को मार्गदर्शन भी प्रदान कर सकता है।

खेलों की स्पर्धाओं में कम्प्यूटर निर्णायक की भूमिका निर्वाह कर रहे हैं। एक सैकण्ड के 1000 वें अंश तक का अन्तर, बॉल का वेग आदि कम्प्यूटरों द्वारा प्रदान किया जाता है। इस सबसे यह स्पष्ट होता है कि कम्प्यूटरों के आगमन से पहले खेलों के निर्णयों में त्रुटियाँ अवश्य रह जाती होंगी।

3. धृति परिष्कारण

बच्चे - 5, कुर्सी - 2, मकान -3, पंखा - 4, कपडा - 10 मीटर, वर्षा - 11 इन्च, नगर-अलवर, प्रान्त-हरियाणा आदि कुछ धृतियाँ हैं जिनका कोई आपसी सम्बन्ध नहीं दर्शाया गया है। इस प्रकार के अव्यवस्थित गणकों को डेटा अथवा धृति कहा जाता है। धृतियों को सुव्यवस्थित करने से यदि वे अर्थपूर्ण हो जाते हैं तो उन्हें सूचनाएँ कहते हैं। जैसे उपरोक्त धृतियों से यदि यह कहा जाये कि अलवर नगर हरियाणा प्रान्त में नहीं है, अथवा पाँच बच्चों के लिये दो कुर्सियाँ पर्याप्त नहीं हैं, किन्तु चार पंखे आवश्यकता से अधिक हैं तो ये सार्थक सूचनाएँ बन जाती हैं।

धृतियों को सूचना में परिवर्तन करने की परिष्कृति को परिष्कारण कहते हैं। धृति परिष्कारण कम्प्यूटरों का प्रमुख कार्यक्षेत्र रहा है। एक और उदाहरण देखिये -

प्रान्त, पुरूष, स्त्री, बच्चे, राजस्थान, 10, 15, 4, हरियाणा, 14, 15, 7, कुल आदि धृतियाँ है जो कोई सूचना प्रदान नहीं करतीं। इन्हीं धृतियों को यदि इस प्रकार लिखा जाये

प्रान्त	पुरूष	स्त्री	बच्चे
राजस्थान	10	15	4
हरियाणा	14	15	7

तो यह सूचना बन जाती है। धृति परिष्कारण में एक डेटा को अनेक प्रकार की उपयोगी सूचनाओं में परिवर्तित किया जा सकता है। देश की जनसंख्या, स्त्री, पुरूष तथा

बच्चों की संख्या, शिक्षित तथा अशिक्षितों की संख्या, जन्म, मृत्यु दर, औसत आयु, आदि अनेक सूचनाएँ जनसंख्या सम्बन्धी आधरों से प्राप्त की जा सकती हैं।

कम्प्यूटर इस प्रकार के कार्य बड़ी शीघ्रता से करते हैं। बड़े होकर तुम पाओगे कि लाखों छात्रों के परीक्षाफल कम्प्यूटरों द्वारा विभिन्न स्वरूपों में कुछ घण्टों में ही तैयार हो जाते हैं।

4. वैज्ञानिक अनुसंधान एवं विकास

अति सूक्ष्मता से मापन एवं शीघ्रता से अनुकलन वैज्ञानिक शोध के मूल आधार हैं। ये दोनों कार्य कम्प्यूटरों द्वारा बहुत अच्छी तरह से किये जाते हैं। अतः प्रत्येक वैज्ञानिक अनुसंधानकर्ता के लिये कम्प्यूटर परम आवश्यक हो गये हैं। वस्तुतः कम्प्यूटरों के आरंभिक विकास वैज्ञानिक अनुसंधानों में सहयोग हेतु हुए थे। आज सभी वैज्ञानिक, अनुसंधानशालाएँ एवं विश्वविद्यालय कम्प्यूटर प्रणालियों को अपना अनिवार्य अंग मानती हैं।

अनुकलन के अतिरिक्त आयुर्विज्ञान, मानविकी, समाजशास्त्र, कला आदि क्षेत्रों में अनुसंधान कार्यों में भी कम्प्यूटरों का उपयोग सूचनाओं के स्वरूप परिवर्तन, प्रस्तुति, विश्लेषण, संगृहण आदि के लिये किया जा रहा है।

5. आगणन अथवा एकाउण्टिंग

कम्प्यूटरों के आगमन से पहले वाणिज्यिक प्रतिष्ठानों के आगण विशेषज्ञों द्वारा तैयार किये जाते थे तथा उनसे जटिल अनुकलन करके विभिन्न **प्रतिसार** तैयार किये जाते थे। अब ऐसे कम्प्यूटर प्रोग्राम उपजब्ध हैं जिनके माध्यम से एक नव प्रशिक्षु भी आगणन कार्य को सम्पन्न कर सकता है तथा अनेक प्रकार के प्रतिसार कम्प्यूटर स्वयं तैयार कर देता है। यही नहीं, आगणन मे कोई त्रुटि होने पर कम्प्यूटर उसकी सूचना भी प्रदान कर देता है, साथ ही एक स्थान पर किये गये परिवर्तन से सभी सम्बन्धित संचिकाओं में स्वयमेव विशोधन हो जाता है।

6. सूचना संगृह

तुम यदि किसी पुराने राजकीय कार्यालय में जाओ तो वहाँ कम से कम एक कक्ष ऐसा अवश्य होगा जिसमें पुरानी फाइलें कूड़े के ढेर की तरह बस्तों में बँधी पड़ी होंगी। किसी से उनके बारे में पूछोगे तो यही उत्तर होगा कि ये सब आवश्यक सूचनाओं की पुरानी फाइलें हैं जिनकी कभी भी आवश्यकता हो सकती है। और यदि तुम कोई आवश्यक सूचना प्राप्त करना चाहोगे तो प्रत्येक व्यक्ति उस आवश्यक सूचनाओं के ढेर में हाथ लगाने से भी कतरायेगा ।

कम्प्यूटरीकृत कार्यालय में ऐसे ढेर दिखाई नहीं पड़ेंगे। तुम्हारी जेब में आ सकने वाली एवं 15 रूपये मूल्य की एक फ्लॉपी चकती में 500 पृष्ठों का पाठ्य समा सकता है।

एक सी.डी. पर तो लगभग 100,000 पृष्ठों की पाठ्य सामग्री संगृहित हो सकती है। यही नहीं, इन सूचनाओं को कम्प्यूटर के माध्यम से बड़ी सरलता से प्राप्त किया जा सकता है अथवा विभिन्न स्वरूपों में परिष्कारित किया जा सकता है। इसीलिये कम्प्यूटरी पद्यतियों को सूचना जगत कहा जाता है।

7. पुस्तकालय श्रमावधान

पुस्तकालय का अर्थ है हजारों-लाखों पुस्तकों को व्यवस्थित करके रखना तथा उन्हें पाठकों को अध्ययन हेतु उपलब्ध कराना। इस कार्य की विशालता एवं इसकी विकास में उपयोगिता इसे जटिलता एवं अनिवार्यता प्रदान करते हैं। एक ही शीर्षक की हजारों पुस्तकें हो सकती हैं, साथ ही एक ही लेखक की भी अनेकों पुस्तकें हो सकती हैं, तथा एक ही नाम के भी अनेकानेक लेखक हो सकते हैं। ये सब तथ्य पुस्तकालय श्रमावधान को और भी अधिक जटिल बनाते हैं। इसके लिये प्रत्येक पुस्तक को एक कूटसंख्या प्रदान की जाती है जिसका विश्वस्तर पर विषयानुसार मानकीकरण किया गया है। यह अति जटिल कार्य अब कम्प्यूटरों द्वारा बड़ी सरलता से किया जा रहा है।

यही नहीं, कम्प्यूटरों के माध्यम से पुस्तकालय सेवाओं को विस्तार भी दिया जा रहा है। अब पुस्तकालय सदस्यों को उनकी रूचि के विषयों के नये नये आलेख कम्प्यूटर द्वारा चयन किये जाकर उनके कम्प्यूटरों को प्रेपित कर दिये जाते हैं। सदस्य द्वारा वांछित विषय की समस्त जानकारी सुव्यवस्थित रूप में उसे तुरन्त उपलब्ध करायी जा रही है।

8. व्यवसाय श्रमावधान

व्यवसाय चाहे छोटा हो अथवा बड़ा, इसका श्रमावधान इसके कर्ता के लिये जटिल भी रहा है तथा आवश्यक भी। इसमें आवश्यकता इस तथ्य की होती है कि प्रत्येक कर्म में उसके प्रत्येक पक्ष को ध्यान में रखा जाय। इसमें निमिष चूक भी पूरे व्यवसाय को धराशायी कर सकती है। मनुष्य एक बार शान्तचित्त से पूरे परिदृश्य पर विचार कर योजना बना सकता है किन्तु प्रत्येक स्थिति में ऐसा ही करेगा यह आवश्यक नहीं है क्योंकि उसके कर्म सभी समय परिस्थितियों से पराभवित होते हैं। व्यवसाय में अनुकूल व प्रतिकूल परिस्थितियाँ आती रहती हैं अत: कर्ता की निष्पादिता भी एक जैसी नहीं रहती। किन्ही प्रतिकूल परिस्थितियों में कुछ विचारणीय पक्ष उसकी दृष्टि से ओझल हो सकते हैं, ऐसे में वह निर्णय में त्रुटि कर सकता है। व्यवसाय की सफलता निर्णयों की सटीकता पर ही निर्भर करती है।

व्यवसाय में कम्प्यूटरों की उपादेयता इसीलिये सार्थक है कि इनके व्यवहार परिस्थिति-सिद्ध होते हैं, इनमें पलप्रतिपल परिस्थितियों से पराभवित हाने का दुर्गुण नहीं होता, अत: इनके निर्णय सदैव एक समान रहते हैं। इस प्रकार कम्प्यूटर व्यवसाय सांगोपादकों के संपूरक के रूप में महत्त्वपूर्ण हैं। इसे **कम्प्यूटर-उपलभ्यित श्रमावधान** अथवा **कम्प्यूटर-एडिड मैनेजमेण्ट : कैम** कहा जाता है। इसके अतिरिक्त कम्प्यूटरों की पुनरावृत्ति की

तीव्रगति व्यवसाय के नित्यप्रति कर्मों के लिये अति लाभदायक सिद्ध हुई है, जैसे माह के अन्तिम दिन तक का हजारों कर्मियों के वेतन का अनुकलन का कार्य जो पहले विशेष प्रयासों से 8-10 दिन में हाता था, अब कम्प्यूटरों के माध्यम से कुछ घण्टों में किया जा रहा है। इसी प्रकार विपणन एवं वितरण जो बहुसम्मापी जुटिल परिष्कृतिएँ हैं, कम्प्यूटरों के माध्यम से पूरी तरह समझी जा सकी हैं। कम्प्यूटरों पर आधारित सुदूर संचार प्रणाली से व्यवसायों के संवर्राष्ट्रीयकरण में सुविधा हुई है।

9. उत्पादन श्रमावधान

व्यवसाय की तरह ही उत्पादन भी एक जुटिल एवं बहुविमापी परिष्कृति है जिसमें कम्प्यूटरों ने अभूतपूर्व **क्रान्ति** की है। इसे **कम्प्यूटर-उपलाभ्यित सांगोत्पादन** अर्थात **कम्प्यूटर-एडिड मैन्युफैक्करिंग** कहा जाता है। अब ऐसी उत्पादी इकाइयों का निर्माण होने लगा है जिनमें विशाल मात्रा में उत्पादन होता है तथा एक भी मनुष्य की आवश्यकता नहीं होती। सब कुछ कम्प्यूटरों द्वारा संयामित तथा परिचारित होता है। यही नहीं, इन उत्पादियों में उत्पादों के नये-नये रूप उत्पादित किये जा सकते हैं जो सब कम्प्यूटरों द्वारा अभिकल्पित एवं संचालित होता है। इस प्रकार की उत्पादन व्यवस्था को **नम्य सांगोत्पादन प्रणाली - फ्लैक्सिबिल मैन्युफैक्करिंग सिस्टम** कहा जाता है।

10. आश्रम स्वचालन अर्थात ऑफिस ऑटोमेशन

आश्रम अर्थात ऑफिस कार्यों का स्वचालन करने के कारण कम्प्यूटर प्रणाली का स्थान प्रत्येक व्यक्ति के सहयोगी के रूप में बन गया है क्योंकि प्रत्येक व्यक्ति के सापेक्ष उसका कर्मस्थल ही उसका आश्रम है। आश्रम श्रमावधान में कम्प्यूटरों का उपयोग सामान्य पुनरावृत्तित कार्यों, विशेषकर बड़े संगठनों में कर्मचारियों के वेतन अनुकलन, में सहयोग से आरंभ हुआ था। बाद में जब कम्प्यूटर प्रणालियाँ व्यक्तियों की एकल क्रियाओं के स्थान पर व्यक्तियों की सकल गतिविधियों में सक्षम हो गये तब उनका उपयोग सकल व्यवसाय श्रमावधानी अर्थात कम्प्लीट बिजनेस मैनेजर के रूप में होने लगा। सन् 1980 के पश्चात तो पत्रविहीन वैद्युत्यिक व्यवस्थाों की संकल्पना पनपने लगी जिन्हें स्वचालित कहा जा सकता है। आश्रम स्वचालन का अर्थ आश्रमी पद्यतियों का कम्प्यूटर प्रणाली द्वारा अनुपालन कहा जा सकता है जो ये आज स्वतन्त्र शब्द परिष्कारक, वैयक्तिक संपादयित्र, फैक्स, सन्देश व्यापारक, आदि के रूप में कर रहे हैं।

तन्त्रीय उपादेयताएँ अर्थात नेटवर्क एप्लीकेशन्स

अच्छी योजनाएँ बनाने, उनको व्यवहार में लाने तथा परिणामों की समीक्षा करने में सूचनाओं के आदान-प्रदान का बहुत महत्व हैं। जैसे जब तुम्हारी अध्यापिका तुम्हें पाठ्य पुस्तकों की सूची, परीक्षा का समय आदि की सूचना प्रदान करती है तभी तो तुम अपनी

पढाई-लिखाई की योजना बनाते हो। इसी प्रकार देश भर के विस्तृत क्षेत्र में मनुष्यों की संख्या उनकी भोजन आदि की आवश्यकताएँ, उनके कृषि उत्पादन, देश भर में स्कूलों की संख्या, छात्रों की संख्या, अध्यापकों की संख्या आदि अनेकानेक सूचनाएँ हैं जिनकी आवश्यकता राष्ट्रीय योजनाएँ बनाने में आवश्यकता होती हैं। पहले यह कार्य पत्रों द्वारा होता था जिससे देश भर की सूचनाएँ एकत्र करने में कई वर्ष का समय तथा सैकड़ों टन विपर्ण खपत हो जाता था। फिर उन सूचनाओं को व्यवस्थित करने तथा उनका परिष्कारित करने में बहुत से व्यक्तियों की आवश्यकता होती थी। अब भारत के प्रत्येक जनपद को एक कम्प्यूटर संजाल से जोड़ दिया गया है जिससे कहीं से भी कोई सूचना क्षणों में प्राप्त की जा सकती है। प्राप्त सूचनाओं को कम्प्यूटर परिष्कारित करता है तथा आवश्यक तथ्यों को नियोजन हेतु प्रस्तुत करता है।

1. वैद्युत्यिक डाक अथवा इलेक्ट्रॉनिक मेल

वैद्युत्यिक डाक का अर्थ कम्प्यूटरी धृति संचार तन्त्र के माध्यम से पत्रों व्यापार है। इसमें वे सकल सूचनाएँ एक कम्प्यूटर प्रणाली से दूसरी कम्प्यूटर प्रणाली को प्रेषित की जा सकती हैं जिन्हें कम्प्यूटर में संगृहित किया जा सकता हो। इसके लिये कम्प्यूटर प्रणालियों का किसी तन्त्र से सम्बन्धित होना आवश्यक होता है। भारत में यह सुविधा केन्द्रीय सर्वकार का दूरसंचार विभाग अपने दूरभाष तन्त्र के माध्यम से प्रदान करता है। इच्छुक व्यक्ति को अपनी कम्प्यूटर प्रणाली को एक मोडम के माध्यम से दूरभाष रेखवाही से सम्बद्धित करना होता है तथा विभाग से एक डाकपेटी की अनुमति लेनी होती है। यह डाकपेटी विभाग की कम्प्यूटर प्रणाली में एक संगृहण सुविधा होती है जो प्रेषक एवं प्रापक प्रणालियों के मध्यस्थ का कार्य करती है। इसी प्रकार की सुविधा अन्य मध्यस्थों द्वारा भी प्रदान की जा रही है जो विभागीय प्रणाली से सम्बद्धित हैं।

पत्र प्रेषक अपने कम्प्यूटर पर पत्र की संरचना करके उसे गन्तव्य कम्प्यूटर प्रणाली के पते पर प्रेषण का अधिदेश देता है। यदि गन्तव्य कम्प्यूटर प्रणाली चालू है तो पत्र उसमें संगृहित हो जाता है जिसे उसका स्वामी अपनी सुविधानुसार पढ़ सकता है। यह पद्यति अति तीव्र होने के साथ साथ सस्ती भी है। इस प्रणाली का एक दोष यह है कि इसमें पत्र की गोपनीयता सुनिश्चित नहीं की जा सकती, यद्यपि संचार माध्यम इसका आश्वासन प्रदान करते हैं।

2. फैक्स अथवा मुद्रित संचार

मुद्रित विपयवस्तु की गन्तव्य कम्प्यूटर प्रणाली पर यथावत प्रतिलिपि उपलब्ध कराने को फैक्स अर्थात फैसिमिल ट्रान्समिशन कहा जाता है। इस कार्य के लिये एक विशेष मशीन, जिसे फैक्स मशीन कहा जाता है, के उपयोग का प्रचलन था। यद्यपि फैक्स मशीन का अनुचित्रण विभेदन कम्प्यूटर दृश्यध के सर्वोत्तम विभेदन 1024×768 से उच्चतर -

1728 x 11343 - होता है, तथापि कम्प्यूटरों के आगमन से इस कार्य में और अधिक सुविधा हुई है तथा पृथक फैक्स मशीन की आवश्यकता नहीं रहती। कम्प्यूटरी फैक्स व्यवस्था के तीन प्रमुख लाभ हैं -

1. अन्वीक्षक तथा मुद्रक का उपयोग, 2. विपर्णविहीन व्यवस्था,

3. प्राप्त अभिलेख का परिष्कारण।

इस कार्य में प्रेषक प्रणाली पर मुद्रित पृष्ठ की विषयवस्तु को अंकीय धृतियों में सम्परिवर्तित करने की, एवं प्रापक प्रणाली पर इसके विपरीत धृतियों से पृष्ठ मुद्रण की क्रियाएँ होती है। इस कार्य में हाई लेवल डेटा लिंक कण्ट्रोल - एच. डी. एल. सी. नामक आचार संहिता अपनायी जाती है। दोनों कम्प्यूटर प्रणालियों के मध्य सम्पर्क स्थापित हो जाने के पश्चात उनके मध्य निम्नांकित पाँच चरणों में सूचना आदान प्रदान होता है -

1. प्रापक अपना कॉल सब्सक्राइबर आइडेण्टिफिकेशन संकेत तथा सम्बद्धन मापच - डिजिटल आइडेण्टिफिकेशन संकेत न्यूनतम वेग पर प्रेषित करता है। इसके लिये क्रमशः 9600, 7200, 4800, तथा 2400 की बॉड दरों में से दोनों को स्वीकर्य दर निर्धारित की जाती है।
2. टी-30 विशिष्टि के अनुसार दोनों फैक्स अव्यवों के मध्य संचारण वेग, चित्रांश संख्या प्रति पंक्ति, अन्तरण अवधि प्रति पंक्ति, एवं पंक्ति संख्या प्रति पृष्ठ का निर्धारण होता है। फैक्स प्रणाली का उच्चतम वेग 14400 बॉड दर है।
3. इसके बाद उच्च वेग पर सकल पृष्ठ एक धृतिधारा के रूप में संप्रेषित होता है जिसमें प्रत्येक पंक्ति के पश्चात एक पंक्त्यान्त अर्थात एण्ड ऑफ लाइन संकेत तथा पृष्ठान्त दर्शाने हेतु 6 क्रमापत्त एण्ड ऑफ लाइन संकेत समाहित होते हैं।
4. पृष्ठ संप्रेषण के बाद सम्बद्धन पुनः न्यूनतम वेग पर आता है। यदि प्रेषक को आगे संप्रेषण करना होता है तो वह एक मल्टीपेज संकेत - एम.पी.एस. प्रेषित करता है, अन्यथा एक एण्ड ऑफ पेज - ई.ओ.पी. संकेत प्रेषित करता है। संप्रेषण में कोई दोष पाये जाने पर एण्ड ऑफ मैसेज - ई.ओ.एम. देकर पुनः सम्पर्क स्थापित किया जाता है।
5. अन्त में प्रेपक डिसकनेक्ट कमाण्ड - डी.सी.एन. देता है। यदि सम्पर्क स्थापन के तीन प्रयास विफल होते हैं तो भी यही संकेत दिया जाता है।

वर्तमान में फैक्स अभिलेखों का अन्तरण सार्वजनिक दूरभाष प्रणाली के माध्यम से हो रहा है जिनका मूल्य संचारण अवधि की दूरभाष दरों से देय होता है। किन्तु इण्टरनेट के माध्यम से फैक्स संचारण का नवीन तर्कशास्त्र संचारण मूल्य में कमी की दृष्टि से बहुत महत्त्वपूर्ण है। इसमें दूरभाष दरें देय नहीं होतीं।

3. सन्देश सेवाएँ

डाक एवं संदेश में एक अन्तर यह है कि डाक किसी विशेष व्यक्ति को सम्बोधित होती है एवं उसी को प्रेषित की जाती है, जबकि सन्देश सभी के लिये समान रूप से उपलब्ध होता है, कोइ भी व्यक्ति अपनी आवश्यकतानुसार उसका उपयोग कर सकता है। वैद्युत्यिक सन्देश पटलों को बुलेटिन बोर्ड कहा जाता है। ये सूचना प्रदायक प्रतिष्ठानों द्वारा अपने कम्प्यूटरों पर किसी विशेष प्रक्रम के माध्यम से आयोजित किये जाते हैं तथा तन्त्रण द्वारा अन्य कम्प्यूटर प्रणालियों के परिचारक उसी प्रक्रम का उपयोग करते हुए सन्देशों का पठन कर सकते हैं, संगृहित कर सकते हैं अथवा मुद्रित कर सकते हैं। इस प्रकार के उपादयी प्रक्रम होस्टकॉम, पीसी-बी बी एस आदि हैं जिनमें प्रवेश हेतु पारशब्द, प्रविष्टि क्रमबद्धता, उपयोक्ता मेन्यू सुविधाएँ, तथा अनेक अन्य संयमन प्रावधान हैं। इन संयमक क्रियाओं का निष्पादन करने वाले प्रक्रम को **सिसऑप** अर्थात सिस्टम ऑपरेटर कहा जाता है। कोई भी सम्बद्धित व्यक्ति इस पटल पर नियमित शुल्क देकर अपना सन्देश प्रसारित कर सकता है। सन्देश यथासम्भव खण्डों उपखण्छों में वर्गीकृत होते हैं जिनमें तर्कशास्त्रीय अनुभव, धर्म सभाएँ एवं प्रवचन, उत्पाद विज्ञापन, आदि अनेक प्रकार की सूचनाएं समाहित होती हैं। प्रत्येक सन्देश एक निश्चित काल के लिये ही पटल पर उपलब्ध रहता है।

4. कम्प्यूटरी सम्मेलन

कम्प्यूटरी सम्मेलन सन्देश सेवा का एक उच्चीकृत स्वरूप है। यह दो प्रकार से संचालित होता है - संकालिक, जिसमें सभी भागीदार एक ही समय पर सम्पर्क में आते हैं तथा चर्चा करते हैं, तथा सुविधाकालिक, जिसमें भागीदार अपनी सुविधा के अनुसार अपने मत स्वर अथवा लिखित रूप में प्रदान कर सकते हैं। प्रत्येक संकालिक सम्मेलन समय, विषय, भागीदार आदि के निर्णय हेतु सुविधाकालिक सम्मेलन का उपयोग करता है। संकालिक कम्प्यूटरी सम्मेलन में रेडियो सम्मेलन, तथा दूरदर्शन सम्मेलन की भाँति ही व्यक्ति अपने कम्प्यूटर दृश्यध पर एक साथ अनेक विविध स्थलों पर स्थित व्यक्तियों से बहुमाध्यमी सम्पर्क साध सकता है। अन्य सम्बद्धित उपयोक्ता आयोजक की अनुमति पर सम्मेलन परिचर्चा के मूक दर्शक बन सकते हैं।

5. धृतिसंकुल अभिगमन

सही समय पर आवश्यक सूचनाओं की प्राप्ति वर्तमान व्यावसायिक एवं सार्वकारिक कार्यों को सम्पन्न करने हेतु अनिवार्य हो गया है। अनेक व्यवसायिक संगठन वर्गीकृत धृतियाँ उपलब्ध कराती हैं जिनको कम्प्यूटर तन्त्र के माध्यम से प्राप्त किया जा सकता है। इसी प्रकार विश्वभर के अनुसंधान वृत्त वृत्तिकाओं में प्रकाशित आलेखों के सार संक्षेप भी उपलब्ध हैं जिनमें से वांछित आलेख चुनकर उनकी सकल प्रतिलिपि प्राप्त की जा सकती है। इण्टरनेट इस प्रकार के धृति आदान प्रदान का एक सक्षम माध्यम सिद्ध हुअरा है।

कुछ बैंक अपने गृाहकों के राशि विवरण कम्प्यूटर तन्त्र के माध्यम से उपलब्ध कराते हैं जिनका अभिगमन गृाहक कहीं से भी कर सकते है तथा राशियों का अन्तरण एक स्थान से दूसरे स्थान को कर सकते है।

6. मौसम पूर्वानुमान

भारत की एक पुरानी उक्ति है - **करूआ बादर जी डरपावै, भूरा बादर पानी लावै** × अर्थात् काला बादल केवल डराता है जबकि भूरा बादल पानी बरसाता है। भारत में अनेक ऐसी उक्तियाँ लम्बे समय से प्रचलित रही हैं जो विद्वानों ने अपने अनुभवों के आधार पर कही थीं। इनके आधार पर लोग मौसम का पूर्वानुमान लगाकर कार्यो की योजना बनाते थे। इस प्रकार की उक्तियाँ मौसम को प्रभावित करने वाले सभी गणकों पर विचार नहीं करती तथा इनके आधार पर सीमित क्षेत्र के कुछ घण्टों के मौसम का ही अनुमान लगाया जा सकता है।

भारत एक बहुत बड़ा देश है। यहाँ मनुष्यों को यात्रा करने, कृषि कार्य करने, मछली पकड़ने समुद्र मे जाने, जैसे अनेक कार्यो के लिये विभिन्न समयों पर विभिन्न स्थानों के मौसम के ज्ञान की आवश्यकता होती है। मौसम सुदूर वायुमण्डल के तापमानों, नमी तथा वायु प्रवाह पर निर्भर करता है। मौसम विज्ञान विभाग के संवेदी उपग्रह वायुमण्डल में दूर-दूर जाकर वहाँ की इन सूचनाओं को एकत्र करते हैं। इन विशाल सूचनाओं के आधार पर मौसम के पूर्वानुमान के लिये लम्बे-लम्बे अनुकलन करने होते हैं । मनुष्यों द्वारा इन अनुकलनों के करने में बहुत लम्बा समय लगता है जबकि कम्प्यूटर इन सूचनाओं के आधार पर अनुकलन करके मौसम के पूर्वानुमान का कार्य कुछ मिनटों में ही कर देता है।

इस प्रकार से प्राप्त समुद्री तूफानों की पूर्व सूचना मछुआरों को समुद्र में न जाने देने के लिये की जाती हैं जिससे उनकी जानें बचती हैं।

बच्चों, तुमने दूरदर्शन के समाचारों के अन्त में एक स्त्री को भारत के विशाल मानचित्र पर छड़ी से इंगित करते हुए विभिन्न स्थानों के मौसम के बारे में जानकारी देते हुए देखा होगा। उस स्त्री को ये सब सूचनाएँ कम्प्यूटर ही प्रदान करता है।

7. बैंक सेवाएँ

बैंक सेवाओं में स्वतन्त्र कम्प्यूटर प्रणाली तथा तन्त्रित कम्प्यूटर प्रणाली दोनों के व्यापक उपयोग हैं। स्वतन्त्र प्रणाली के रूप में आगणियों के साथ धन व्यापार आदि के आगणन सुरक्षित रखना एवं आवश्यकता के समय इन्हें तुरन्त उपलब्ध करा देना कम्प्यूटरों का मुख्य उपादयन है। इस कार्य के कम्प्यूटरीकरण से बैंकों की यथास्थ सेवाओं में पर्याप्त सुधार हुआ है।

तन्त्रित प्रणाली ने बैक सेवा के क्षेत्र में क्रान्ति ही ला दी है। इससे अब बैंक में आगण रखना स्थान निरपेक्ष हो गया है। आगणी कहीं भी धन जमा करा सकता है तथा उसे कहीं

भी प्राप्त कर सकता है। एक आगण से दूसरे आगण में धनान्तरण भी त्वरित हो गया है। इस सेवा के लिये बैंक को अपनी सभी शाखाओं को एक तन्त्र से सम्बद्धित करना होता है।

8. अंश व्यापार अर्थात शेयर एक्सचेंज

विश्वभर के अंशधारक आज कम्प्यूटर तन्त्रों के माध्यम से अंश मूल्यों के बारे में जानकारी प्राप्त करके अपना अंश व्यापार संचालित कर रहे हैं। इसके लिये अंश व्यापार केन्द्र अपना कम्प्यूटर तन्त्र स्थापित कर उसका क्षण प्रतिक्षण आद्यतन करते रहते हैं। सदस्य अपने कम्प्यूटर दृश्यध पर इस जानकारी को प्राप्त कर अंशों के क्रय विक्रय के अधिदेश देते रहते हैं। भारत के लगभग सभी व्यापार केन्द्र कम्प्यूटरीकृत हो चुके हैं।

9. यात्रा सेवाएँ

यात्रा चाहे वायुयान द्वारा करनी हो अथवा ट्रेन द्वारा, अब भारत में कहीं से भी किसी भी पथ पर यात्रा का आरक्षण किया जा सकता है। यह सब विभागों द्वारा अपने राष्ट्रव्यापी कम्प्यूटर तन्त्र स्थापित करने से संभव हुआ है। इससे यात्रियों तथा यात्रा प्रतिष्ठानों दोनों को ही लाभ हुआ है।

10. यातायात संयमन

वायुयानों के वेग में वृद्धि होने से उनकी उड़ानों के बारे में शीघ्रतर निर्णय लेने की आवश्यकता बढ़ी है। इसी प्रकार रेलवे के डिब्बों, इन्जनों, तथा पटरियों के इष्टतम उपयोग भी शीघ्र निर्णय की सामर्थ्य पर निर्भर करता है। इन निर्णयों में पश्चतम सूचनाओं की प्राप्ति का बहुत महत्त्व होता है। कम्प्यूटर तन्त्रों द्वारा त्वरित सूचना संचारण, तथा उनके तीव्र कार्यवेग के कारण त्वरित निर्णय लेने की सामर्थ्य, दोनों के समन्वय से यातायात अधिक सुरक्षित हुआ है। महानगरों के व्यस्त भूमार्गों पर यातायात संयमन में भी कम्प्यूटर प्रणालियों का उपयोग बड़े स्तर पर किया जा रहा है।

वाहन संचालकों के प्रशिक्षण में भी उन्हें वास्तविक यात्रा पर भेजने से पूर्व कम्प्यूटर प्रदर्शो द्वारा आभासी दृश्यावलि की रचना करके उनका परीक्षण किया जाता है। इससे न्यूनतम काल में अच्छा प्रशिक्षण देना संभव हुआ है।

कम्प्यूटरी संक्षेप कोष

ABIOS ADVANCED BASIC INPUT OUTPUT SYSTEM

अभ्याग्रित आधारभूत अन्तर्पातन बहिर्पातन प्रणाली

आई.बी.एम. पी एस-2 कम्प्यूटरों में सन्निहित प्रपादन प्रक्रम

ACK ACKNOWLEDGEMENT

अनुज्ञाप

धृति संचार व्यवस्था में प्रत्येक धृति संविष्ट के अच्छी तरह प्राप्त करने पर प्रापक प्रणाली द्वारा दिया जाने वाला संकेत, जिसके हेतु प्राय: आस्की 06 कूट का उपयोग किया जाता है।

ADC ANALOG TO DIGITAL CONVERTER

अनुवर्ती से अंकीय सम्परिवर्तक

अनुवर्ती संकेतों को समतुल्य अंकीय संकेतों में सम्परिवर्तित करने हेतु अव्यव

AI ARTIFICIAL INTELLIGENCE

कृत्रिम बुद्धिवृत्ति

कम्प्यूटर विज्ञान का वह विभाग जिसमें कम्प्यूटरों के मानवीय बुद्धि की तरह कार्य करने का अध्ययन किया जाता है।

ALU ARITHMETIC AND LOGIC UNIT

अंकगणित तथा शास्त एकक

सम्पादयित्र के परिष्कारक का एक महत्त्वपूर्ण अव्यव जो सम्पादयित्र कार्यों को सम्पन्न करने हेतु बार बार योग की क्रियएँ करके उन्हें आगे बढ़ाता है।

ANSI AMERICAN NATIONAL STANDARDS INSTITUTE

अमेरिकन नेशनल स्टैण्डर्ड्स इन्स्टीट्यूट

अमेरिका की अभीष्टीकरण के क्षेत्र में कार्यरत संस्थान

API APPLICATION PROGRAM INTERFACE

उपादयन प्रक्रम संवर्प्राक्ष

परिचारण प्रणाली की वे सुविधाएँ जो उपादयन प्रक्रम द्वारा उपयोज्य होती हैं।

ASCII AMERICAN STD. CODE FOR INFO. INTERCHANGE

सूचना प्रत्यावर्तन का अमेरिकी अभीष्ट कूट

विश्व प्रचलित कूट जिसमें विभिन्न आँग्ल अक्षरों एवं कम्प्यूटर संयमन के अभीष्ट द्विअंकी संकेत कूट निर्धारित हैं।

AT ADVANCED TECHNOLOGY

अभ्याग्रित तर्कशास्त्र

वैयक्तिक कम्प्यूटरों का वर्तमान में प्रचलित प्रकार।

BASIC BEGINNER'S ALL-PROPOSE SYSMBOLIC INSTN. CODE

नवशिक्षुओं हेतु सर्वोद्देश्यीय सांकेतिक उपदेश कूट

एक प्राचीन प्रक्रमण भाषा जो अब मात्र शैक्षणिक महत्त्व की रह गयी है।

BAT BATCH

संजात

अनेक अधिदेशों के समन्वय से निर्मित अधिदेशिक संचिका का उपनाम।

BBS BULLETIN BOARD SYSTEM

विलक्षिका पटल प्रणाली

विशिष्ट कम्प्यूटर उपयोक्ता समूहों के सूचना प्रत्यावर्तन के केन्द्रीय कम्प्यूटर तन्त्र जिसको सदस्य अपनी सूचना दे सकते हैं अथवा उससे प्राप्त कर सकते हैं।

BCD BINARY-CODED DECIMAL

द्विअंकी-कूटित दशमलवी संख्या

संख्या प्रस्तुति की एक पद्यति जिसमें दशमलवी संख्या के प्रत्येक अंक को चार अंकों की द्विअंकी संख्या से विस्थापित कर दिया जाता है।

BIOS BASIC INPUT/ OUTPUT SYSTEM

आधारभूत अन्तर्पात-बहिर्पात प्रणाली

कम्प्यूटर प्रपादन-पूर्व स्थापन का प्रक्रम जो मातृपटल पर अवस्थित एक स्मृति कोष चिप्पी में अंकित रहता है।

BIT BINARY DIGIT

द्विंक : द्विअंकी अंक

आधुनिक कम्प्यूटरों के संचालन में उपयुक्त मात्र दो सांख्यिक संकेत – 0 तथा 1 – जिन्हें विद्युत धारा की उपस्थिति तथा अनुपस्थिति से दर्शाया जाता है।

BPI BITS PER INCH

द्विंक प्रति इंच

धृति संगृहण हेतु उपयुक्त चुम्बकीय फीत अथवा चकती की लीक की प्रति इंच की लम्बाई पर अंकित द्विंकों की संख्या। यह धृति घनत्त्व का द्योतक है।

BPS BITS PER SECOND

द्विंक प्रति सैकण्ड

कम्प्यूटर प्रणाली के किसी विशिष्ट बिन्दु से धृति प्रवाह हेतु द्विंकों की संख्या जो प्रत्येक सैकण्ड में प्रवाहित होती हैं। इससे सम्पादयित्र का वेग निर्धारित होता है।

C C

सी

एक बहूद्देश्यीय उच्च स्तरीय प्रक्रमण भाषा।

C++ C PLUS PLUS

सी++

कम्प्यूटरी प्रक्रमण भाषा सी का उच्चीकृत स्वरूप।

CAD COMPUTER AIDED DESIGN

सम्पादयित्र-उपलभ्यित अभिकेतन

कम्प्यूटरों की सहायता से अभिकेतन कार्य। इस हेतु उपयुक्त उपादयी प्रक्रम को भी इसी से संज्ञानित किया जाता है।

CASE COMPUTER AIDED SOFTWARE ENGINEERING

सम्पादयित्र-उपलभ्यित परावस्तु अभियन्त्रण

सूचना प्रणाली के अन्वेषण एवं अभिकेतन के स्वचालन हेतु कम्प्यूटरीकृत पद्यति।

CCD CHARGE COUPLED DEVICE

आवेश-युग्मित अव्यव

एक प्रकार की कम्प्यूटरी स्मृति चिप्पी जो वैद्युत आवेश के संगृहण एवं प्रवाह पर आधारित है।

CCITT COMITTE CONSULTATIF INT'L. DE TELEPHONIC DE TELEGRAPHIC

संवर्राष्ट्रीय दूरसंचार हैतुक परामर्शदात्री समिति

जेनेवा स्थित संगठन जो संवर्राष्ट्रीय स्तर पर सूचना संचारण उपस्करों, प्रणालियों एवं तन्त्रों के अभीष्टीकरण को समर्पित है।

CD COMPACT DISKETTE

सम्पुट चकती

दृष्टीय सिद्धान्त पर आधारित अंकीय धृति संगृहण चकती जिसके उच्च धृति घनत्त्व के कारण यह नाम दिया गया है। इस प्रकार की 4.72 इंच व्यास की चकती पर 650 मैगाबाइट धृतियाँ संगृहित की जा सकती हैं।

CD-I COMPACT DISK-INTERACTIVE

सम्पुट चकती अन्तर्क्रियावृत्ति

सम्पुट चकती के प्रारूपण एवं उपयोग की एक अभीष्ट विशिष्टि।

CD-ROM COMPACT DISK - READ ONLY MEMORY

सम्पुट चकती स्मृति कोष

सम्पुट चकती पर लेखन क्रिया की व्यवस्था दुष्कर है अत: अधिकतर कम्प्यूटर प्रणालियाँ

इनका उपयोग मात्र धृति पठन हेतु करती हैं। अत: इन चकतियों को इस नाम से जाना जाता है।

CGA COLOR/GRAPHICS ADAPTER

वर्ण-अनुचित्र अनुकूलित्र

सम्पादयित्र के प्रेक्षक को संयमित करने वाला एक प्रकार का अनुकूलक पत्रक।

CGM COMPUTER GRAPHICS METAFILE

सम्पादयित्र अनुचित्र अत्रअत्रअत्र संचिका

सम्पादयित्र चित्रों को संगृहीत करने हेतु एक विशेष संचिका प्रारूप।

CHCP CHANGE CODE PAGE

कूट पृष्ठ परिवर्तन

संवर्राष्ट्रीय स्तर पर विविध राष्ट्रों एवं राष्ट्रसमूहों द्वारा सम्पादयित्र उपयोग हेतु एक एक पृष्ठ निर्धारित है जिनमें उनकी भाषाओं एवं परम्पराओं के अनुरूप कूट समूह सन्निहित हैं। प्रत्येक सम्पादयित्र प्रणाली पर उसके प्रपादन काल में ही एक कूट पृष्ठ सक्रिय हो जाता है जो अन्त तक सक्रिय बना रहता है। बहुभाषी कार्यों को सम्पन्न करने में कूट पृष्ठ के परिवर्तन की आवश्यकता हो सकती है। इस के लिये परिचारण प्रणाली में एक आन्तरिक अधिदेश होता है। एम एस डॉस तथा ओ एस-2 परिचारण प्रणालियों के इस उद्देश्य का अधिदेश सी एच सी पी है।

CISC COMPLEX INSTRUCTION SET COMPUTING

जुटिल उपदेश स्थूण सम्पादयन

अभियोजन भाषा के 200 से 300 तक की संख्या में उपदेशो का उपयोग कर सकने में समर्थ सम्पदयित्र की कार्य प्रणाली को जुटिल उपदेश स्थूण सम्पादयन कहते हैं। यह कुछ विशेष परिष्कारकों के उपयोग से ही सम्पन्न हो पाता है।

CLS CLEAR SCREEN

दृश्यध स्वच्छन

एम एस डॉस तथा ओ एस-2 परिचारण प्रणालियों का एक आन्तरिक अधिदेश जो सम्पादयित्र दृश्यध को रिक्त करता है।

CMOS COMPEMENTRY METAL-OXIDE SEMICONDUCTOR

सम्पूरक धातु-ऑक्साइड अर्धचालक

सामान्यत: सीमॉस शब्द एक प्रकार के संघटित परिपथ युक्त चिप्पी के लिये उपयुक्त किया जाता है जिनका उपयोग सम्पादयित्र परिष्कारक तथा स्मृति चिप्पियों की संरचना में होता है। इसमें एककों के सम्पूरक युगल होते हैं। इस शब्द का विशेष उपयोग उस प्रक्रम्य स्मृति कोष चिप्पी के लिये भी किया जाता है जिसमें सम्पादयित्र का स्थापन प्रक्रम संगृहीत होता है तथा जिसे बायोस भी कहा जाता है।

CMY CYAN- MAGENTA - YELLOW

नीलिम-जम्बुक-पीत

सम्पादयित्रों में दृश्यध हेतु वर्ण व्यवस्था के तीन मूल वर्ण।

CMYK CYAN- MAGENTA - YELLOW- BLACK

नीलिम-जम्बुक-पीत-कृष्ण

सम्पादयित्रों में दृश्यध हेतु वर्ण व्यवस्था के चार मूल वर्ण।

COBOL COMMON BUSINESS-ORIENTED LANGUAGE

कोबोल : सामान्य व्यवसाय-प्रदिष्ट भाषा

व्यवसाय विषयक प्रक्रमों के निर्माण के उपयुक्त एक उच्च स्तरीय सम्पादयित्र भाषा।

CON CONSOLE

समक्ष्य

सम्पादयित्र में परिचारक के उपयोगार्थ अव्यव – कुंजीपटल तथा प्रेक्षक ।

CPS CHARACTER PER SECOND

अक्षर प्रति सैकण्ड

कम्प्यूटर प्रणाली के किसी विशिष्ट बिन्दु से धृति प्रवाह हेतु अक्षरों की संख्या जो प्रत्येक सैकण्ड में प्रवाहित होती हैं। इससे सम्पादयित्र का वेग निर्धारित होता है।

CPU CENTRAL PROCESSING UNIT

केन्द्रीय परिष्कारण एकक

सम्पादयित्र प्रणाली में मुख्य कार्यकारी समष्टि जो एक परिष्कारक पर आधारित होती है तथा इसमें अनेक सहयोगी अव्यव होते हैं। सुपर, मेनफ्रेम तथा मिनी सम्पादयित्रें में यह व्यवस्था अनेक पटलों पर व्यवस्थित होती है किन्तु वैयक्तिक सम्पादयित्रों में यह एक चिप्पी में संघटित होती है जिसे सूक्ष्म परिष्कारक कहते हैं।

CRC CYCLIC REDUNDANCY CHECK

चक्रीय निष्क्रियता ईक्षण

सम्पादयित्र प्रणालियों के मध्यस्थ सूचना संवाद के सुचालन हेतु परीक्षण व्यवस्था।

CRT CATHODE RAY TUBE

ऋणाग्र किरण नलिका

सम्पादयित्रों, दूरदशँकों, एवं अनेक वैद्युत्यिक उपस्करों में अभिदर्श हेतु उपयुक्त अव्यव।

CTS CLEAR TO SEND

प्रेषण अनुमत

धृति संचारण में प्रापक अव्यव के धृति प्राप्ति हेतु कटिबद्ध हो जाने पर उसके द्वारा संप्रेषक अव्यव को भेजा जाने वाला संकेत, जिसके पश्चात वास्तविक धृति संचारण होता है।

DAC DIGITAL TO ANALOG CONVERTER

अंकीय से अनुवर्ती सम्परिवर्तक

अंकीय संकेतों को समतुल्य अनुवर्ती संकेतों में सम्परिवर्तित करने हेतु अव्यव।

DASD DIRECT ACCESS STORAGE DEVICE

ऋजु अभिगम्य संगृहण अव्यव

ऐसे धृति संगृहण अव्यव जिन पर अंकित धृतियों का उसके पठन-लेखन शीर्ष द्वारा सीधे अभिगमन किया जा सके। चुम्बकीय चकतियाँ इसी वर्ग के अव्यव हैं जबकि फीत इस वर्ग के नहीं हैं।

DBMS DATABASE MANAGEMENT SYSTEM

धृतिसंकुल श्रमावधान प्रणाली

धृतिसंकुल को उसके वांछित स्वरूपों के श्रमावधान में समर्थ उपादयी प्रक्रम, जो सूचनाओं को अंशों में परिष्कारित न करके उनके पूर्ण स्प में ही परिष्कारित करता है।

DCE DATA COMMUMICATION EQUIPMENT

धृति संचारण उपस्कर

सम्पादयित्र प्रणाली को संचार व्यवस्था से युग्मित करने वाले उपस्कर। मोडम इसी प्रकार का उपस्कर है।

DDE DYNAMIC DATA EXCHANGE

गतित धृति व्यवहार

दो या अधिक सक्रिय प्रक्रमों के मध्य सूचनाओं का अन्तरण। विण्डोज, मैकिन्तोष सिस्टम-7, ओ एस -2, आदि प्रक्रमों में इस प्रकार के व्यवहार के प्रावधान हैं।

DES DATA ENCRYPTION STANDARD

धृति छद्मकूटन अभीष्टि

अनेक धृतियों का गुप्त रखने हेतु उन्हें इस प्रकार का स्वरूप प्रदान किया जाता है कि विना विशेष प्रक्रम के उन्हें न पढ़ा जा सके। इस विशेष स्वरूप को यू.एस. नेशनल ब्यूरो ऑफ स्टैण्डर्ड्स ने तैयार किया है तथा इसका उपयोग अमेरिकी राष्ट्रीय सुरक्षा अभिकरण द्वारा किया जा रहा है।

DIF DATA INTERCHANGE FORMAT

धृति प्रत्यावर्तन प्रारूप

धृतियों का स्वरूप स्तम्भों तथा पंक्तियों में नियोजित होता है। इसी स्वरूप में इनके एक प्रक्रम से अन्य प्रक्रम में अन्तरण के प्रारूप को धृति प्रत्यावर्तन प्रारूप कहा जाता है।

DIP DUAL-IN-LINE PACKAGE

दुहरी-पंक्ति बद्ध आवेष्ट

संघटित परिपथ चिप्पियों की बाह्य आकृति, जिसमें परिपथ के बाह्य सम्बद्धक कुश दो समालम्बी पंक्तियों में नियोजित होते हैं।

DMA DIRECT MEMORY ACCESS

ऋजु स्मृति अभिगमन

सामान्यत: सम्पादयित्र की सभी क्रियाओं में उसके परिष्कारक की भूविका होती है, इससे इसके कालांशन पर भारी दवाब बना रहता है। परिष्कारक के उपयोग में कुछ राहत के लिये कुछ विशेष अव्यवों का विकास किया गया है जो परिष्कारक की संलिप्ति के विना ही अपना कार्य सम्पन्न कर सकते हैं। सम्पादयित्र स्मृति का पठन-लेखन हेतु अभिगमन ऐसी ही एक क्रिया है जो ऋजु स्मृति अभिगमन संयमक द्वारा सम्पन्न की जाती है।

DOS DISK OPERATING SYSTEM

चकती परिचारण प्रणाली

सम्पादयित्र के स्थापन के पश्चात उसकी बागडोर एक विशेष प्रणालीय प्रक्रम द्वारा सँभाल ली जाती है जो अन्त तक सक्रिय रहता है, इसे चकती परिचारण प्रणाली अथवा मात्र परिचारण प्रणाली कहा जाता है। माइक्रोसॉफ्ट द्वारा विकसित माइक्रोकम्प्यूटरों हेतु एम एस डॉस, विण्डोज, तथा ओ एस-2, इसी प्रकार की बहुप्रचलित चकती परिचारण प्रणालियाँ हैं।

DP DATA PROCESSING

धृति परिष्कृतन

धृतियों को सम्परिवर्तित, संगठित, संगणित, सम्पादित, संकलित आदि क्रियाएँ कर वांछित स्वरूप में लाने की पद्यति को धृति परिष्कृतन अथवा धृति परिष्कारण कहा जाता है।

DPI DOTS PER INCH

बिन्दु प्रति इंच

मुद्रक तथा प्रेक्षक की अपने कार्यो के सम्पादन की कोटि का मापन उनके प्रस्तुति आक्षेत्र में प्रत्येक इंच लम्बाई में सदर्शित बिन्दुओं की संख्या होती है। इसे अव्यव का विघटन अर्थात रिजोन्यूशन कहा जाता है।

DRAM DYNAMIC RANDOM ACCESS MEMORY

गतित स्मृति पटल

सम्पादयित्र की मुख्य स्मृति का एक प्रकार जिसमें धृति द्विंकों को धरित्रों पर आवेश के रूप में संगृहित किया जाता है। यह अपनी प्रतिपक्षी स्मृति स्थैतिक स्मृति से सस्ती है, किन्तु धीमे वेग से क्रियावान होती है।

DSR DATA SET READY

धृति स्थूण प्रतिबद्ध

धृति संचारण में उपयोज्य एक संकेत जो संचार उपस्कर स्थूण के प्रतिबद्ध होने को इंगित करता है।

DTE DATA TERMINAL EQUIPMENT

धृति नियन्त उपस्कर

धृति संचारण व्यवस्था में धृति सम्प्रेषक तथा प्रापक उपस्कर स्थूण।

DTP DESK TOP PUBLISHING

सम्पादयित्री प्रकाशन व्यवस्था

सम्पादयित्रों के उपयोग से मुद्रण हेतु विषयवस्तु की अन्तिम प्रस्तुति सरल, सस्ती, सुविधापूर्वक, तथा अधिक संवेदी हो गयी है जिसे मात्र एक मेज पर संगठित व्यवस्था से सम्पन्न किया जाता है। इस व्यवस्था को सम्पादयित्री प्रकाशन व्यवस्था कहा जाता है।

DTR DATA TERMINAL READY

धृति नियन्त प्रतिबद्ध

धृति संचारण में उपयोज्य एक संकेत जो संचार नियन्त के प्रतिबद्ध होने को इंगित करता है।

DVI DIGITAL VIDEO INTERACTIVE

अंकीय दृष्ट्य अन्तर्क्रियावृत्ति

इण्टेल कॉर्पोरेशन का सम्पुट चकती पर दृष्ट्य धृतियों के संगृहण का विशिष्ट प्रक्रम जो एक चिप्पी पर उपलब्ध है तथा अनुचित्र धृतियों को सम्पीडित करके संगृहीत करता है।

EBCDIC EXTENDED BINARY-CODED-DECIMAL INTERCHANGE CODE

व्यालम्बित द्विअंकी-कूटित-दशमलवी प्रत्यावर्तन कूट

आई.बी.एम. कॉर्पोरेशन के मेनफ्रेम सम्पादयित्रों में उपयुक्त अष्टांकी कूट जिसमें 256 अक्षरों के संकेत निर्धारित हैं। इसमें दशमलवी संख्या के प्रत्येक अंक को द्विअंकी चार अंकों से विस्थापित किया गया है।

EEMS ENHANCED EXPANDED MEMORY SPECIFICATION

संवर्धित विस्तारित स्मृति विशिष्टि

लोटस-इण्टेल-माइक्रोसॉफट कम्पनियों द्वारा विकसित मूल विस्तारित स्मृति विशिष्टि लिम ई एम एस का संवर्धित स्वरूप।

EEPROM ELECTRICALLY-ERASABLE PROGRAMMABLE ROM

वैद्युती-मार्जन्य प्राक्रम्य स्मृति कोष

एक विशेष प्रकार की स्मृति चिप्पी जिसमें धृतियाँ संरचित होने के कारण वैद्युत शक्ति के विना भी सुरक्षित रहती हैं तथा विशेष वैद्युत परिष्कृति से उनमें परिवर्तन किया जा सकता है।

EGA ENHANCED GRAPHICS ADAPTER

संवर्धित अनुचित्र अनुकूलित्र

एक मध्यम स्तर की प्रेक्षक संयमक जो अब लुप्तप्राय: है।

EISA ENHANCED INDUSTRY STANDARD ARCHITECTURE

संवर्धित उद्योगीय अभीष्ट आरचना

अमेरिकी सम्पादयित्र उद्योग द्वारा विकसित सम्पादयित्र संयुज्जी की मूल आरचना का संवर्धित स्वरूप जो अब सम्पादयित्र श्रमोत्पादन में प्रचलित है।

ELF EXTREMELY LOW-FREQUENCY EMISSION

अत्यन्त न्यून-क्रम्यता उत्सर्जन

सम्पादयित्र प्रेक्षक तथा अनेक घरेलू उपकरणों द्वारा उत्सर्जित वैद्युती-चुम्बकीय तसंगें जिनकी क्रम्यता 5 से 2000 चक्र प्रति सैकण्ड होती है। मानव स्वास्थ पर इनके प्रभाव का अध्ययन किया जा रहा है।

EMM EXTENDED MEMORY MANAGER

व्यालम्बित स्मृति सांगोपादित्र

सम्पादयित्र की परिचारण प्रणाली डॉस केवल 640 किलोबाइट स्मृति का उपयोग कर सकती है। इससे अतिरिक्त स्मृति आक्षेत्र का व्यालम्बित स्मृति के रूप में उपयोग करा सकने वाले प्रक्रम को व्यालम्बित स्मृति सांगोपादित्र कहा जाता है। डॉस तथा विण्डोज प्रणालियों में इस प्रक्रम का नाम ई एम एम 386 है जो एक अधिदेशिक संचिका है।

EMS EXPANDED MEMORY SPECIFICATION

विस्तारित स्मृति विशिष्टि

विस्तारित स्मृति श्रमावधान विशिष्टि लिम ई एम एस का संक्षिप्त नाम। देखिये ऊपर ईई एम एस।

ENIAC ELECTRONIC NUMERIC INDICATOR AND CALCULATOR

वैद्युत्यिक सांख्यिक इंगित्र तथा अनुकलित्र

विश्व की प्रथम संगणना-समर्थ वैद्युत्यिक मशीन जिसे 15 फरवरी 1946 को मूर स्कूल ऑफ इन्जीनियरिंग में विकसित किया गया तथा जिसने सम्पादयित्र विकास को उत्प्रेरित किया।

EOF END OF FILE

संचिका इति

संचिका की इति का संकेत जिसके लिये आस्की कूट 26 का उपयोग किया जाता है।

EOT END OF TRANSMISSION

सम्प्रेषण इति

धृति संचारण में सम्प्रेषण के अन्त में दिया जाने वाला संकेत जिसके लिये आस्की कूट 4 का उपयोग किया जाता है।

EPROM ERASABLE PROGRAMMABLE READ-ONLY MEMORY

मार्जन्य प्राक्रम्य स्मृति कोष

एक विशेष प्रकार की धृति संरचित स्मृति चिप्पी जिसकी धृतियों को पराजम्बु किरणों से परिवर्तित किया जा सकता है।

EPS ENCAPSULATED POSTSCRIPT

संवेष्टित पोस्टस्क्रिप्ट

पोस्टस्क्रिप्ट भाषा की संचिका का प्रारूप, जिन्हें पोस्टस्क्रिप्ट मुदगकों पर ही मुद्रित किया जा सकता है।

ESDI ENHANCED SMALL DEVICE INTERFACE

संवर्धित लघु अव्यव संवप्रांक्ष

अपनेयी एवं स्थायी चकतियों तथा फीत संचालियों के संवप्रांक्षन की अभीष्ट विशिष्टि जो 10 से 20 मै.बा. प्रति सै. पर धृति अन्तरण में समर्थ है। इसे बड़ी स्थायी चकती संचालियों के लिये उपयुक्त किया जाता है।

ETX END OF TEXT

पाठ्य इति

धृति संचारण में पाठ्य के अन्त में दिया जाने वाला संकेत जिसके लिये आस्की कूट 3 का उपयोग किया जाता है।

EXE EXECUTION

अनुपालन

प्रक्रमों की मुख्य क्रियात्मक संचिका के उपनाम हेतु प्रतिरक्षित शब्द। इस उपनाम की सभी संचिकाएँ अधिदेकि होती हैं।

FAT FILE ALLOCATION TABLE

संचिका आस्थलन तालिका

डॉस तथा ओ एस-2 परिचारण प्रणालियों द्वारा प्रारूपित चकतियों पर संचिकाओं की स्थिति दर्शाने वाली तालिका। इसका निर्माण प्रारूपण क्रिया में होता है।

FDD FLOPPY DISK DRIVE

अपनेयी चकती संचाली

अपनेयी चकतियों के सम्पादयित्र द्वारा उपयोगार्थ उसकी केन्द्रीय परिष्कृतन एकक पेटिका में अवस्थित संचालन यन्त्र जिसमें चकती को आवश्यकतानुसार लगाया अथवा निकाला जा सकता है। वर्तमान में 1.2 तथा 1.44 मै.बा. की चकती संचालियाँ प्रचलित हैं।

FDDI FIBER-OPTIC DISTRIBUTED DATA INTERFACE

प्रकाश-संचारी वितरित धृति संवप्रांक्ष

शीशे के तन्तुवाही के माध्यम से लगभग 100 मै.बा. प्र.सै. के वेग से धृति संचारण में समर्थ अन्तरप्रक्षण अभीष्टि।

FIFO FIRST-IN, FIRST-OUT

आगमन-क्रमित बहिर्गमन

पंक्तिबद्ध अस्तियों के चलन की एक विधि जिसमें आगमन व गमन क्रम एक जैसा रहता है। सम्पादयित्र तन्त्रों में धृति संचार की भी यह एक विधि है।

FILO FIRST-IN, LAST-OUT

आगमन-व्युत्क्रमित बहिर्गमन

पंक्तिबद्ध अस्तियों के चलन की एक विधि जिसमें आगमन व गमन क्रम एक दूसरे के प्रतिलोमी रहते हैं। सम्पादयित्र तन्त्रों में धृति संचार की भी यह एक विधि है।

G GIGA

गीगा

एक सांख्यिक गुणक, 1 गीगा = 10^9

GB GIGA BYTE

गीगा अंकाष्टी

1000 मैगाबाइट = 2^{30} अंकाष्टी धृति परिमाण।

GDI GRAPHICS DEVICE INTERFACE

अनुचित्र अव्यव संवप्रांक्ष

विण्डोज का अनुचित्र धृतियों को बहिर्पात अव्यवों, जैसे मुद्रक, प्रेक्षक आदि, को प्रेषित करने का प्रक्रम।

GKS GRAPHICS KERNEL SYSTEM

अनुचित्र सत्त्व प्रणाली

सम्पादयित्री अनुचित्रों के प्रक्रमों में वर्णन, संगृहण, परिवर्तन, एवं अन्तरण के बारे में संवर्राष्ट्रीय मान्यता प्राप्त अभीष्ट प्रणाली।

GPIB GENERAL PURPOSE INTERFACE BUS

सामान्य प्रयोज्य संवप्रांक्ष संयुज्जी

24 समालम्बी रेखबाहियों की संगुज्जी, जो आई ई ई ई 488 अभीष्टि के अनुसार हैं तथा अनुयन्त्रों के परस्पर अथवा सम्पादयित्र प्रणाली से सम्बद्धन के उपयुक्त है। हिउलेट-पैकार्ड द्वारा विकसित किये जाने के कारण इसे एच पी आई बी भी कहते हैं।

GUI GRAPHICS USER INTERFACE

अनुचित्र-उपयोक्ता संवप्रांक्ष

यह सम्पादयित्र उपयोक्ता को अधिदेश देने में सहायक पद्यति है जिसमें उपयोक्ता अनेक चित्रों में से एक चित्र को चुनकर अपना वांछित अधिदेश देता है। परिचारण प्रणाली विण्डोज द्वारा उपयोज्य इस पद्यति में अधिदेश के टंकण की आवश्यकता न होने के कारण कार्य शीघ्र तथा सुरूचिपूर्ण होता है।

HDD HARD DISK DRIVE

स्थायी चकती संचाली

सम्पादयित्र प्रणाली द्वारा सूचनाओं के स्थायी संगृहण हेतु उपयुक्त अव्यव जिसमें सूचना संगृहण हेतु चुम्बकीय माध्यम स्थायी चकतियों के रूप में सुनिश्चित क्षमता रखता है।

HDLC HIGH-LEVEL DATA LINK CONTROL

उच्च-स्तरीय धृति लग्न संयमन

सम्पादयित्र तन्त्रों में सूचना संचारण की संवर्राष्ट्रीय मान्यता प्राप्त विशिष्टि।

HFS HIERARCHICAL FILE SYSTEM

पदानुक्रमित संचिका प्रणाली

संचिकाओं को निदेशिकाओं व उपनिदेशिकाओं के अन्तर्गत व्यवथित करने की प्रणाली, जो डॉस, विण्डोज आदि द्वारा अपनायी जाती है।

HMA HIGH MEMORY AREA

उच्च स्मृति आक्षेत्र

सम्पादयित्र के स्मृति पटल के प्रथम 1 मै.बा. से आसन्न प्रथम 64 कि.बा. का स्मृति आक्षेत्र।

HPFS HIGH PERFORMANCE FILE SYSTEM

उच्च निष्पादिता संचिका प्रणाली

ओ एस-2, विण्डोज-एन टी, एवं विण्डोज 93 तथा उच्चतर आवृत्तों में संचिका नाम 256 अक्षरों तक के रखे जा सकते हैं, इनमें संचिकाओं को 64 कि.बा. तक के गुण प्रदान किये जा सकते हैं, चकती के तीव्र अभिगमन की व्यवस्था है, संचिकाओं का निरन्तर संगृहण होता है, तथा 64 गी.बा. तक की स्थयी चकती का उपयोग किया जा सकता है। इन व्यवस्थाओं को ही उच्च निष्पादिता संचिका प्रणाली कहा जाता है।

HPGL HEWLETT-PAKARD GRAPHICS LANGUAGE

हिउलेट-पैकार्ड अनुचित्रण भाषा

हिउलेट-पैकार्ड द्वारा विकसित अनुचित्रण की भाषा तथा संचिका प्रारूप जो आरम्भ में प्लॉटरों द्वारा उपयोग किये जाते थे। यह एक अभीष्ट दिगदर्शिका भी है जिसका उपयोग मुद्रक संयमन भाषा विकास हेतु किया गया।

HPPCL HEWLETT-PAKARD PRINTER CONTROL LANGUAGE

हिउलेट-पैकार्ड मुद्रक संयमन भाषा

लेजर मुद्रकों के संयमन की हिउलेट-पैकार्ड द्वारा विकसित भाषा जो हिउलेट-पैकार्ड अनुचित्रण भाषा के अनुरूप है।

HSV HUE SATURATION VALUE

वर्ण संतृप्ति मान

किसी भी रंग को वर्णत्रयी रक्तिम-हरित-नीलिम अथवा नीलिम-जम्बुक-पीत से निर्धारित किया जा सकता है। इन त्रयी सदस्यों को वर्ण कहा जाता है जो प्रकाश किरणों की क्रम्यता पर निर्भर करते हैं। रंगों में वर्णों के अनुपातिक मानों को वर्ण संतृप्ति मान कहा जाता है।

IAC INTER-APPLICATION COMMUNICATION

अन्तरोपादयी संचार

विण्डोज के गतित धृति व्यवहार, डी.डी.ई., की भाँति ही यह मैकिन्तोष का प्रावधान है जिसके अन्तर्गत उपादयी प्रक्रम परस्पर धृति आदान प्रदान करते हैं।

IBM PC INTERNATIONAL BUISNESS MACHINES PERSONAL COMPUTER (PC)

आई.बी.एम. का वैयक्तिक सम्पादयित्र (वै.स.)

सम्पादयित्र जगत का क्रान्तिक विकासीय चरण उत्पाद, जिसने सम्पादयित्रों को प्रत्येक व्यक्ति द्वारा उपयोज्य बना दिया। यही वै.स. क्रमानुसार वै.स.-एक्स टी के रूप में, तथा बाद में वै.स.-ए टी के रूप में विकसित हुआ जो वर्तमान में प्रचलित है। विश्व भर में इसके संगतेय सम्पादयित्रों का विकास हुआ है। यह श्रृंखला आई एस ए संयुज्जी पर आधारित है।

IBM PS/2 INTERNATIONAL BUISNESS MACHINES - PS/2

आई.बी.एम. पी एस-2 सम्पादयित्र

आई.बी.एम. की माइक्रोचैनल आरचना - एम सी ए - संयुज्जी पर आधारित सम्पादयित्र श्रृंखला।

IBM RS/6000 IBM RS/6000

आई.बी.एम. आर एस - 6000 सम्पादयित्र

आई.बी.एम. का एक विशाल सम्पादयित्र तन्त्र जिसमें 32 द्विंकों के 7 अथवा 9 सूक्ष्मपरिष्कारक उपयुक्त किये जाते हैं। बाद में इसे एपिल तथा मोटोरोला के सहयोग से पावर पी सी के रूप में विकसित किया गया।

IDE INTEGRATED DEVELOPMENT ENVIRONMENT

संघटित विकास परिवेश

प्रक्रम विकास हेतु समायोजित सुविधाएँ जो प्रक्रमकों को सहायी हों।

IDE INTEGRATED DRIVE ELECTRONICS

संघटित संचाली वैद्युत्यिकी

स्थायी चकती संचालियों के संवप्राक्षण हेतु बहुप्रचलित अभीष्ट व्यवस्था।

IEEE INSTITUTE OF ELECTRICAL AND ELECTRONICS ENGINEERS

वैद्युती तथा वैद्युत्यिकी अभियन्ता संस्था

यह एक विश्व प्रसिद्ध संस्था है जिसने अभियान्त्रिकी विकास तथा अभीष्टीकरण में अनेकानेक सक्षम कार्य किये हैं।

IPX INTERNET PACKET EXCHANGE

इण्टरनेट संविष्ट व्यवहार

नोवैल कम्पनी द्वारा विकसित सम्पादयित्र तन्त्रण व्यवस्था।

IRQ INTERRUPT REQUEST

निरूद्धि निवेदन

सम्पादयित्र प्रणाली के किसी अव्यव द्वारा सूक्ष्म परिष्कारक को अपना कार्य रोक कर उसकी आवश्यकता पर ध्यान देने हेतु संकेत जो निरूद्धि संयमक के माध्यम से भेजा जाता है।

ISA INDUSTRY STANDARD ARCHITECTURE

उद्योगीय अभीष्ट आरचना

सम्पादयित्रों हेतु अभीष्ट संयुज्जी आरचना जो अमेरिकी सम्पादयित्र उद्योग ने विकसित की तथा आई बी एम - पी सी में उपयुक्त की गयी।

ISDN INTEGRATED SERVICES DIGITAL NETWORK

संघटित सेवाओं हेतु अंकीय तन्त्र

एक संवर्राष्ट्रीय मान्यता प्राप्त सम्पादयित्र तन्त्रण आयोजना जिसमें उपचयी की स्वर, धृति एवं चित्रण आदि के संचार हेतु सुविधाएँ प्रदान की जाती हैं। इसमें उपचयी को तीन बद्धवाहियाँ प्रदान की जाती हैं - एक स्वर संचार हेतु, एक धृति संचार हेतु, तथा एक संयमन संकेतों हेतु।

ISO INTERNATIONAL STANDARDS ORGANIZATION

संवर्राष्ट्रीय अभीष्टि संगठन

अभीष्टीकरण को समर्पित संवर्राष्ट्रीय संगठन।

ISO/OSI ISO/OPEN SYSTEMS INTERCONNECTION

आई एस ओ की आक्ष प्रणालीय अन्तर्सम्बन्धन व्यवस्था

सम्पादयित्र तन्त्रों के मध्य धृति अन्तरण हेतु आई एस ओ द्वारा विकसित व्यवस्था जिसमें प्रत्येक सम्पादयित्र प्रणाली को 7 मुक्त पदक्रमों में विभाजित माना जाता है, तथा प्रत्येक पदक्रम अपने समकक्षी पदक्रम से संवाद स्थापित करता है।

I/O INPUT/OUTPUT

अन्तर्पात-बहिर्पात

सम्पादयित्र परिष्कारक के सहयोगी अव्यवों के साथ संवाद।

Kb KILOBIT

किलोद्विंक

1000 द्विंक

KB KILOBYTE

किलोअंकाष्टी

2^{10} अंकाष्टी = 1024 अंकाष्टी = 8192 द्विंक

LAN LOCAL AREA NETWORK

यथास्थ आक्षेत्र तन्त्र

एक ही वास्तु अथवा निकटस्थ आक्षेत्र में स्थित सम्पादयित्र प्रणालियों का तन्त्र, जिसमें समालम्बी धृति प्रवाह होता हैए अत: अनेक धारापथ होते हैं।

LCD LIQUID CRYSTAL DISPLAY

द्रव कणक अभिदर्श

एक सम्पुट अभिदर्शन व्यवस्था जिसमें लम्बाकार कणकों के एक विशेष द्रव को विद्युताग्रों के मध्य रखा जाता है। जब विद्युताग्रों के मध्य विभवान्तर प्रदान किया जाता है, तब कण विन्यास लम्बित हो जाता है। ऐसे अनेक कणकों के संयोग से अभिदर्शन का कार्य लिया जाता है।

LSI LARGE-SCALE INTEGRATION

विशाल-स्तरीय संघटन

स्मृति चिप्पियों के निर्माण में उपयुक्त यह सूक्ष्म वैद्युत्यिकी तर्कशास्त्र 1000 से 10,000 शास्त कपाटों एवं अन्य सम्बद्धित अव्यवों को एक सिलिकॉन परत पर आकृत करता है जिसे प्लास्टिक आवरण में बन्द करके चिप्पी बनती है।

MAN METROPOLITAN AREA NETWORK

नागर आक्षेत्र तन्त्र

लगभग 50 कि.मी. लम्बाई चौड़ाई के आक्षेत्र में स्थित सम्पादयित्र प्रणालियों का तन्त्र।

Mb MEGABIT

मैगाद्विंक

10^6 द्विंक

MB MEGABYTE

मैगाअंकाष्टी

2^{20} अंकाष्टी

MCA MICRO CHANNEL ARCHITECTURE

माइक्रोचैनल आरचना

आई बी एम द्वारा विकसित एक बहुस्तरीय संरचित सम्बद्धक युक्त संयुज्जी आरचना जिसे पी एस -2 तथा आर एस 6000 श्रंखलाओं के सम्पादयित्रों में उपयुक्त हुए है।

MIDI MUSICAL INSTRUMENTS DIGITAL INTERFACE

संगीतीय अनुवेदित्र अंकीय संवप्रांक्ष

संगीतीय अस्त्रों का सम्पादयित्र प्रणाली से सम्बन्धन, ध्वनि प्रतिसरण, तथा पुनर्कृतन आदि की व्यवस्था।

MIPS MILLION INSTRUCTIONS PER SECOND

दशलक्ष उपदेश प्रति सैकण्ड

सम्पादयित्र प्रणली के केन्द्रीय परिष्कृतन एकक के वेगमापन की इकाई।

MMU MEMORY MANAGEMENT UNIT

स्मृति श्रमावधान एकक

सम्पादयित्र प्रणाली के सूक्ष्म परिष्क्ारक का एक अंग जो स्मृति पर पतों को व्यवस्थित करता है।

MNP MICROCOM NETWORKING PROTOCOL

माइक्रोकॉम तन्त्रण संहिता

माइक्रोकॉम कम्पनी द्वारा विकसित धृति संचारण हेतु धृति सम्पीडन, त्रुटि अभिज्ञापन एवं निवारण की संहिता।

MPC MULTIMEDIA PERSONAL COMPUTER

बहुमाध्यमी वैयक्तिक सम्पादयित्र

ऐसी सम्पादयित्र प्रणाली जो पाठ्य, ध्वनि, अनुचित्र आदि अनेक माध्यमों से सूचना प्राप्त, संगृहण, तथा पुनर्कृतन कर सके।

MS-DOS MICROSOFT-DISK OPERATING SYSTEM

माइक्रोसॉफ्ट चकती परिचारण प्रणाली

आई बी एम संगतेय सम्पादयित्रों हेतु माइक्रोसॉफ्ट द्वारा विकसित परिचारण प्रणाली।

MSI MEDIUM-SCALE INTEGRATION

मध्यम-स्तरीय संघटन

शास्त कपाट चिप्पियों के निर्माण में उपयुक्त यह सूक्ष्म वैद्युत्यिकी तर्कशास्त्र 100 से 1,000 शास्त कपाटों एवं अन्य सम्बद्धित अव्यवों को एक सिलिकॉन परत पर आकृत करता है जिसे प्लास्टिक आवरण में बन्द करके चिप्पी बनती है।

MTBF MEAN TIME BETWEEN FAILURES

अक्षमता मध्य कालमाध्य

किसी उपस्कर की दो आसन्न अक्षमताओं के मध्य कालमाध्य। इससे उपस्कर की सक्षमता का मापन होता है।

MTTR MEAN TIME TO REPAIR

अनुरक्षण कालमाध्य

किसी उपस्कर के अक्षम होने पर उसके अनुरक्षण में लगा कालमाध्य। इससे उपस्कर की उपयोगिता के मूल्य का मापन होता है।

NAK NEGATIVE ACKNOWLEDGED

नकारात्मक अनुज्ञाप

धृति संचार में प्रापक द्वारा धृति प्राप्ति दोषयुक्त होने पर उसके द्वारा दिया संकेत। इसके लिये आस्की कूट 21 का उपयोग किया जाता है। इस संकेत के प्राप्त होने पर सम्प्रेषक सम्बद्धित धृतियों का पुनः सम्प्रेषण करता है।

NFS NETWORK FILE SYSTEM

तन्त्र संचिका प्रणाली

तन्त्रित सम्पादयित्रों के मध्य संचिकाओं के आदान प्रदान एवं उपयोग की एक अभीष्ट व्यवस्था जो सम्पादयित्र बाहुल्य हेतु उपयुक्त है।

NIC NETWORK INTERFACE CARD

तन्त्र संवप्रांक्ष पत्रक

किसी सम्पादयित्र को तन्त्र से सम्बद्धित करने हेतु उसके मातृपटल खंच में एक विशेष पत्रक अवस्थित करने की आवश्यकता होती है जिसे तन्तुवाहियों के माध्यम से तन्त्र से सम्बद्धित किया जाता है। इस पत्रक को तन्त्र संवप्रांक्ष पत्रक कहा जाता है।

NLQ NEAR LETTER QUALITY

पत्र कोटि सन्निकट

बिन्दु आव्यूह मुद्रकों के मुद्रण बहिर्पात की एक कोटि जो लगभग सम्पत्र मुद्रण के स्तर की हो।

NTFS NEW TECHNOLOGY FILE SYSTEM

नव तर्कशास्त्र संचिका प्रणाली

विण्डोज-एन टी की संचिका प्रणाली।

OCR OPTICAL CHARACTER RECOGNITION

दृष्टीय अक्षर प्रतिचिन्हन

पाठ्य के दृश्य से उसके पठन की सम्पादयित्री पद्यति जो दृष्टीय अन्वीक्षण उपस्कर - स्कैनर - के माध्यम अपनायी जाती है।

OLE OBJECT LINKING AND EMBEDDING

अर्य लग्नन तथा सम्बस्तन

उपादायी प्रक्रमों के मध्यस्थ पाठ्य, अनुचित्र, ध्वनि आदि अर्यों के अन्तरण की अभीष्टि, जिसमें अर्य को एक प्रतिमा से दर्शाया जाता है। इस पर दोहरा क्लिक करने से अर्य का निर्माता प्रक्रम आरम्भ हो जाता है जिससे अर्य को विशोधित किया जा सकता है। अर्य को अपने मूल प्रक्रम में रखते हुए अन्य प्रक्रम में उसके उपयोग को लग्नन कहते हैं।

इससे अर्थ मूल में किया गया परिवर्तन स्वतः लग्रित स्थल पर भी हो जाता है। अर्थ को मूल प्रक्रम से अन्य प्रक्रम में स्थापित करने को सम्बस्तन कहा जाता है।

OS/2 OS/2

ओ एस-2

माइक्रोसॉफ्ट द्वारा विकसित एक उच्चस्तरीय परिचारण प्रणाली जो 80386 तथा इससे उच्चतर सम्पादयित्रों में उपयोज्य है तथा एम एस डॉस, विण्डोज एवं स्वयं पर आधरित उपादयी प्रक्रमों को क्रियान्वित कर सकता है। यह 4 गीगाबाइट तक की स्मृति के उपयोग में समर्थ है।

PC PERSONNEL COMPUTER

वैयक्तिक सम्पादयित्र

आइ बी एम पी सी के संगतेय सम्पादयित्र पी सी नाम से विख्यात हुए। वर्तमान में प्रचलित सूक्ष्म-सम्पादयित्र इनहीं का उन्नत रूप है जो पी सी - ए टी भी कहलाता है।

PDA PERSONAL DIGITAL ASSISTANT

वैयक्तिक अंकीय सहायक

जेब में समायी जा सकने वाली तथा सीमित वैयक्तिक रूप से उपयोगी संसाधनों वाली सम्पादयित्र प्रणाली, जो संपत्राचार - ईमेल, फैक्स के माध्यम से, के साथ साथ शब्द परिष्कारण में भी समर्थ होती है। अनेक निर्माता इस प्रकार के उत्पाद विपणि में प्रकाशित किये हैं जिनमें एपिल का न्यूटन अति प्रसिद्ध है।

PDL PAGE DESCRIPTION LANGUAGE

पृष्ठ वर्णन भाषा

उच्चस्तरीय भाषा वर्ग जो मुद्रक को धृति संप्रेषण को पूर्णरूपेण व्याख्यित कर सके। इनके द्वारा व्याख्यित संप्रेषण उन सभी मुद्रकों द्वारा उपयोज्य हैं जो इन भाषाओं का समर्थन करते हैं।

PDN PUBLIC DATA NETWORK

लोक धृति तन्त्र

धृतियाँ व्यवसाय की एक महत्त्वपूर्ण अन्तर्पात हैं। अनेक व्यवसायी अपने सम्पादयित्र तन्त्र संचलित करतें हैं जिनकी सदस्यता गृहण कर कोई भी व्यक्ति अपनी रूचि की धृतिया प्राप्त कर सकता है। इण्टरनेट पर भी अनेक धृतिसंकुल सर्वजन उपयोगार्थ उपलब्ध हैं।

P5 P5

पी 5

पंण्टियम सूक्ष्म-परिष्कारक का सांकेतिक नाम।

PIF PROGRAM INFORMATION FILE

प्रक्रम सूचना संचिका

विण्डोज की एक प्रकार की संचिका तथा उनका उपनाम, जो विण्डोज के इतर परिचारण प्रणालियों, जैसे एम एस डॉस, पर आधारित उपादयी प्रक्रमों के संचालन सम्बद्ध सूचनाएं रखती हैं।

PIM PERSONAL INFORMATION MANAGER

वैयक्तिक सूचना श्रमावधयित्र

ऐसे बहूद्देश्यीय प्रक्रम जो वैयक्तिक सूचनाएँ संजोने तथा आवश्यकता पर उपलब्ध कराने के उद्देश्य से निर्मित किये गये हों। वैयक्तिक सूचनाओं में दिन्या, आयुक्तियाँ, जन्मदिवस प्रतिस्मृत्यक, आदि सूचनाएँ सम्मिलित होती हैं।

PMS PANTONE MATCHING SYSTEM

रंग समदृश्यन प्रणाली

सम्पादयित्री प्रकाशन व्यवस्था में मुद्रक को रंगों के चुनाव में सहायक एक प्रक्रम जिसका उपयोग पेजमेकर जैसे अनेक प्रकाशन उपादयी प्रक्रम करते हैं।

PMMU PAGED MEMORY MANAGEMENT UNIT

पृष्ठीय स्मृति श्रमावधान एकक

सम्पादयित्रों में स्मृति श्रमावधान की एक विशेष व्यवस्था, जिसे आभासीय स्मृति व्यवस्था भी कहते हैं। पूर्व में यह एक चिप्पी में संरचित प्रक्रम द्वारा संयमित होती थी किन्तु अब प्रचलित 80386 तथा उच्चतर सूक्ष्मपरिष्कारकों में इस व्यवस्था को समाहित कर दिया गया है।

POST POWER-ON SELF-TEST

शक्ति-अथेव स्वकष्क

सम्पादयित्र प्रणाली को जैसे ही विद्युत प्रदायित की जाती है, सर्वप्रथपन उसका स्थापन होता है, जिसमें अन्य क्रियाओं के अतिरिक्त उसके विभिन्न अव्यवों का स्वकष्टन होता है जिसे पोस्ट कहा जाता है।

PRN PRINTER

मुद्रक

एम एस डॉस तथा अरो एस -2 द्वारा मुद्रक के लिये संक्षिप्त नाम।

PROM PROGRAMMABLE READ-ONLY MEMORY

प्रक्रम्य स्मृतिकोष

एक विशेष प्रकार का स्मृतिकोष जिसकी कुछ चयनित सूचनाओं में समुचित प्रक्रम द्वारा परिवर्तन किया जा सकता हो।

Q&A Q&A

क्यू एण्ड ए

एक सरल धृति परिष्कृतन उपादयी प्रक्रम।

QWERTY QWERTY

क्वर्टी

कुंजीपटल के रेमिंगटन विन्यास के अनुसार कुंजियों की व्यवस्था वाला कुंजीपटल। इसको यहनाम इसकी प्रथम छ: कुंजी अक्षरों पर दिया गया है।

RAID REDUNDANT ARRAY OF INEXPENSIVE DISKS

सस्ती चकतियों का निष्क्रिय व्यूह

अति महत्त्वपूर्ण उपादयी तन्त्रण व्यवस्था में अनेकानेक संगृहण चकतियों को सम्बद्धित किन्तु सामान्यत: निष्क्रिय रखा जाता है ताकि सक्रिय चकती में कोई दोष आने पर इन चकतियों पर धृति संगृहण किया जा सके तथा संचार में व्यवधान न हो।

RAM RANDOM ACCESS MEMORY

स्मृतिपटल

एक प्रारंभिक भ्रान्ति के कारण सम्पादयित्र की मुख्य स्मृति को यादृच्छिक अभिगम्य स्मृति – रैम –कहा गया जो नाम अभी भी प्रचलित है जबकि सम्पादयित्र में इसके इतर अन्य स्मृति भी यादृच्छिक अभिगम्य होती हैं। इस कारण से हमने इसके हिन्दीकरण में इस दोष का निराकरण करने के उद्देश्य से इसे स्मृतिपटल नाम दिया है क्योंकि यह स्मृति परिष्कारक के लिये एक पटल का कार्य करती है जिसपर यथावश्यकता सूचनाएँ लिखी तथा मिटायी जाती रहती हैं।

REM REMARK

टिप्पणी

एम एस डॉस के अन्तर्गत संजात संचिकाओं में उपयोगार्थ एक अधिदेश जिसका तात्पर्य उस पंक्ति में अंकित शब्द समष्टि की अवहेलना करना है ताकि सम्पादयित्र उन पर कोई क्रिया न करके अगली पंक्ति पर विचार करे। सक्रिय अधिदेश को निष्क्रिय करने हेतु भी उसकी पंक्ति के आरम्भ में इस शब्ब को अंकित कर दिया जाता है।

REN RENAME

पुनर्नामकरण

एम एस डॉस का एक आन्तरिक अधिदेश जो संचिका नाम परिवर्तन के काम आता है।

REXX RESTRUCTURED EXTENDED EXECUTOR

पुनस्संरचित व्यालम्बित अनुपालक

एक प्रक्रमण भाषा जो परिचारण प्रणाली ओ एस-2 के साथ उपलब्ध है।

RGB RED-GREEN-BLUE

रक्तिम-हरित-नीलिम

वर्ण व्यवस्था के तीन मूल रंग जिनके विभिन्न अनुपातों में मिश्रण से अन्य सभी रंग बनते हैं।

RIFF RESOURCE INTERCHANGE FILE FORMAT

संसाधन संवान्तरण संचिका अभिरूप

बहुमाध्यमी उपादयनों की पाठ्य, चित्र, ध्वनि आदि की सभी धृतियों को एक साथ संगृहित करने का एक संचिका प्रारूप, जिसके प्रथम चार अक्षर धृति के प्रकार की पहचान के लिये, उसके बाद के 32 द्विंक धृति की लम्बाई के लिये, तथा शेष समरूपी धृति होता हैं

RISC REDUCED INSTRUCTION SET COMPUTER

अवनत उपदेश स्थूण सम्पादयित्र

ऐसे सूक्ष्म परिष्कारकों पर आधारित सम्पादयित्र जो अभियोजन भाषा के लगभग 128 तक उपदेशों का उपयोग करते हैं तथा इस कारण तीव्रता से कार्य करते हैं।

ROM READ-ONLY MEMORY

स्मृति कोष

ऐसी स्मृति जिनकी सूचनाओं में परिवर्तन नहीं किया जा सकता, इनका मात्र पठन किया जा सकता है। ये विशेष चिप्पियाँ होती हैं जिनकी संरचना में ही सूचनाएँ समाहित होती हैं।

RSI REPETITIVE STRAIN INJURY

पुनरावृत्तित विद्रूप आहति

शरीर के किसी अंग के बार बार एक समान विद्रूपण से उसमें व्युत्पन्न व्याधि। इस प्रकार का विद्रूपण सम्पादयित्र परिचारण में भी होता है जिससे उंगलियों, कन्धों, पीठ आदि अंगों के आहत होने की सम्भावना रहती है।

RTF RICH TEXT FORMAT

सम्पन्न पाठ्य अभिरूप

माइक्रोसॉफ्ट द्वारा विकसित एक संचिका प्रारूप, जिसमें पाठ्य की सभी सम्बद्धित सूचनाएँ समाहित होती हैं। इससे संचिका का एक प्रक्रम से दूसरे में अन्तरण पर भी उसका संचालन सही होता है।

RTS REQUEST TO SEND

प्रेषण निवेदन

धृति संचार व्यवस्था में प्रापक प्रणाली द्वारा संप्रेषक प्रणाली को धृति प्रेषण हेतु दिया जाने वाला संकेत।

SAA SYSTEMS APPLICATION ARCHITECTURE

प्रणालीय उपादयन आरचना

आई बी एम द्वारा व्याख्यित अभीष्ट आरचना सिद्धान्त जिनको आधार बनाकर आई बी एम ने अपने विकास कार्य किये।

SIMM SINGLE-INLINE MEMORY MODULE

एकल पंक्ति स्मृति सुखण्ड

यह एक छोटा सा मुद्रित परिपथ पटल होता है जिसपर स्मृति चिप्पियाँ अवस्थित होती हैं। पटल के एक किनारे पर सम्बद्धन पट्टिकाएँ मुद्रित होती हैं। पटल को सम्पादयित्र के मातृपटत पर स्थित एक स्मृति सॉकेट में लगाया जाता है।

SIP SINGLE-INLINE PACKAGE

एकल पंक्ति आवेष्ट

यह भी सिम की तरह ही मुद्रित परिपथ पटल होता है। अन्तर केवल इतना होता है कि इसमें सम्बद्धन पट्टिकाओं के स्थान पर सुचालक कुश होते हैं।

SSI SMALL-SCALE INTEGRATION

लघु-स्तरीय संघटन

वैद्युत्यिक अव्यव चिप्पियों के निर्माण में उपयुक्त यह सूक्ष्म वैद्युत्यिकी तर्कशास्त्र 12 से 100 शास्त कपाटों एवं अन्य सम्बद्धित अव्यवों को एक सिलिकॉन परत पर आकृत करता है जिसे प्लास्टिक आवरण में बन्द करके चिप्पी बनती है।

SMPS SWITCH MODE POWER SUPPLY

संवर्त विधा शक्ति प्रतिदाय

सम्पादयित्रों के विभिन्न अव्यव 5 तथा 12 वोल्ट पर कार्य करते हैं। उनको इस प्रकार का विद्युत प्रदायन एक सी.पी.यू. पेटिका में अवस्थित एकक करती है जो संवर्तन सिद्धान्त पर विभव को स्थिर भी करती है, इसलिये इस एकक को संवर्त विधा शक्ति प्रदाय कहा जाता है।

SRAM STATIC RANDOM ACCESS MEMORY

स्थिर स्मृतिपटल

एक प्रकार की स्मृति चिप्पी जो स्मृतिपटल का कार्य अति तीव्र वेग पर करने में सक्षम है किन्तु गतित स्मृतिपटल चिप्पी की तुलना में महंगी है। इसलिये इसका उपयोग सम्पादयित्र की मध्यमा स्मृति के लिये किया जाता है।

SYS SYSTEM

प्रणाली

प्रणालीय संचिकाओं के उपनाम के लिये उपयुक्त यह शब्द संक्षेप इसी उपयोग हेतु प्रतिरक्षित है। इसके अतिरिक्त यह एम एस डॉस का एक प्रक्रम का नाम भी है जो प्रपादन प्रणाली संचिकाओं – आई ओ.सिस, एम एस डॉस.सिस, तथा कमाण्ड.कॉम – को चकती पर अंकित करके उसे प्रपादन समर्थ बनाता है। इस प्रक्रम संचिका का नाम सिस.कॉम है।

TB TERABYTE

टेरा अंकाष्टी

10^{12} अंकाष्टी = 2^{40} अंकाष्टी धृति परिमाण

TCP/IP TRANSMISSION CONTROL PROTOCOL/ INTERNET PROTOCOL

संप्रेषण संयमन आचार-संहिता - इण्टरनेट आचार-संहिता

धृति संचारण संहिता जो इण्टरनेट सहित तन्त्र बहुल द्वारा अपनायी जा रही है।

TIFF TAGGED IMAGE FILE FORMAT

नत्थ छवि संचिका अभिरूप

प्रकाशन उपादयी प्रक्रमों द्वारा उपयोज्य एक लोकप्रिय संचिका प्रारूप जिसमें संचिका उपनाम टी आई एफ रखा जाता है।

TIGA TEXAS INSTRUMENTS GRAPHICS ADAPTER

टैक्सास इन्स्ट्रूमेंण्ट्स अनुचित्र अनुकूलित्र

टैक्सास इन्स्ट्रूमेंण्ट्स द्वारा विकसित तथा उन्ही की अनुचित्र परिष्कारक चिप्पी टी एम एस 34020 पर आधारित अभिदर्श संकेत अनुकूलित्र पत्रक आरचना जिसमें 256 रंगों के प्रावधान के साथ विघटन 1024 × 786 है।

TPI TRACKS PER INCH

लीक प्रति इंच

अपनेयी तथा स्थायी चकती की प्रति इंच त्रिज्या में वृताकार धति अंकन लीकों की संख्या, जो चकती के धृति घनत्त्व का एक मापच है।

TSR TERMINATE AND STAY RESIDENT

व्यहत आवासी प्रक्रम

वे प्रक्रम जो एक बार क्रियावान किये जाने के पश्चात व्याक्ष किये जाने पर भी सम्पादयित्र स्मृति में बने रहते है तथा कुछ पूर्वनिर्धारित स्थितियों में स्वयं सक्रिय होकर पुन: अपनी पूर्व अवस्था में आ जाते हैं। ऐसे प्रक्रम सम्पादयित्र संचालन में प्रहरी की तरह कार्य करते हैं।

UAE UNRECOVERABLE APPLICATION ERROR

अनुद्धार्य उपादयन त्रुटि

उपादयी प्रक्रम द्वारा विण्डोज के उपयोग में किया गया दोषपूर्ण व्यवहार जिसे विण्डोज अक्षम्य मानती है तथा उपादयी प्रक्रम को व्याक्ष कर देती है।

UART UNIVERSAL ASYNCHRONOUS RECEIVER/TRANSMITTER

वैश्य असंकालिक प्रापक-संप्रेषक

परालम्बित असंकालिक धृति संचारण हेतु अव्यव, जिसे प्रापक अथवा संप्रेषक रूप में क्रियावान किया जा सकता है। इस अव्यव का उपयोग सम्पादयित्र परालम्बित तोरण निर्माण में किया जाता है।

UMB UPPER MEMORY BLOCK

उपरि स्मृति गुट

एम एस डॉस परिचारण प्रणाली के अन्तर्गत 640 कि.बा. की सम्मत्य स्मृति से ऊपर 1 मै.बा. तक की स्मृति डॉस तथा अभिदर्श संचिकाओं हेतु प्रतिरक्षित होती है। इसके अनुपयुक्त भाग को उपरि स्मृति गुट कहा जाता है। सम्पादयित्र संरूपण संचिका कन्फिग.सिस के माध्यम से इस गुट का उपयोग निर्धारित किया जा सकता है जिसके लिये डॉस प्रक्रम मेममेकर उपयोगी सिद्ध होता है।

USRT UNIVERSAL SYNCHRONOUS RECEIVER/TRANSMITTER

वैश्य संकालिक प्रापक-संप्रेषक

परालम्बित संकालिक धृति संचारण हेतु अव्यव, जिसे प्रापक अथवा संप्रेषक रूप में क्रियावान किया जा सकता है। इस अव्यव का उपयोग सम्पादयित्र परालम्बित तोरण निर्माण में किया जाता है।

UPS UNINTERRUPTED POWER SUPPLY

अनिरूद्धित शक्ति प्रतिदाय

सम्पादयित्रों की विद्युत प्रदाय में अनायास व्यवधान होने से असुरक्षित सूचनाएँ नष्ट हो जाती हैं तथा अनेक प्रक्रमों की संचिकाएँ भृष्ट हो जाती हैं। इनसे बचाव हेतु सम्पादयित्र विद्युत प्रदाय को अनवरत रखने की व्यवस्था की जाती है। अनिरूद्धित शक्ति प्रदाय इसी प्रयोजन का एक उपस्कर है जो मुख्य विद्युत प्रदाय के निरूद्धित हो जाने पर बैटरी से सम्पादयित्र शक्ति प्रदाय चालू रखता है।

VDM VIRTUAL DOS MACHINE

आभासी डॉस यन्त्र

80386 तथा उच्चतर सूक्ष्मपरिष्कारकों पर आधारित सम्पादयित्र 8086 परिष्कारक विधा में कार्य कर सकते हैं। इसका लाभ उठाते हुए विण्डोज-एन टी तथा ओ एस-2 परिचारण प्रणालियाँ एक ही सम्पादयित्र में अनेक 8086 यन्त्रों का निर्माण करती हैं तथा उनपर विविध प्रक्रमों का संचालन करती हैं। इन 8086 यन्त्रों को आभासी यन्त्र कहा जाता है।

VDT/U VIDEO DISPLAY TERMINAL/UNIT

दृष्ट्य अभिदर्श व्याहती : एकक

सम्पादयित्र प्रेक्षक का एक नाम।

VGA VIDEO GRAPHICS ARRAY

दृष्ट्य अनुचित्र व्यूह

सम्पादयित्र अभिदर्श संयमन का एक अभीष्ट अभिकेत जो अनुवर्ती प्रेक्षक को अनुकूलित संकेत प्रदान करता है तथा अनेक विघटनों में क्रियावान किया जा सकता है।

VLSI VERY LARGE SCALE INTEGRATION

अतिविशाल-स्तरीय संघटन

संकेत परिष्कारक चिप्पियों के निर्माण में उपयुक्त यह सूक्ष्म वैद्युत्यिकी तर्कशास्त्र 1000 से अधिक शास्त कपाटों एवं अन्य सम्बद्धित अव्यवों को एक सिलिकॉन परत पर आकृत करता है जिसे प्लास्टिक आवरण में बन्द करके चिप्पी बनती है।

VSAT VERY SMALL APERTURE TERMINAL

अति लघु रन्ध्र व्याहती

एक लघु उपग्रह-व्याहती जो अंकीय धृति संचार हेतु उपयुक्त किया जाता है। इसका उत्सप्रापक अर्थात एण्टीना 1 से 3 मीटर व्यास का होता है। विशाल उपग्रह संचार व्यवस्था की तुलना में लघु होने के कारण इसे रन्ध्र कहा जाता है।

WAN WIDE AREA NETWORK

वृहत् आक्षेत्र तन्त्र

विशाल आक्षेत्र में स्थित सम्पादयित्रों का तन्त्र। इण्टरनेट इसका विशालतम उदाहरण है।

WYSIWYG WHAT YOU SEE IS WHAT YOU GET

यथा दृष्ट तथा गृाह

शब्द परिष्कारक प्रक्रम दो प्रकार के होते हैं। कुछ मुद्रण संकेतों को अभिदर्शन में उपयुक्त नहीं करते, अत: पाठ्य का मुद्रा स्वरूप सम्पादयित्र दृश्यध पर दिखाई नहीं देता। अन्य प्रक्रम मुद्रण संकेतों का उपयोग अभिदर्शन हेतु भी करते हैं। इस वर्ग के प्रक्रमों के उपयोक्ता जैसा द्रश्य सम्पादयित्र दृश्यध पर पाता है वैसा ही मुद्रक से पाता है। इस वर्ग के प्रक्रमों को यथा दृष्ट तथा गृाह प्रक्रम कहते हैं।

XMS EXTENDED MEMORY SPECIFICATION

व्यालम्बित स्मृति विशिष्टि

एम एस डॉस संचिका हाइमेम.सिस के माध्यम से व्यवस्थित सम्पादयित्र व्यालम्बित स्मृति प्रणाली।

विषयानुक्रमणिका